生态经济系统动力学分析与生态城市建设EOD实操手册

王 飞　郝成斌　屈泽龙◎编著

河海大学出版社
·南京·

图书在版编目(CIP)数据

生态经济系统动力学分析与生态城市建设 EOD 实操手册 / 王飞，郝成斌，屈泽龙编著. -- 南京：河海大学出版社，2023.12
 ISBN 978-7-5630-8778-5

Ⅰ.①生… Ⅱ.①王… ②郝… ③屈… Ⅲ.①生态经济—经济发展—研究—中国②生态城市—城市建设—研究—中国 Ⅳ.①F124.5②X321.2

中国国家版本馆 CIP 数据核字(2023)第 241840 号

书　　名	生态经济系统动力学分析与生态城市建设 EOD 实操手册
	SHENGTAI JINGJI XITONG DONGLIXUE FENXI YU SHENGTAI CHENGSHI JIANSHE EOD SHICAO SHOUCE
书　　号	ISBN 978-7-5630-8778-5
责任编辑	金　怡
特约校对	张美勤
封面设计	徐娟娟
出版发行	河海大学出版社
地　　址	南京市西康路 1 号(邮编：210098)
电　　话	(025)83737852(总编室)　(025)83787103(编辑室)
	(025)83722833(营销部)
经　　销	江苏省新华发行集团有限公司
排　　版	南京布克文化发展有限公司
印　　刷	广东虎彩云印刷有限公司
开　　本	710 毫米×1000 毫米　1/16
印　　张	15
字　　数	251 千字
版　　次	2023 年 12 月第 1 版
印　　次	2023 年 12 月第 1 次印刷
定　　价	86.00 元

序言
Preface

生态问题是全球性的重大问题，以1972年联合国首次人类与环境会议、1992年联合国环境与发展大会、2002年可持续发展世界首脑会议、联合国可持续发展大会为标志，为保障人类能够可持续发展，生态、环保、绿色、低碳已成为经济社会建设的最基本要求。

随着中国经济的发展，生态问题也是我国发展所面临的重大问题。党的十八大把生态文明建设放在突出地位，纳入中国特色社会主义事业"五位一体"战略总布局，融入经济建设、政治建设、文化建设、社会建设各方面和全过程。此后，每年都会陆续发布多项生态环保、绿色低碳相关的支持政策，加大力度支持生态文明建设。在《中华人民共和国国民经济和社会发展第十四个五年规划和2035年远景目标纲要》中，提出了未来五年生态环境发展的战略方针，"坚持绿水青山就是金山银山理念，坚持尊重自然、顺应自然、保护自然，坚持节约优先、保护优先、自然恢复为主，实施可持续发展战略，完善生态文明领域统筹协调机制，构建生态文明体系，推动经济社会发展全面绿色转型，建设美丽中国。"因此，生态文明建设仍然是未来五年国民经济与社会发展的重点工作之一。

生态文明及生态城市建设通常以生态环保类公益性或准公益性项目为主，此类项目经营性收入远不能覆盖项目的建设投资成本。为使生态文明建设具有可持续性和经济性，生态环境导向的开发（EOD, Ecology-Oriented Development）模式被各级政府和企业所推崇。该模式是以生态文明思想为引领，以可持续发展为目标，以生态保护和环境治理为基础，以特色产业运营为支撑，以区域综合开发为载体，采取产业链延伸、联合经营、组合开发等方式，推动公益性较强、收益性差的生态环境治理项目与收益较好的关联产业有效融合,统筹推进,一体化实施,将生态环境治理带来的经济价值内部化。为推广该模式,国家三部委先后征集并发布了两批EOD试点项目,以及生态环保金融支持项目储备库常态化管理机制。

本书是由我与我院屈泽龙博士、济邦咨询的专家郝成斌共同完成,与济邦咨询的多年合作,是理论与实践不断结合的过程,也是我个人不断成长的过程。在开始构思、提笔写作和成书出版的过程中,我们得到了许多领导、老师和朋友的热心帮助和建议。

济邦咨询合伙人财政部PPP咨询专家李竞一、华东院城市规划开发专家朱敬院长、生态环境领域专家魏俊院长为本书的编写提供了技术指导,同时潘嘉辉、刘金华、俞佳亮、潘思成、辛有桐、徐丁天、赵方宁等科研、技术、咨询专业人士也为本书出版提供了大力支持,在此一并表示感谢。同时,本书在编写过程中参考了大量学者的研究成果,我尽可能地在正文和参考文献中进行了列示,如有遗漏,并非本意,还请作者与我联系以便致谢。同时,还要感谢金怡编辑的辛苦付出,她的宝贵建议为本书增色不少,感谢河海大学出版社为本书的出版面世所付出的不懈努力。

感谢我的工作单位华东勘测设计研究院有限公司、合作单位济邦咨询有限公司的领导对我研究工作的鼎力支持,感谢工作单位提供的科技研发平台。本书的出版得到了华东勘测设计研究院201研究课题(编号:KY2019-ZD-03)和城规院研究课题(编号:KY2022-GH-02-03)的资助,本书也是上述科研项目的阶段性成果。

当前,基于复杂系统动力学模型研究生态经济学还是一个很新的概念,相应的理论体系、技术框架和结论运用仍需要不断完善。同时,EOD模式的实践开发处于不断探索并迭代升级过程中。因此,系统性构建生态经济系统动力学模型并运用于指导生态城市EOD开发项目的谋划和实践操作,仍是一个艰巨的任务。限于作者的水平,本书的介绍还较为浅显,讨论不是很充分,我们争取在未来的版本中不断丰富和完善本书的内容。书中难免有不妥之处,恳请读者批评指正。

王　飞

目录
Contents

第一章　生态城市发展现状 ……………………………………… 001
　第一节　生态城市发展背景 …………………………………… 001
　第二节　生态城市建设内容及要求 …………………………… 004
　第三节　生态城市建设中的问题与挑战 ……………………… 008
　第四节　传统投融资模式的问题和难点 ……………………… 013

第二章　生态经济系统动力学分析 …………………………… 018
　第一节　生态经济学基本理论 ………………………………… 018
　第二节　复杂系统经济学基本理论 …………………………… 022
　第三节　生态经济系统动力学模型 …………………………… 026
　第四节　生态经济报表系统及应用 …………………………… 033

第三章　生态产品价值评估与实现 …………………………… 036
　第一节　生态产品定义与分类 ………………………………… 036
　第二节　生态产品价值评估体系 ……………………………… 038
　第三节　生态产品价值实现路径与方法 ……………………… 049
　第四节　生态产品定价机制探讨 ……………………………… 055
　第五节　生态产品价值实现国内外经验与启示 ……………… 077

第四章　EOD 政策与投融资模式 ……………………………… 081
　第一节　EOD 相关政策解读 …………………………………… 082

第二节　EOD项目运作模式 …………………………………… 091
　　第三节　项目投资及回报资金来源 …………………………… 113
　　第四节　EOD模式利弊、难点和解决建议 …………………… 118

第五章　EOD项目财务测算模型 ………………………………………… 120
　　第一节　EOD项目财务分析基本架构 ……………………… 120
　　第二节　财务测算基础数据与重要假设 ……………………… 124
　　第三节　核心财务数据测算表格 ……………………………… 125
　　第四节　政府层面资金收支平衡测算 ………………………… 145
　　第五节　项目公司层面财务指标测算 ………………………… 146
　　第六节　社会资本层面财务指标测算 ………………………… 151

第六章　EOD项目"投建营"一体化实施路径 ………………………… 153
　　第一节　EOD实施方案编制要点 …………………………… 153
　　第二节　"投建营"一体化实施过程 ………………………… 157
　　第三节　项目合同体系及商务谈判要点 ……………………… 160
　　第四节　项目公司运营管理模式 ……………………………… 164
　　第五节　项目实施绩效考核保障机制 ………………………… 166

第七章　EOD典型项目案例分析 ………………………………………… 172
　　第一节　某市向山地区生态环境导向的开发项目 …………… 172
　　第二节　衢州市柯城区"两溪"流域生态环境导向的开发项目 … 183
　　第三节　南宁市竹排江上游植物园段(那考河)流域治理项目 … 191
　　第四节　永定河流域综合治理与生态修复工程 ……………… 195
　　第五节　松阳水环境综合治理及生态价值转换特许经营项目 … 199
　　附件1：EOD相关政策索引之"EOD模式" ………………… 205
　　附件2：EOD相关政策索引之"ABO+股权合作/投资+EPC+资源
　　　　　　平衡模式" ………………………………………………… 208
　　附件3：EOD相关政策索引之"PPP+专项债模式" ………… 211
　　附件4：EOD相关政策索引之"土地出让+配建模式" ……… 215

附件5:第一批(2021)生态环境导向的开发(EOD)模式试点项目清单 …… 217

附件6:第二批(2022)生态环境导向的开发(EOD)模式试点项目清单 …… 220

附件7:生态环保金融支持项目储备库入库指南(试行) …… 224

参考文献 …… 228

第一章
生态城市发展现状

第一节 生态城市发展背景

随着我国经济社会的发展和生活水平的提高,人们不仅对物质文化生活提出更高要求,而且环境、健康、安全等方面的需求也在日益增长,生态文明和绿色发展已经成为改善民生的重要组成部分;绿色发展要求尊重自然、顺应自然、保护自然,坚定走生产发展、生活富裕、生态良好的文明发展道路,在经济发展的同时,提供更多优质生态产品以满足人民日益增长的优美生态环境需要,实现人与自然的和谐共生。

建设生态城市,是推进绿色发展和建设生态文明的具体实践,也是建设富强民主文明和谐美丽社会主义现代化强国的必然要求。推进生态城市建设,要以生态文明和绿色发展为引领,充分借鉴国内外生态城市建设成功经验,并结合所在地区的实际,探索一条符合自身发展的特色生态城市建设道路。

一、宏观政策背景

党的十八大以来,我国生态文明建设的宏观政策环境和发展背景概括如下。

党的十八大报告首次专章论述生态文明建设,将生态文明建设提到前所未有的战略高度,开创了我国人与自然和谐发展的新格局,报告不仅在全面建成小康社会的目标中对生态文明建设提出明确要求,而且将其与经济建设、政治建设、文化建设、社会建设一道,纳入社会主义现代化建设"五位一体"的总体布局。这标志着党对社会发展规律和生态文明建设重要性的认识达到了新高度,我国社会发展进入了一个新阶段,这必将进一步推动我国生产方式、生活方式的根本性变革,从而改变我国经济社会的发展方向。

2018年5月,全国生态环境保护大会再次强调"生态文明建设是关系中华民族永续发展的根本大计",对推进新时代生态文明建设提出必须遵循的六项重要原则,即坚持人与自然和谐共生,坚持节约优先、保护优先、自然恢复为主的方针;绿水青山就是金山银山,贯彻创新、协调、绿色、开放、共享的新发展理念;良好生态环境是最普惠的民生福祉,坚持生态惠民、生态利民、生态为民,重点解决损害群众健康的突出环境问题;山水林田湖草是生命共同体,要统筹兼顾、整体施策、多措并举;用最严格制度最严密法治保护生态环境,加快制度创新,强化制度执行;共谋全球生态文明建设,深度参与全球环境治理。

党的十九大进一步强调我国"要牢固树立社会主义生态文明观,践行'绿水青山就是金山银山'的发展理念",明确了把"坚持人与自然和谐共生"纳入新时代坚持和发展中国特色社会主义的基本方略,指出"建设生态文明是中华民族永续发展的千年大计",生态文明建设有了清晰的时间表和明确的路线图。

2020年9月,我国在第七十五届联合国大会上宣布,力争在2030年前二氧化碳排放达到峰值,努力争取2060年前实现碳中和目标;2021年10月24日,中共中央、国务院印发《关于完整准确全面贯彻新发展理念做好碳达峰碳中和工作的意见》(以下简称《意见》),作为碳达峰碳中和"1+N"政策体系中的"1",《意见》为碳达峰碳中和这项重大工作进行系统谋划、总体部署;《意见》以及《2030年前碳达峰行动方案》(以下简称《方案》),这两个重要文件的相继出台,共同构建了中国碳达峰、碳中和"1+N"政策体系的顶层设计,而重点领域和行业配套政策也将围绕《意见》及《方案》陆续出台。

2022年10月,党的二十大报告提出:我们要推进美丽中国建设,坚持山水林田湖草沙一体化保护和系统治理,统筹产业结构调整、污染治理、生态保护、应对气候变化,协同推进降碳、减污、扩绿、增长,推进生态优先、节约集约、绿色低碳发展。具体而言,一是加快发展方式绿色转型,加快推动产业结构、能源结构、交通运输结构等调整优化;二是实施全面节约战略,推进各类资源节约集约利用,加快构建废弃物循环利用体系;三是完善支持绿色发展的财税、金融、投资、价格政策和标准体系,发展绿色低碳产业,健全资源环境要素市场化配置体系,加快节能降碳先进技术研发和推广应用,倡导绿色消费,推动形成绿色低碳的生产方式和生活方式。

综上所述,十八大以来我国坚持生态文明的建设方向,生态文明建设和发展战略政策具有较强的前瞻性、延续性和稳定性,并将生态文明绿色发展理念融入城市规划建设管理各个环节,开展了一系列根本性、开创性、长远性工作,推动生态环境保护和生态城市建设发生了历史性、转折性、全局性变化。其中六大原则既是我国主动承担起的大国责任,也是对推动全球生态文明和生态城市建设以及构建人类命运共同体做出的重要贡献。中国正以负责任的态度和坚定行动,成为全球可持续生态文明和生态城市建设的重要参与者、贡献者以及引领者。

二、公共危机并存的城市治理及其生态文明构建

现代城市既是经济文化资源要素的多元集合体,也是各种社会公共危机的集中地,社会公共危机的长期持续,给全球城市治理及其生态文明构建带来了巨大的冲击和挑战。因此,面对社会公共危机持续发展的新形势,重建和完善复杂多元、动态持续的城市治理体系以及配套生态文明治理体系势在必行。

(一)城市规划建设的系统性和前瞻性。

以社会公共卫生危机为例,目前我国的城市总体规划虽然对突发公共卫生事件的应急管理机制有所考虑,但在城市基础设施和公共环境空间规划建设时尚未考虑应对突发公共卫生事件的潜在需求,各类城市建设标准和运营方式亦缺乏如何防范和应对全过程闭环管理的机制和具体要求,因此也就难以在社会公共危机突如其来时迅速发挥其应急作用。

(二)城市治理的信息化和智慧化。

促进城市治理从信息化到智能化,再到智慧化,是现代技术运用于城市治理的必由之路,可为城市应对突发公共卫生事件等重大风险和灾害提供更

有效的手段,我国多数城市在新技术手段的应用上仍较为滞后,疫情发生后各类上线的现代技术软件和应用虽广泛运用于抗疫,但缺乏系统的知识服务和内容提供能力,尤其是在防疫信息管理体系的系统化和规范化方面发挥的作用仍然有限,存在较大的提升和改进空间。

(三)社区治理水平的专业化和规范化。

从目前整体情况来看,我国城市社区的人员配置严重不足,而且以编外人员为主;从技术支持方面,社区治理的智慧化尚存在短板,智慧社区建设和公共服务供给创新需进一步深化;从管理体制和主体协同性来看,尚未形成全程闭环的管理链条,街道、社区、物业、业委会等组织的职能界限和衔接需进一步厘清理顺,物业的专业化和精细化管理作用需进一步发挥。

(四)各方主体的协同性和机制化。

从我国公共安全应急管理方面来看,社会力量参与度不高,各级政府跨区域和跨部门之间的合作边界不够清晰,规范正常的联防联控机制并未得到充分发挥。

为了顺应新时代社会经济发展需要,更好地践行我国生态文明建设理念,我们认真梳理和研究了我国对 EOD 投融资模式的重大方针政策、发展路径和趋势、价值评估与实现、经济逻辑重构等,并结合实务案例的重点难点对 EOD 模式的实务操作进行了分析、总结和探讨,以期助力企业战略愿景目标的动态完善和顺利实现,并为我国新型城镇化及其长期可持续发展提供创新的方向和参考路径。

第二节　生态城市建设内容及要求

一、生态城市建设内容

生态文明,是以人与自然、人与人、人与社会和谐共生、良性循环、全面发展、持续繁荣为基本宗旨的社会形态。从人与自然和谐的角度来看,生态文明是人类为保护和建设美好生态环境而取得的物质成果、精神成果和制度成果的总和,是贯穿于经济建设、政治建设、文化建设、社会建设全过程和各方面的系统工程,反映了一个社会的文明进步状态。生态文明是人类文明发展的历史趋势。以生态文明建设为引领,协调人与自然关系。要解决好工业文明带来的矛盾,把人类活动限制在生态环境能够承受的限度内,对山水林田湖草沙进行一体化保护和系统治理。

生态城市,从广义上讲,是建立在人类对人与自然关系更深刻认识的基础上的新的文化观,是按照生态学原则建立起来的社会、经济、自然协调发展的新型社会关系,是有效利用环境资源实现可持续发展的新的生产和生活方式。从狭义上讲,就是按照生态学原理进行城市设计,建立高效、和谐、健康、可持续发展的人类聚居环境。生态城市是社会、经济、文化和自然高度协同和谐的复合生态系统,其内部的物质循环、能量流动和信息传递构成环环相扣、协同共生的网络,具有实现物质循环再生、能力充分利用、信息反馈调节、经济高效、社会和谐、人与自然协同共生的机能。

我国的生态文明建设其实就是把可持续发展提升到绿色发展高度,为后人"乘凉"而"种树",就是不给后人留下遗憾而是留下更多的生态资产。生态文明建设是中国特色社会主义事业的重要内容,关系到人民福祉,关乎民族的未来,事关"两个一百年"奋斗目标和中华民族伟大复兴中国梦的实现。

生态文明建设的根本目的是努力建设美丽中国,实现中华民族永续发展并从源头上扭转生态环境恶化趋势,为人民创造良好生产生活环境,为全球生态安全作出贡献,同时更加自觉地珍爱自然,更加积极地保护生态,努力走向社会主义生态文明新时代。

生态文明建设需坚持节约资源和保护环境的基本国策,坚持节约优先、保护优先、自然恢复为主的方针,着力推进绿色发展、循环发展、低碳发展,形成节约资源和保护环境的空间格局、产业结构、生产方式及生活方式,从源头上扭转生态环境恶化趋势,为人民创造良好生产生活环境,为全球生态安全作出贡献。

我国要建设的现代化是人与自然和谐共生的现代化,既要创造更多物质财富和精神财富以满足人民日益增长的美好生活需要,也要提供更多优质生态产品以满足人民日益增长的优美生态环境需要。必须坚持节约优先、保护优先、自然恢复为主的方针,形成节约资源和保护环境的空间格局、产业结构、生产方式、生活方式,还自然以宁静、和谐、美丽。

2021年11月,中共中央、国务院印发了《中共中央、国务院关于深入打好污染防治攻坚战的意见》。2022年3月,住房和城乡建设部、生态环境部、国家发展和改革委员会、水利部印发《深入打好城市黑臭水体治理攻坚战实施方案》,在延续了"十三五"期间黑臭水体治理行之有效做法的同时,针对实践中发现的问题以及新特点,进一步突出重点、精准发力。2022年6月,生态环境部、国家发改委等七部委联合印发《减污降碳协同增效实施方案》,提出"十四五"时期乃至2030年减污降碳协同增效工作的主要目标和重点任务。2022年11月,《湿地公约》第十四届缔约方大会在武汉举行。这是中国自1992年加入《湿地公约》以来,首次承办该会议。大会通过了"武汉宣言"和《2025—2030年全球湿地保护战略框架》,为当前及未来的全球湿地保护修复指引了方向,注入了新的动力。中国在大会期间提出,将建设湿地类型国家公园、对1/5的湿地实行最严格保护,设立深圳"国际红树林中心",成立中国候鸟迁飞通道保护网络等。2022年11月,生态环境部、国家发展改革委、科技部等15个部门联合印发《深入打好重污染天气消除、臭氧污染防治和柴油货车污染治理攻坚战行动方案》,要求打好重污染天气消除、臭氧污染防治、柴油货车污染治理三个标志性战役。

二、《中华人民共和国国民经济和社会发展第十四个五年规划和2035年远景目标纲要》要求

2021年3月11日第十三届全国人民代表大会第四次会议通过了《中华人民共和国国民经济和社会发展第十四个五年规划和2035年远景目标纲要(草案)》,其第十一篇"推动绿色发展 促进人与自然和谐共生"中,提出了未来五年生态环境发展的战略方针,"坚持绿水青山就是金山银山理念,坚持尊重自然、顺应自然、保护自然,坚持节约优先、保护优先、自然恢复为主,实施可持续发展战略,完善生态文明领域统筹协调机制,构建生态文明体系,推动经济社会发展全面绿色转型,建设美丽中国。"

提升生态系统质量和稳定性。坚持山水林田湖草系统治理,着力提高生态系统自我修复能力和稳定性,守住自然生态安全边界,促进自然生态系统质量整体改善。完善生态安全屏障体系,构建自然保护地体系,健全生态保

护补偿机制。

持续改善环境质量。深入打好污染防治攻坚战,建立健全环境治理体系,推进精准、科学、依法、系统治污,协同推进减污降碳,不断改善空气、水环境质量,有效管控土壤污染风险。深入开展污染防治行动,全面提升环境基础设施水平,严密防控环境风险,积极应对气候变化,健全现代环境治理体系。

加快发展方式绿色转型。坚持生态优先、绿色发展,推进资源总量管理、科学配置、全面节约、循环利用,协同推进经济高质量发展和生态环境高水平保护。全面提高资源利用效率,构建资源循环利用体系,大力发展绿色经济,构建绿色发展政策体系。

三、相关要求

2023年3月5日在第十四届全国人民代表大会第一次会议上,国务院总理李克强发布了2023年《政府工作报告》,报告中总结了生态环境建设过程中取得的成绩和未来的发展建议。

2022年,生态环境明显改善。单位国内生产总值能耗下降8.1%、二氧化碳排放下降14.1%。地级及以上城市细颗粒物($PM_{2.5}$)平均浓度下降27.5%,重污染天数下降超过五成,全国地表水优良水体比例由67.9%上升到87.9%。设立首批5个国家公园,建立各级各类自然保护地9000多处。美丽中国建设迈出重大步伐。

2023年,生态环境方面的重点工作是加强生态环境保护,促进绿色低碳发展。坚持绿水青山就是金山银山的理念,健全生态文明制度体系,处理好发展和保护的关系,不断提升可持续发展能力。

加强污染治理和生态建设。坚持精准治污、科学治污、依法治污,深入推进污染防治攻坚。注重多污染物协同治理和区域联防联控,地级及以上城市空气质量优良天数比例达86.5%、上升4个百分点。基本消除地级及以上城市黑臭水体,推进重要河湖、近岸海域污染防治。加大土壤污染风险防控和修复力度,强化固体废物和新污染物治理。全面划定耕地和永久基本农田保护红线、生态保护红线和城镇开发边界。坚持山水林田湖草沙一体化保护和系统治理,实施一批重大生态工程,全面推行河湖长制、林长制。推动共抓长江大保护,深入实施长江流域重点水域十年禁渔。加强生物多样性保护。完善生态保护补偿制度。森林覆盖率达到24%，草原综合植被盖度和湿地保护率均达50%以上，水土流失、荒漠化、沙化土地面积分别净减少10.6万、3.8万、3.3万平方千米。人民群众越来越多享受到蓝天白云、绿水青山。

稳步推进节能降碳。统筹能源安全稳定供应和绿色低碳发展，科学有序推进碳达峰碳中和。优化能源结构，实现超低排放的煤电机组超过10.5亿千瓦，可再生能源装机规模由6.5亿千瓦增至12亿千瓦以上，清洁能源消费占比由20.8%上升到25%以上。全面加强资源节约工作，发展绿色产业和循环经济，促进节能环保技术和产品研发应用。提升生态系统碳汇能力。加强绿色发展金融支持。完善能耗考核方式。积极参与应对气候变化国际合作，为推动全球气候治理作出了中国贡献。

第三节　生态城市建设中的问题与挑战

从我国生态环保项目建设和投融资机制的发展历史来看，传统生态环保项目工程一般由政府或地方平台公司负责投资建设及后期运维管理，在建设内容和目标上侧重于"环保治理"，缺乏片区联动开发和综合效益的可持续发展理念。

一、生态城市建设的地方需求

地方政府是城市经济社会发展的主要推动者，在有限的财政预算和宏观政策环境下，通过完善的基础设施建设夯实发展基础，通过优质的公共服务提升民众生活水平和营商环境并保障其长期可持续发展，是地方政府提升城市经济社会发展和区域竞争力的重要抓手和关键诉求，而生态环保领域可持续发展作为我国新时期的长期国策，当属其中重中之重。

（一）完善基础设施

基础设施建设是一个城市发展的基石，是各类经济活动和人民生活的保障。由于该类项目在一定程度上通常具有非排他性、非竞争性的公益性特点,因此需要由政府来主导实施,从而实现市政公共服务均等化、生态环保事业持续化等目标。完善的基础设施可以推动城市经济、社会、环境效益综合发展,因此如何更多、更高效、更合理地建设城市基础设施成为地方政府的一大诉求。

(二)提供优质公共服务

居民幸福感和营商环境是一座城市吸引人口、凝聚企业的关键要素,地方政府需依托基础设施建设项目的硬件设施,提供总量充足、结构均衡、品质优良的软性公共服务,解决社会公众关切的环保、科技、文化、教育、医疗、养老等各类问题,为城市吸引更多的人才和企业,从而进一步服务于城市的长期可持续发展。因此,地方政府对于提供优质的公共服务亦责无旁贷。

(三)降低财政负担

随着我国社会经济的飞速发展,各地基础设施建设所需的资金压力亦日益增长,加之我国长期以来积累的"事权财权脱节"历史遗留问题,有限的地方财政预算及其融资渠道已经远远无法满足人民群众对于民生环保和基建投资的巨额资金需求。因此,有效利用地方国企平台引入社会资本,并通过综合开发模式充分挖掘释放当地可利用的经营性资源,并保障企业的合理回报以及项目的可持续运行,从而减少财政资金投入,提高财政资金使用效率,缓解城市基础设施建设带来的巨大资金压力,亦成为各地政府提升民众在城市市政民生领域获得感和营商环境的重要诉求和抓手。

(四)社会经济可持续发展

传统政府投资在项目建设和后续运维管理的专业规范性和可持续性等方面存在较大的局限性;而创新投融资模式是一种工具和路径,非一劳永逸,只有以创新投融资体制为契机,厘清政府和企业的权利义务关系,并建立基于绩效考核激励和合理投资回报的全生命周期管理机制,方可实现具体项目乃至包括生态环保在内的地方社会经济的长期可持续发展。

二、生态城市建设的发展痛点

（一）巨大的经济转型压力

经济新常态要求城市环境保护和综合发展遵循"高效率、低成本、可持续"的原则，推动发展主体从完全依靠政府转向市场参与甚至市场主导，发展动力从资源驱动转向产业驱动等。对照这些转型需求，生态环境治理作为当前城市发展的关键基础，亟待创新相关项目的投融资模式，有效利用地方资源并引进社会资本、充分发挥市场机制的效率优势和社会资本的产业链整合优势，带动区域环境保护乃至经济社会的综合性持续稳定发展。

（二）巨大的城市建设资金压力

不论是支柱产业的导入，还是公共服务的提供，城市发展都需要把包括生态环保在内的基础设施建设作为硬件关键要素，这对地方政府而言意味着巨大的资金需求。但我国在过去四十多年间先后经历了出口带动型和投资拉动型经济增长周期，目前正处于经济由高速度增长向高质量发展并面临下行压力的转型阶段，可动用的宏观经济调控政策越发稀少，地方政府亦面临资金短缺、融资渠道狭窄、政府债务压力等严峻形势，在基础设施建设资金需求和地方财力制约的矛盾面前方法有限。

（三）巨大的综合效益可持续压力

当前我国改革进入"深水区"，过去依靠土地财政搞"摊大饼"式的城市建设发展模式不再符合当前的城市发展规律，故地方政府需要转变发展思路和传统管理思维，避免因行政区划或部门条线分管将本应在一定区域内统筹规划和投资开发的建设内容和开发时序人为割裂。然而长期的条块分割管理模式使得地方政府一时间难以很好地统筹区域发展规划、产业结构规划以及基础设施投融资规划等各个方面。

三、生态城市传统建设模式问题

从我国生态环保项目建设和投融资机制的发展历史来看，传统的生态环保类项目工程一般由地方政府或平台公司负责前期立项设计、投资建设以及后期运维管理，相较而言在建设内容和目标上片面侧重于"环境安全"，缺乏片区联动开发和综合效益的可持续发展理念。因此，本书梳理总结主要存在如下问题。

（一）城市规划缺乏系统性

随着城市经济的快速发展，我国在城市扩张及其自身结构的维护方面存在一定不足，缺乏对开放空间的利用和保护，致使城市开放空间日益减少，生态质量日益下降，从而制约着城市社会经济的可持续发展；与此同时，城市交通布局缺乏科学性和条理性、公交系统欠发达、资源短缺、土地资源利用效率较低等，一定程度上制约着城市生态建设的发展。

（二）建设理念的片面性

长期以来，我国的传统生态环保项目建设由于片面追求环境安全和治理改善，忽视其景观性、生态性及其在自然、人文、经济发展等方面的综合开发理念，导致该类项目通常过于"生硬"，社会综合效益相对较差，进而在建设理念和可持续发展效益方面具有较大的片面性和局限性，无法真正实现城市的生态化目标。

（三）建设内容的割裂性

从建设内容来看，我国传统的生态环保项目往往由于只注重其生态治理的环保功能，缺乏合理的城市产业结构以及联动市政和城市片区开发的综合考量，忽视了自然生态系统与城市生态建设之间和谐发展的关系，从而导致项目建设指标和价值取向上的割裂现象，难以发挥其对城市社会经济发展的综合效应。

（四）建设投资的公益性

从项目建设投融资机制和模式角度，传统生态环保投资项目往往是纯公益性项目，缺乏经营性收入来源；此外，考虑到城市片区联动开发及其综合效应长期可持续发展的新趋势和现实需求，生态环保类项目建设投资规模越来越大，在完全由政府或地方国有平台企业负责项目投资建设的传统投融资机制下，地方政府财政面临着巨大的建设资金压力。

（五）建设资产的沉淀性

根据行业属性和特点，传统的生态环保项目工程往往会产生大量的"沉淀型资产"，譬如管理用房、河道水库、污水收集管网、绿化植被，等等，如若合理规划使用或者在综合开发中予以联动融合，则可以大大提升其综合效益及促进其长期可持续发展。

随着我国社会经济的快速发展与人民生活水平的提高，人民群众对生态环保项目建设提出了新要求，除了满足工程安全及基本性环保功能要求外，对景观、生态、环境乃至城、智、产融合发展提出了更高的要求。于是该类项目往往涉及面广、前期投入大、受益主体多，在这样的背景下，近年来国家各部门也出台了鼓励以 EOD 为代表的投融资模式创新以及生态环保综合开发相关政策。

再者，此类项目一般建设和投资规模体量巨大，传统投融资模式如政府直接投资/资本金注入、政府发行债券、融资平台代政府融资、政府购买服务以及 F+EPC、PPP/特许经营等其他模式均存在一定的局限性，地方政府亟须进行投融资模式创新。

四、EOD 模式推广中的难点

（一）理解上的局限性

目前我国部分地区还存在唯经济指标论的行政理念和以短期经济绩效为价值取向等问题，使绿色发展的理念在普及和落地上面临诸多障碍。诸如基于政绩目标考量而舍弃生态环保并选择经济增长的策略，为追求短期政绩而忽视对生态环境违法行为的依法规制,采取先污染后治理、重视初期投资建设而忽视后期维护性投资的行为,部分生态项目的后期追踪性投资建设和系统性监管措施跟进不力等。总体上,我国大部分地方政府对 EOD 模式概念的认知和理解尚存在一定的局限性,需进一步加强 EOD 模式的推广与普及。

(二) 缺乏龙头企业和标杆项目

随着房地产产品的不断更新演变,传统区域开发商已经不能满足未来需求,提供多方位运维和服务,需要生态城市运营商来实现。其综合能力主要体现在:(1) 生态方面的能力,包括生态意识、生态规划能力、生态资源整合能力和建设能力;(2) 产业整合及产业运营的能力;(3) 综合运营的能力;(4) 统筹规划、资源整合的能力。在实践中,目前各地对于 EOD 模式到底如何落地,尚处于探索之中,缺乏有影响力的行业龙头企业和标杆性的旗舰项目,需要国家进一步出台相应政策给予必要扶持,鼓励开发商向具有 EOD 模式建设和运营能力的生态城市运营商转变。

第四节 传统投融资模式的问题和难点

一、政府直接投资/资本金注入

如前所述,传统政府直接投资和资本金注入是两种政府投资资金安排方式,指政府使用预算安排的资金直接注入政府控制的国有企业进行固定资产投资建设的活动,这长期以来是我国固定资产投资的重要组成部分。在所有传统投融资模式中,政府直接投资和资本金注入是最古老、最直接的模式,由于资金来源于当年的财政预算,按费用化处理,因此此种模式无融资成本和投资回报要求,甚至不需要回收投资本金。

由于审批效率偏低及宏观环境因素,政府直接投资/资本金注入模式受到地方财力空间的制约,可支撑的项目投资规模有限,越来越难以满足我国快速发展的城市建设资金需求。于是 2019 年 7 月 1 日正式施行的《政府投资条例》(简称《条例》)为"规范政府投资行为,激发社会投资活力"做了定调。《条例》明确限定了政府投资资金投向市场不能有效配置资源的公共领域项目,以非经营性项目为主,同时鼓励社会资金投向相关领域。而政府及其有关部门不得违法违规举借债务筹措政府投资资金,并规范了政府投资项目审批制度和投资年度计划的编制,严格了项目的实施和事中事后监管。这些内容对政府直接投资/资本金注入行为进行了规制,并希望能激发社会投资参与,减轻政府直接投资/资本金注入模式下的财政资金压力。

二、政府发行债券

政府发行债券融资是指政府为筹集资金而向出资者出具承诺在一定时期支付利息和偿还本金的债务凭证。按资金用途和偿还资金来源分类,我国的地方政府债券分为一般债券和专项债券,其中前者用于没有收益的公益性项目资本支出,主要以一般公共预算作为还本付息资金来源;后者用于具有一定收益的公益性项目资本支出,主要以项目对应的政府性基金或专项收入作为还本付息资金来源。

地方政府债券是修订的《中华人民共和国预算法》于2015年生效后,地方政府唯一合法的举债方式,也是近年来政策一再鼓励的模式。其优势是融资成本低,发行速度快,监管较为宽松,是目前最为简单和直接的数量型融资工具。但由于地方政府债券在额度上受总量控制,额度分配方法的计算公式整体上"嫌贫爱富",因此最需要债券额度的欠发达地区往往因为财政实力和风险管理能力偏弱、重大项目投资规模小等原因分配不到足够的额度。同时由于监管过度宽松,地方政府债券(尤其是专项债券)存在大规模无法到期偿还本金的风险,需要发行再融资债券"借新还旧",未来可用于新增投资的地方政府债券规模会越来越小,从而出现所谓"规模空转"(债券规模能够维持但无法形成足够的新增投资)的现象。

三、融资平台代政府融资

政府融资平台是指由地方政府及其部门和机构、所属事业单位等通过财政拨款或注入固定资产、国有股权等国有资产设立,具有政府公益性项目投融资功能,并拥有独立企业法人资格的经济实体。由于政府通过融资平台进行融资是以政府信用为担保基础、以企业债务为表现形式,因此极易形成地方政府隐性债务。

尽管 2014 年以来《关于加强地方政府性债务管理的意见》(国发〔2014〕43 号)、《中华人民共和国预算法》、《关于印发〈财政部驻各地财政监察专员办事处实施地方政府债务监督暂行办法〉的通知》(财预〔2016〕175 号)、《关于进一步规范地方政府举债融资行为的通知》(财预〔2017〕50 号)等政策全面禁止政府通过融资平台进行融资,并对政府"输血"给融资平台的路径进行了限制,但由于法律体系对于融资平台的定义、国有企业与政府的关系界定不清晰、地方政府路径依赖、融资平台功能多元化后存在一定的隐蔽性、新设融资平台缺乏监管等原因,目前相关的融资平台仍然未能完全消失。由于上述政策的限制,融资平台已经不可能通过非市场化方式融资,只能分类转型后开展市场化运作,其中与社会资本方就具体项目开展投资合作成为主要方式。

四、政府购买服务

政府购买服务是指各级国家机关将属于自身职责范围且适合通过市场化方式提供的服务事项,按照政府采购方式和程序,交由符合条件的服务供应商承担,并根据服务数量和质量等标准向其支付费用。《国务院办公厅关于政府向社会力量购买服务的指导意见》(国办发〔2013〕96 号)提出政府购买服务的概念,《关于印发〈政府购买服务管理办法(暂行)〉的通知》(财综〔2014〕96 号)对政府购买服务提出了管理规范要求。

一段时期内,由于政策不完善且过于宽松等原因,出现了大量本应按 PPP 等市场化模式运作的市政公用项目采用政府购买服务模式,引起了中央层面的重视,并通过《关于坚决制止地方以政府购买服务名义违法违规融资的通知》(财预〔2017〕87 号)对除棚改等特殊领域外的政府购买服务项目进行了严格的预算管理(先预算后采购)、目录管理(排除工程和融资)和期限管理(不超过 3 年)。2020 年《政府购买服务管理办法》(财政部令第 102 号)出台,进一步明确了政府采购法律、行政法规规定的货物和工程,以及将工程和服务打包的项目等六类事项不纳入政府购买服务范围。

政府购买服务具有适用主体范围广、运作程序简单、预算管理上限高等优势,但由于上述政策的限制,政府购买服务无法作为城市基础设施项目建设投融资模式。

五、其他(基于单体项目的准市场化模式)

(一) F+EPC/BT

F+EPC是指工程总承包单位承揽整个项目建设工程的设计、融资、采购、施工,其实质是施工单位垫资建设。从地方实践来看,大部分地方在进行F+EPC的操作时通常由政府方指定或授权融资平台公司或者公益类国有企业作为项目单位;BT模式是指利用非政府资金来进行非经营性基础设施建设项目的一种投融资模式,由社会资本负责基础设施项目的投资和建设施工,完工后移交给项目单位,后者在移交后一定期限内向社会资本支付投资本金及回报。

F+EPC/BT模式操作简单,由于项目单位通常为国有融资平台公司,凭借着政府信用和财政资金实力,一度曾具有较大的市场空间,但自2019年7月1日《政府投资条例》生效之后,以政府投资项目立项的F+EPC模式便不合法了;BT模式则因为融资平台与政府信用脱钩而无法实现资金闭环。

(二) PPP/特许经营

政府和社会资本合作(PPP)/特许经营,是指政府通过竞争性方式选择具有投资、运营管理能力的社会资本,双方按照平等协商原则订立合同,由社会资本提供原本应由政府提供的基础设施和公共服务,收取用户支付的使用者付费或由政府依据绩效评价结果支付服务费或可行性缺口补助。特许经营是PPP的一种特殊形式,适用于具有经营属性的使用者付费和可行性缺口补助项目,不适用于政府付费项目(PFI)。

自2014年启动制度建设以来,在宏观治理机制转型和行业政策鼓励的加持下,PPP模式迎来了有史以来最大的市场浪潮,中国成为全球最大的PPP单一市场。但经过5年多的鼓励推广和政策"恶补",PPP模式陷入了一定程度"失序"和过度监管的困境;此外,受到财政承受能力10%和使用者付费占比10%(财政承受能力超过5%时)两条红线的规模控制、政府性基金预算的使用限制、完全挂钩的绩效考核要求等紧缩政策的影响,近年来 PPP 项目的可落地性显著下降,且普遍出现了运作周期明显拉长、审批入库程序繁琐和反复、政策不稳定性导致变数增加、融资难和成本升高、政府付费或可行性缺口补助的支付出现违约等问题,叠加上位法缺位且出台遥遥无期的现状,使得"名义监管"下的 PPP 模式受到了严重的打压,包括地方政府、社会资本在内的市场参与主体纷纷转向"以非 PPP 之名,行 PPP 之实"的其他市场化创新模式。

相比之下,特许经营模式因为监管政策少且宽松,成为一些具备经营属性的项目的选择模式。但从近年来的实践观察,由于财政系统以预算管理为抓手垄断了 PPP 管制的话语权,发改系统主导的特许经营模式并未获得市场的普遍认可,且由于特许经营模式自身的性质定位模糊、主要依靠使用者付费的特点,导致该模式并未获得良好发展。

尽管如此,从长期发展前景看,PPP/特许经营模式仍然是目前最为合规的基础设施和公用事业项目建设市场化投融资模式,也是最容易获得传统融资渠道青睐的模式。2022 年 10 月,国家发改委发布《国家发展改革委关于进一步完善政策环境加大力度支持民间投资发展的意见》(发改投资〔2022〕1652 号),文件鼓励民间投资以城市基础设施等为重点,通过综合开发模式参与重点项目建设;推动政府和社会资本合作(PPP)模式规范发展、阳光运行,引导民间投资积极参与基础设施建设,探索开展投资项目环境、社会和治理(ESG)评价;完善支持绿色发展的投资体系,充分借鉴国际经验,结合国内资本市场、绿色金融等方面的具体实践,研究开展投资项目 ESG 评价,引导民间投资更加注重环境影响优化、社会责任担当、治理机制完善。

综上所述,相信在未来地方政府债券退潮和 PPP 模式政策宽松周期到来及其与特许经营模式之间的关系理顺后,两者仍有可能迎来新的市场机遇。

第二章
生态经济系统动力学分析

第一节 生态经济学基本理论

一、公共物品理论

美国著名经济学家 Samuelson 对公共物品做出过严格的经济学定义,并运用二分法将物品分为公共物品和私人物品两类。公共物品是指那种既不可能也无必要对其消费加以排他的产品,或者说同时具有非排他性与非竞争性的产品。公共产品是相对于私人产品而言的。根据公共产品的特性,排他性和使用或消费的竞争性是区别私人物品和公共物品的两个定义性标准。公共物品可分为纯粹公共物品和非纯公共物品,纯粹公共物品完全满足这两个特性,生态服务的有些功能是属于纯粹公共物品,纯粹公共物品由于不存在价格信号,因而无法通过市场机制进行资源配置,需要中央政府进行配置;然而非纯公共物品并不严格满足这两个特性,如有些非纯公共物品具有部分非排他性或排他的成本很高,而且在达到某一消费数量后就具有竞争性。生态服务的部分功能具有公共物品的特征,但其消费具有地域性或集团性,所以这类公共物品准确地说应该属于准公共物品。准公共物品可以在某些范围内按受益者负担的原则制定价格。市场机制、自愿协商机制、合约机制,以及民间自愿机制等在公共物品供给中普遍存在失灵问题,只能由相应的政府机制来替代弥补,而且也只有政府参与才能增进公共福利潜力。

经济学中提到的竞争性是指一个人使用物品减少其他人使用时该物品

的特征,例如汽车、文具等物品。排他性是指某个消费者得到一种商品的消费权之后,就可以把其他消费者排斥在获得该商品的利益之外,私人产品在使用上具有排他性,是指这种物品具有可以阻止其他人使用该物品的特性,例如著作版权、收费版权等。表2.2-1中展示了私人物品和公共物品的详细分类。

表 2.1-1　经济学中物品的分类

	排他性	非排他性
竞争性	纯私人物品	准公共物品 (公共资源)
非竞争性	混合公共物品 (俱乐部产品)	纯公共物品

公共物品/公共产品(public goods)由于其非竞争性和非排他性,容易出现搭便车现象或造成公地悲剧。"搭便车"现象最早由Olson提出,是指在社会生活或经济活动中,任何组织或个体都可以无偿使用公共物品的现象,该现象严重影响了公共物品的公平性和可持续性。"公地悲剧"原意是指牧羊人在一片公共草地上放牧时,如果牲畜的数量已经达到了这片牧场的极限,此时牧羊人为了自己的利益仍然会增加放牧数量,最终导致公地的彻底毁灭。经济学中,"公地悲剧"是指在经济活动中,由于公共物品的非竞争性使得其被过度使用导致全部经济主体的公共利益受到破坏的现象。在现实经济生活中,自然资源是最典型的公共物品,其中不同类别的自然资源由于其覆盖范围与自身特性的差异,又可以划分为不同类别。

二、外部性理论

外部性最早是由布坎南与斯塔布尔宾于1962年提出的。外部性又称为溢出效应、外部影响、外差效应或外部效应、外部经济,指一个人或一群人的行动和决策使另一个人或另一群人受损或受益的情况。外部性伴随私人收益与社会收益、私人成本与社会成本不一致的现象。一般而言,外部性具有附带性的特点。其中正外部性是某经济主体的经济行为对其他经济主体附带的好处,具有"不得不赠予"的特征;负外部性是指某经济主体的经济行为对其他经济主体外加的负担,具有"不得不转嫁"的特征。经济主体从事经济行为时所产生的利益,有"可计量利益"与"非计量利益"之分。"可计量利益"是经济行为主体的行为目标,是收入与成本费用之间的差额;"非计量利益"是某经济行为主体在实现自己目标的同时,所产生的无法界定和计量的对其他经济行为主体的经济利益。经济主体根据"可计量利益"来决定自己的生产经营行为,在生产经营过程中产生的"非计量利益"则为外部性。对于理性的经营者来说,在没有建立有效的可使"非计量利益"转变为"可计量利益"的生态服务交易市场或提供有效补偿的前提下,将根据"可计量利益"最大化的原则组织生产,不会自动地将提供最优的"非计量利益"(如生态服务)作为经营目标。生态补偿的重要意义就在于如何将"非计量利益"转化为"可计量利益"来补充外部性现象产生的市场失灵问题。

三、等级层次理论

等级层次理论(自然等级组织理论,hierarchy theory),是20世纪60年代以来逐渐发展形成的关于复杂系统结构、功能和动态的理论,该理论认为任何系统皆属于一定的等级,并具有一定的时间和空间尺度。等级理论可用于简化复杂系统,以便于对其结构、功能和动态进行理解和预测。景观是一个在广阔的时空尺度上运行的复杂的生态系统。等级层次理论将此类系统概念化为由相对独立的层次组成,每个层次在不同的时间和空间尺度上运行。等级层次理论预测,复杂的生态系统,如景观等,将由相对孤立的层次组成。每个级别将在相对不同的时间和空间尺度上运行,因此这种比例结构可以被用来分析复杂的景观问题。显著的预测能力来自对比例结构产生的约束的分析。生物限制(低级限制)和环境限制(高级限制)形成了一个约束包络线,景观必须在该包络线内运行。在约束环境内,其他因素,如热力学和养分/水分利用率,可能会定义局部的因素。这种由时间和空间缩放产生的约束结构成了预测复杂景观系统的最佳工具之一。同时,约束结构随时间变化,景观可能会通过临界阈值而发生根本变化。该理论预测,接近这种根本性变化的景观将需要更长时间从轻微的动荡中恢复,并在时间和空间上变得更加多变。这些预测可以在微观的世界中进行测试,并可能为设计监测系统提供关键输入值以预防景观甚至全球生态系统发生突发性变化。

四、耗散结构理论

20世纪70年代，比利时物理学家普利高津提出了耗散结构学说，这也是一种系统理论。耗散结构的概念是相对于平衡结构的概念提出来的。长期以来，人们只研究平衡系统的有序稳定结构，并认为倘若系统原先处于一种混乱无序的非平衡状态，是不能在非平衡状态下呈现出一种稳定有序结构的。普利高津等人提出：一个远离平衡的开放系统，在外界条件变化达到某一特定阈值时，量变可能引起质变，系统通过不断与外界交换能量与物质，就可能从原来的无序状态转变为一种时间、空间或功能的有序状态，这种远离平衡态的、稳定的、有序的结构称之为"耗散结构"。这种学说回答了开放系统如何从无序走向有序的问题。

耗散结构是在远离平衡区的非线性系统中所产生的一种稳定化的自组织结构。在一个非平衡系统内有许多变化着的因素，它们相互联系、相互制约，并决定着系统的可能状态和可能的演变方向。这些因素可以归纳为两类：其一是广义流，其二是广义力；而且广义流依赖于广义力。一般地说，这两类因素之间的相互依赖关系是一个复杂的非线性函数。一个典型的耗散结构的形成与维持至少需要具备以下三个基本条件。

一是系统必须是开放系统，孤立系统和封闭系统都不可能产生耗散结构；

二是系统必须处于远离平衡的非线性区，在平衡区或近平衡区都不可能从一种有序走向另一种更为高级的有序；

三是系统中必须有某些非线性动力学过程，如正负反馈机制等，正是这种非线性相互作用使得系统内各要素之间产生协同动作和相干效应，从而使得系统从杂乱无章变为井然有序。

普利高津认为，自组织现象是普遍存在的。激光是一个自组织的系统，光粒子能够自发地把自己串在一起，形成一道光束。这道光束的所有光子能够前后紧接，步调一致地移动。飓风也是一个自组织的系统。自组织系统的机理是对称性破缺。这种对称性破缺的序都不包含在外部环境中，而根源于系统内部，外部环境只是提供触发系统产生这种序的条件，所有这种序或组织都是自发形成的。

第二节　复杂系统经济学基本理论

协同演化阶段，是人类构建人类命运共同体的初级阶段，随着科学技术的不断进步，人类个体所需的各项物质文化供给能力得到了极大的提升，为了减轻贫富差距拉大、资源分配不平衡不优化等问题给生产力及人类文明发展造成的严重制约影响，人类生产关系从资本主义、社会主义，逐步发展到共产主义，人类群体之间的社会关系逐步演化到一种适宜的协同合作关系，实现人尽其才，物尽其用，文明加速进步，人类向着可持续发展和协同演化方向不断进步。

协同演化阶段人类社会发展是一个复杂巨系统，并且不再以经济指标或者货币价值作为衡量财富、资产、可支配力的指标，为将该系统化繁为简进行研究，以下将从人类社会演变逻辑进行分析，逐步叠加相关变量和影响因子，从而得到协同演化阶段的社会发展关系链和价值网络，为未来的社会发展决策提供相关理论支持。

一、复杂系统概念与研究方法

系统一词来源于英文 system 的音译，即若干部分相互联系、相互作用，形成的具有某些功能的整体。我国著名学者钱学森认为：系统是由相互作用相互依赖的若干组成部分结合而成的，具有特定功能的有机整体，而且这个有机整体又是它从属的更大系统的组成部分。

复杂系统在系统动力学中定义为具有高阶次、多回路和非线性信息反馈结构的系统。非线性复杂系统中的反馈回路形成相互联系相互制约的结构。就社会经济系统而言，系统中关键变量决策的杠杆作用点与其周围其他变量的关系决策导致行动，行动改变系统周围的状态，并产生新的信息作为未来新决策的依据，如此循环作用形成反馈回路，因此常常表现出各种意料之外不易弄明的特性。复杂系统除具有常规系统的特点外，还具有自组织、涌现、反馈迭代、不确定性、动态稳定性、结构影响行为等特点。不论在自然界还是在社会经济范畴里，非线性复杂系统比比皆是，尤其是具有不同层次结构和大量组成元素的复杂巨系统。

复杂系统的研究方法主要可以分为三类，即：理论分析法、统计分析法、仿真模拟法。理论分析法，主要基于系统元素及相互关系，采用演绎、归纳、类比等方法进行理论方面的研究；统计分析法是基于实证样本的统计数据进行量化分析，结合理论推导得出相关经验公式或分析结论；仿真模拟法是在一定的逻辑结构及反馈机制上，通过系统仿真和系统模拟等方法，研究系统的反馈及运作特性。系统仿真是根据系统分析的目的，在分析系统各要素性质及其相互关系的基础上，建立能描述系统结构或行为过程的、具有一定逻辑关系或数量关系的结构模型和量化分析模型，并将其转换为适合在计算机上编程的仿真模型，据此进行试验或定量分析，以获得正确决策所需的各种信息。

二、复杂经济学的产生与特点

经济学是经世致用之学，经济系统是一个非常典型的复杂系统，它包括数十亿个自发行动的个体和数百个国家的经济政治博弈。为克服主流经济学派的弊端，解决世界经济发展面临的众多问题，综合国家干预派和自由市场派有用的方法和见解，以及人类和世界发展的客观规律，系统全面客观地重新思考人类发展和世界经济发展问题，才能更加全面客观地分析问题，并系统有效地解决问题。为此，将经济学与复杂系统科学理论相结合，建立了复杂系统经济学，并逐步完善理论体系及成果运营，为未来经济发展过程中经济、财政、金融、资源配置、管理体制等方面的政策制定及社会治理提供支持。

复杂经济学从复杂系统和复杂性科学的角度来建立经济学的分析框架，是一门超越了均衡层面的经济学理论，认为经济不是确定的、可预测的、机械的，而是依赖于过程的、有机的、永远在进化的复杂系统。经济行为主体，无论是银行、消费者、厂商，还是投资者，都要不断地调整各自的市场行为、买卖决策、定价策略和对未来的预测，以适应这些市场行为、买卖决策、定价策略和对未来的预测共同创造的情境，从而共同构成了不断反馈迭代并不断非均衡演化的复杂动力系统。

复杂经济学用全新的视角来看待经济,目前研究还处于初期,最主要的原因是研究方法的匮乏。从复杂系统的视角出发,经济呈现出了复杂系统的所有标志性特征,阿瑟、史蒂文·杜尔劳夫、戴维·莱恩总结了复杂经济学的六大特征。

一、分散交互作用。经济活动中的行为主体具有异质性,他们并行地采取行动,以便应对他们共同创造出来的各种"聚合状态"。而在这样做的过程中,他们需要不断地适应一个永恒变化的世界。在这个世界中,没有全局性的"控制者";在这个世界中,人类的认知、层级结构和互动都是重要的。

二、连续适应。随着行为主体经验的不断积累,行为、行动、策略、产品等,全都不断地被修订、调整,或者说系统将不断地适应。

三、交叉分层组织。在经济中,存在着很多层次的组织和互动。任何一个给定层级的"单元",通常都要成为构建下一个更高层级的单元的"构件"。经济的整个组织不仅是层次化的,而且在每个层次上都存在许多复杂缠结的交互作用,或者说联系或交流渠道。

四、永恒的创新。随着新的市场、新的技术、新的行为模式、新的机构等不断涌现,新的利基不断地被创造出来。而且,填补一个利基的行动本身也可能会创造新的利基。这导致的结果是持续的、永恒的创新。

五、非均衡的动力学。由于新的利基、新的潜力、新的可能性等不断地被创造出来,经济的运行会远离任何最优或全局均衡。改进总是可能的,并且确实经常发生。

六、没有全局性的控制者。经济中没有全局性的、可以控制行为主体之间的交互作用的实体。如果说有控制,那也是通过行为主体之间的竞争和协调机制实现的。经济行为是由法律制度、行为主体承担的角色,以及相互之间不断变化的联结来实现调和的。同样地,经济中也不存在万能竞争者。

三、复杂系统经济学模型推演

复杂系统主要有子系统、关系和环境组成。子系统主要反映了系统在不同时间点的状态属性(System Properties),关系体现了各个子系统之间的结构关系和算法,并随着时间不断演进形成流量算法(Flow Algorithm),迭代反馈给子系统状态和外部环境,从而构成系统动力学演进模型。近现代典型的中央政府管控下大型国有企业或财阀与中小私营企业并存的社会经济系统,可以按照如下系统描述进行表征。

总系统组成:普通子系统 CSS(Common Subsystem)、国有子系统 SSS(State-owed Subsystem)、统治子系统 GSS(Government Subsystem)、子系统之间的连接关系 SR(Subsystem Relationship)、子系统的发展与繁衍演进算法程序 SP(Subsystem Algorithmic Program)、系统所存在的环境 SE(System Environment)。

普通子系统发展属性:子系统以弱关联的家庭、家族、个体户、私人民营企业、社会团体等社会基本生产消费单元为主,其发展属性包括子系统的状态参数属性 CSA,子系统发展的需求属性 CSB,子系统发展的供给属性 CSC。

普通子系统繁衍算法:子系统以衣食住行自给自足能力、可交易剩余商品数量、土地等生产资料数量、族群数量和生产能力等综合需求指标 CSB 最大化为目标。当普通子系统状态参数属性 CSA 达到某一区间时,将启动普通子系统关联关系算法 CSR,实现普通子系统重构、代谢及增长。

国有子系统发展属性:子系统以强关联的对核心社会资源占重要控制性作用的国企央企、财团财阀等与统治子系统协同运作的单元为主,其发展属性包括子系统的状态参数属性 SSA,子系统发展的需求属性 SSB,子系统发展的供给属性 SSC。

国有子系统发展算法:子系统以核心资源和市场的管控统治能力、子系统发展经营指标、统治子系统的考核和引导要求等综合需求指标 SSB 最大化为目标。当国有子系统状态参数属性 SSA 达到某一区间时,将启动国有子系统关联关系算法 SSR,实现国有子系统重构、代谢及增长。

统治子系统发展属性:子系统以政府、司法、立法、军事等强关联的政府统治工具为主,可以发行货币并制定货币政策,其发展属性包括子系统的状态参数属性 GSA,子系统发展的需求属性 GSB,子系统发展的供给属性 GSC。

统治子系统管控算法:子系统以对普通子系统及社会发展核心生产资料的控制能力、整体总系统的安全稳定发展能力、整体总系统对外部竞争主体和环境变化的防御能力、与其他竞争性主体的相对竞争优势等主要需求属性 GSB 最大化为目标。当统治子系统状态参数属性 GSA 达到判定条件时,将启动统治子系统关联关系算法 GSR,实现统治子系统重构、代谢及增长。

环境发展属性:产生生产资料及商品交易平台,社会的科学技术得到了进一步提高,商业情报信息的透明度和传播进一步加强,各个国家相互之间存在着巨大的竞争和威胁。

总系统发展属性:总系统所呈现出来的系统属性 TA 中,部分是子系统属性中不存在的,为子系统组合的涌现效应或统计效应。

总系统发展目标:实现总系统的种系综合效益最大,实现种系发展的当前利益与代系利益的均衡,从而实现总系统属性 TA 所表征的种系生命得以永续发展。

上述经济结构主要出现在近现代集权社会、资本主义社会和社会主义社会,在这些社会阶段,能获得较大经济价值,因为具备较高 SC 产出量,同时产出具备较好交易价值的子系统。统治子系统通过宏观调控以及对国有子系统的操作,实现社会平稳发展,通过自由市场进行有效地补充,通过市场的无形之手实现了资源的优化配置。现阶段的经济误区,错误地把本国的 GDP 作为衡量经济发展的最重要指标,导致了经济结构失调,无法进一步优化社会经济结构,提升全社会的生产力。

第三节 生态经济系统动力学模型

一、系统动力学基础理论

(一)系统动力学的定义

系统动力学(System Dynamics)是 1958 年美国麻省理工学院(MIT)的福瑞斯特(J. W. Forrester)教授为分析生产管理及库存管理等企业问题而提出的,是一门分析研究信息反馈系统的学科,也是一门认识系统问题和解决系统问题的交叉综合学科。

系统动力学以控制力为理论基础,利用每个系统之中都存在的信息反馈机制,构建信息反馈系统模型和演化算法。系统动力学把研究对象划分为若干子系统,并且建立起各个子系统之间的因果关系网络。系统动力学可以通过计算机仿真模型和构造方程式，实行计算机仿真试验，验证模型的有效性，为战略与决策的制定提供依据。随着系统动力学渗透到社会、经济、政治等多个领域，很快成了系统科学与管理科学的一个重要分支，成为沟通自然科学和社会科学等领域的横向学科。

(二) 系统动力学的原理

系统是一个由相互区别、相互作用的元素有机地联结在一起，为同一目的完成某种功能的集合体。系统动力学研究的系统是远离平衡、有序的耗散结构。耗散结构是指处在远离平衡态的复杂系统在外界能量流或物质流的维持下，通过自组织形成的一种新的有序结构。系统动力学主要研究的是开放复杂系统，开放复杂系统的一个重要特征就是多变量、高阶次、多回路和非线性，在非平衡状态下运动、发展和进化。开放系统在不断与外界进行信息流、物流、能流的交换过程中，获得外部动力；同时，在系统内部的各组成部分相互耦合、作用，形成自然约束与相互协调，产生内部动力。在内外动力的共同作用下推动系统内的组成部分朝向共同目标发展。系统的结构、参数与功能、行为随时间的推移而变化。

在系统运动全过程的始末，其主回路与反馈极性都在不断变动，主回路与非主回路也在相互转化，系统就可能发生新旧结构的更迭。当系统与外界进行信息流、物流、能流的交换发生重大变化时，或者系统能量积累到一定阈值时，系统结构和功能就会发生相变，进化出新的系统，并对外部环境产生强烈的影响。

系统动力学认为系统结构决定系统行为，通过寻找系统的较优结构，来获得较优的系统行为。系统内众多变量通过因果联系形成反馈环，反馈之间相互联系形成网络。

系统动力学经过对系统的剖析，建立起系统的因果关系反馈图，再转变为存量流量图，建立系统动力学模型。通过仿真语言和仿真软件对模型进行计算机模拟，来完成对真实系统结构的仿真。最后对系统进行优化，实现系统动力学的应用价值。

系统动力学模型的优化主要包括参数优化、结构优化、边界优化。参数优化通过改变敏感参数优化系统。在系统中总存在一部分相对重要的变量，他们对系统的结构与行为的性质、特征影响比较大，而且总被包含于主回路之中。系统中的灵敏变量(或参数),对干扰与涨落的反应十分敏感且强烈,一旦系统处于临界状态,这些灵敏变量的作用可能导致新旧结构的更迭。对这些重要参数的优化有助于控制系统的走向。系统是结构与功能的统一体。在系统内部的众多反馈回路中,结构优化通过增加或减少模型中的水平变量、速度变量等,调节反馈回路的结构来优化系统。边界优化通过扩大或缩小系统边界对系统进行优化。

(三) 系统动力学核心概念

1. 因果回路图(反馈回路)

反馈是指系统输出与来自外部环境的输入的关系。反馈回路则是由一系列的因果与相互作用链组成的闭合回路,或者说是由信息与动作构成的闭合路径。反馈回路是保障任何系统运行的必要条件,人是世界上最复杂的系统,大脑通过反馈回路指挥着整个身体的运行。

反馈回路分为增强回路(正反馈)和调节回路(负反馈)。增强回路:在一个反馈回路中,每一个循环都使得系统效能持续增强的回路称为增强回路;加速成长或衰减,我们通常称之为良性循环或恶性循环。调节回路:为了系统的稳定或者实现某个目标而采取的限制条件,可以理解为某一个平衡状态。在一个反馈回路中,每一次循环都是使得系统进一步逼近某一个设定的目标值,这样的回路称为调节回路,也称为负反馈回路。

2. 存量流量图

因果回路图适合于表达系统中的因果关系,在建模开始时,用因果回路图描述系统结构是非常有效的。但是当建模继续进行下去,需要量化模型的时候,只用因果回路图就不行了。这时候就要区别不同类型的变量,在因果回路图的基础上画出存量流量图,用计算机模拟仿真来建立各变量之间的数学关系。这种方式可以做到定量分析,增加确定性。

存量流量图在因果回路图的基础上进一步区分变量性质,用更加直观的符号刻画系统要素之间的逻辑关系,明确系统的反馈形式和控制规律。存量流量图主要要素包括存量(系统具体时点状态)、流量(系统属性或经济变量随时间变化量)、速率变量、状态变量、辅助变量、源(系统外流入的物质)和沟(从系统内流出的物质)、物质流、信息流等。

二、生态经济系统动力学模型

生态经济系统动力学模型的主要构成要素包括：
✓ 系统元素状态 SE(System Elements)，主要包含存量和状态变量；
✓ 系统关联关系 SR(System Relationships)，主要影响物质流、信息流；
✓ 系统外部环境 EE(External Environment)，主要体现源和沟作用；
✓ 演化函数算子 FO(Function Operator)，主要包含反馈回路和流量、速率变量；
✓ 系统优化策略 OS(Optimization Strategy)，主要包含优化目标及优化方法。

系统动力学演化模拟过程主要如下。

(1) 确定系统在某一时刻(t 时刻)或初始时刻($t=0$)的情况，要素包括 SE(t)、SR(t)、EE(t)、FO(t)；

(2) 基于反馈回路确定的演化函数算子 FO(t)，进行迭代反馈计算，通过计算得到流量，从而改变存量的状态参数，即：

$$[SE(t+1)、SR(t+1)、EE(t+1)] = FO[SE(t)、SR(t)、EE(t)]$$

(3) 检验系统状态和关系调整后对反馈回路的影响，若对反馈回路有影响，则对反馈回路进行修正。

$$FO(t+1) = Check[FO(t)、SE(t+1)、SR(t+1)、EE(t+1)]$$

(4) 重复(1)至(3)步骤，不断反馈迭代(若为连续系统模型，则可用时间段积分计算)，将系统状态演化计算至目标时间($t=n$)，获得新的系统状态 SE($t+n$)、SR($t+n$)、EE($t+n$)、FO($t+n$)。

(5) 基于(1)至(4)的系统演化过程的模拟，采用部分实测或经验数据进行率定，检验模型的有效性、准确性、无偏性、可靠性及适用范围，必要时调整 SE、SR、EE、FO 等系统相关要素，直至系统动力学模型能够准确有效模拟系统的发展过程。

(6) 经过(1)至(5)构建并检验得出较为有效的系统动力学模型后，可以应用该模型进行未来事项的预测，并辅助相关决策。例如模拟自然演进情况下未来的发展趋势；确定好系统最优化目标(可为多目标优化方案)后，制定相应的优化策略 OS,按照该策略调整相应的反馈回路和 FO,最终导致未来的优化目标的计算结果变化;调整相应的策略,或通过优化算法制定相应规则,并通过调整后的反馈回路演化函数算子计算未来的优化目标结果;经过反复测试、检验和分析,最终制定出实现考核目标最优化的决策策略。

三、生态经济系统模型分析

(一) 生态经济系统模型要素分析

改革开放以来,我国经济持续高速增长。同时,资源短缺、生态恶化、环境污染等问题日益严重,已经成为影响经济可持续发展和人民群众生活品质的重要因素。未来如何平衡经济发展和生态环境保护,切实提高人民群众的生活生产质量和幸福指数,是社会经济发展重点研究问题之一。

2023 年 3 月,第十四届全国人大一次会议闭幕后,国务院总理李强出席记者会并指出,尽管全球经济形势不稳定,但中国经济在过去几年中保持了强劲的增长,维持了全球经济的稳定,也是全球经济的引擎。但中国经济也面临着一些挑战,包括人口老龄化、资源短缺和环境污染等问题。同时,中国正处于产业升级和创新驱动的重要时期,随着经济的发展,越来越多的机遇将出现,并为经济的发展带来新的动力。政府和企业家们加强创新和科技投入,加快推进经济转型,保持强劲的经济增长势头,为全球经济带来了更多机遇和发展空间。为实现增长 5% 的预定目标需要打好组合拳:宏观政策组合拳、扩大需求组合拳、改革创新组合拳、防范化解风险组合拳。

基于生态文明建设内容及社会经济发展需求,对生态经济领域的未来发展按照系统动力学模型的要素进行分析,分析生态经济系统的发展现状、演化方式,预测未来发展结果,并制定相应的调控措施,从而实现在现有的有限条件下,未来生态建设和经济发展的协同发展综合考核指标最优目标。

生态经济建设系统动力学模型是一个复杂巨系统模型,各项要素、参数和关联关系非常复杂,下文对该系统的一些主要要素进行分析,为生态经济建设的思维逻辑和决策机制提供一些参考。

系统元素状态 SE:主要包括生态环境的状态、经济发展的状态,以及生态和经济发展所关联的具有核心影响或进行系统操作的单位(如居民、企业、政府)的状态。

系统关联关系 SR:主要包括生态系统内各个元素自然发展的关联关系，经济发展各个要素之间的关联关系，生态经济系统内各个元素之间关联关系与系统生态状态和经济状态之间的相互作用关系和反馈机制。

系统外部环境 EE:主要为对系统造成影响的外部因素，包括国际政治、经济、军事等情况，外来物种入侵，自然气候变化，极端自然灾害等。

演化函数算子 FO:主要为生态系统、经济系统、民生系统的运作机制及关联影响反馈机制，关联反馈构成了反馈回路和变化流量，促进了系统的演变。

系统优化策略 OS:主要为确定系统未来发展所需要达到的目标，包括正反馈指标(越高越好)和调节指标(满足要求即可)，并根据优化目标的需求和 SE、SR、EE、FO 的情况，在可决策调节工具(财政、金融、法律、行政、军事等)的调节范围内，制定相应的决策方案。

(二) 生态经济系统分析相关推论

优化目标的选择应从人类文明和种系发展终极目标考虑。从时间和空间的全局观考虑，优化目标的选择应当考虑人类社会和生态经济发展的终极目的，并以此作为最根本依据，制定相应的长远目标和近期目标。所有系统发展的最终目的应当是人类文明的不断进步和人类种系的可持续发展，并以此制定相应的长远策略和近期策略。

以千年视角考虑，人类基因将大融合，未来后代是全人类共同的后代，因而需要摒弃霸权主义和损人不利己的行为，秉持合作共赢的理念创造价值。经过几百上千年后，人类个体的基因已经进行了重新大融合，按照平均 25 年产生一代，平均每一代的相同基因留存度为 50%，平均每个个体有 2 个后代来考虑，经过 500 年后，拥有初代个体部分相同基因的群体达到 105 万人，单个个体基因与初代相似度为 0.009 5‰；经过 1 000 年后，拥有初代个体部分相同基因的群体达到 11 000 亿人，若地球未来人类的个体数量在 100 亿人(目前世界人口约 80 亿人)时，在不考虑人类进化和基因突变的情况下，相当于把每个初代个体的基因打碎再重新组合了 110 次，每个未来个体可以获得的基因是初代基因库的随机组合，每个初代个体在 1 000 年后个体基因留存度为 100 亿分之一。若全世界人类都能在全世界范围内实现婚姻自由和生育自由,则全世界的基因群第一次完全混合是约在 750 年后;若存在地域、民族、宗教等相关限制时,自由通婚的群体范围在 10 亿人以内时,则自由通婚的族群基因第一次完全混合只需要 600 年。因此,若以千年视角考虑,未来人类个体是目前全人类的共同后代。因此霸权主义之心、损人不利己之心都是对未来后代的损害。

以人类文明和种系发展终极目标的时空大尺度视角考虑,制定相应的近远期决策机制,构建国家和地区层面相应的财务报表和生态报表体系,进行数字化定量管理和 AI 辅助决策分析。远期目标是人类文明和种系长远发展,近期目标是人民群众生活生产的平衡发展和生态环境的可持续发展,经济提供商品化的物质基础,生态提供影响生命健康和生活质量的生活生产环境基础,均是发展所必须的。经济发展质量指标宜从存量和流量两个角度综合考虑,GDP 只是一个流量指标,并不能反映经济发展的流量质量,更不能反映经济发展的存量状态,为使经济发展能够更好地被量化,应当建立起基于国家或地区层面的财务报表体系,即资产负债表、利润表、现金流量表,这样才能更加分门别类地去量化分析不同行业不同类型的经济发展不同时点的经济状态和不同时段的经济流量。生态系统应当建立起与财务报表类似的生态报表,对社会的生态资产状态、生态资产及价值变化、生态产品权属及作用等进行定量化管理,为生态系统的量化分析和智慧决策提供数据基础。以财务报表和生态报表作为生态经济发展模型的数字底座,在此基础上增加各个系统元素(居民、企业、政府等)状态属性和流量变化,以及教育、医疗、住房、温饱、出行等居民基本需求事项的供需关系和收支情况,最终构建完善的生态经济系统动力学模型,为政府政策制定、智慧化管控、企业发展策略确立、居民生活指南发布提供相应的智慧化平台。

第四节　生态经济报表系统及应用

一、生态经济报表系统

构建完善的生态经济系统动力学数字化量化模型,需要大量的数据和信息,需要耗费大量的人力物力和时间进行构建,短时间难以实现。近期工作,一方面可以继续完善生态经济系统动力学模型理论体系和应用架构的深化细化,另一方面可以通过简化模型、系统化思考系统局部的关联关系,可以分析得出部分结论或规律,为生活生产和政府决策提供相应的支持。

生态经济系统动力学量化模型在宏观尺度上,可以简化为城市、地区或国家的生态报表和财务报表系统,两个报表系统内容相互关联又相辅相成,并将报表中民众、企业和国家相关生态和经济受益效果作为多目标优化系统决策目标。

生态经济报表系统

生态经济报表系统组成:生态报表子系统和财务报表子系统,分别包括生态和财务的资产负债表、利润表及利润分配表、现金/价值流量表。

系统范围:城市、地区或国家。

系统元素:主要包括居民、企业、国家、自然界。

生态资产负债表:具有生态价值的为生态资产,具有生态负价值的为负债,根据生态资产的存在范围和影响,将其正负价值按照影响大小分配给各个系统元素,最终形成基于所有权的生态资产负债表,和基于生态价值影响的生态资产负债表。

生态利润及利润分配表:生态利润包括自然生长和环境修复等生态作用,自然灾害或人类行为造成的环境损害,以及通过经济投入而增加的生态环境价值,最终核算汇总为生态利润,并按照其所有权,以及实际获益情况,进行两种方式的分配。

生态价值流量表：基于所有权，以及实际获益情况，分析不同系统元素所拥有的生态价值情况。

财务资产负债表：分析不同主体拥有的资产和负债情况，目前居民个人和企业的财务报表及资产负债分析相对成熟，对于城市、国家层面的资产负债定量化及财务报表分析刚刚起步，但对于化解隐性债务、财政收支和经济可持续发展至关重要。

财务利润及利润分配表：经济活动使得各个经济主体的经济价值发生变化，并根据分配方式将这些经济利润分配给不同系统元素。

财务现金流量表：基于收付实现制及所有权，分析不同系统元素经济价值的变化情况。

总系统发展目标：使得系统内生态利润和经济利润最大化，同时也使得利润分配结构优化，使得各个系统元素能够获得较高的满意度和长远发展。

总系统优化算法：通过相关信息和资料将上述模型内容进行定量化分析，制定较优的多目标最优化算法，平衡不同系统元素之间和生态与经济之间的价值均衡，以及预测不同决策对未来可持续健康发展的影响。

二、生态经济建设实践策略分析

基于生态经济系统动力学简化模型——生态经济报表系统的初步分析，可以得到如下的一些结论，或者可用于系统目标优化算法的策略。

优化生活必需品供给内容和方式，宣扬促进社会发展的价值、文化。教育、医疗、住房等生活基础必需品可以实现国家供给或者国家提供基础保障，使得居民能够不用为最基本的温饱而焦虑。同时调整学校教育理念和社交媒体导向，抑制目前为商品经济服务的物质财富崇拜等社会风气，宣扬为社会作贡献，发挥个人价值，促进中华民族伟大复兴和民富国强的社会文化，从而更能达成社会的和谐发展和全民协同合作，促进人类文明繁荣富强、人类种系可持续发展、社会结构不断优化进步。

建立良好的价值网络和健康的经济循环体系，促进城市生态和经济可持续发展。结合生态价值体系和机制的构建对接地产开发、文旅康养、乡村振兴等领域，形成科学合理、可行共赢的具有创新性的机制和实施模式。研究并形成一套切实可行、风险共担、利益共享、适应新市场环境并可持续发展的生态环境综合治理与经济发展相协同的新模式、新机制。创新宏观调控，保持经济运行在合理区间。面对贸易保护主义抬头等接踵而来的严峻挑战，创新宏观调控方式，不过度依赖投资，统筹运用财政货币等政策，增强针对性、有效性，直面市场变化，重点支持市场主体纾困发展，进而稳就业保民生。

利用积极的政策和金融等工具，加快经济良性循环。坚持实施积极的财政政策，合理把握赤字规模，不断优化支出结构，教育科技、生态环保、基本民生等重点领域得到有力保障。实施大规模减税降费政策，制度性安排与阶段性措施相结合，进一步加大减税降费力度，成为应对冲击的关键举措。坚持实施稳健的货币政策，根据形势变化灵活把握政策力度，保持流动性合理充裕，用好降准、再贷款等政策工具，加大对实体经济的有效支持，缓解中小微企业融资难、融资贵等问题。

合理利用科技发挥生产力价值，加大弱势群体再就业培训。随着人工智能机器人和以ChatGPT为代表的AIGC的发展，未来智能机器人将可能替代大部分的蓝领，人工智能将可能替代超过一半的白领。科技的进步造成了结构性失业，一方面要充分利用科技进步带来的生产力进步，产生更大的社会价值；另一方面也应照顾弱势群体的基本生活，作为基本生活权益保障的社会福利是社会稳定发展的必要支出，但如果能够优化产业结构，为这些下岗或者即将下岗的人员提供必要的再就业培训，就可以使这些人员发挥更大的社会价值。因此，一方面需要着力促进市场化社会化就业，加大对企业稳岗扩岗支持力度；另一方面也需要加大对产业结构优化所需人才的培养和下岗转岗人员的再就业培训，提升整体社会价值。

第三章
生态产品价值评估与实现

第一节 生态产品定义与分类

2011年，我国首次在《全国主体功能区规划》中定义生态产品（ecosystem goods）为"维系生态安全、提供良好人居环境的自然要素，包括清新的空气、清洁的水源和宜人的气候等，即在不损害生态系统稳定性和完整性的前提下，生态系统为人类生产生活所提供的物质和服务，主要包括物质产品供给、生态调节服务、生态文化服务等"。

生态产品可分为经营性生态产品和公共性生态产品两种类型。经营性生态产品具有与传统农产品、工业产品基本相同的属性特点，公共性生态产品除具有公共产品都具有的非排他性、非竞争性等特点外，往往还具有多重伴生性、自然流转性和生产者不明等特性。生态产品是由生态系统生产供给的，其生产过程是一个系统综合的过程，不是某一个要素或某一个局部就能够产生的。如干净水源是流域上游森林、草地、湿地等生态要素经过复杂的生态过程产生的，很难将其界定到某一个地点或某一个要素，这就决定了其产权的区域性或共同性，而不能将其产权明确地确定为某个人或团体组织。因此，公共性生态产品价值实现的市场机制不同于经济产品，不能以产品的形式进行交易，导致生态产品价值实现的途径和方式与经济产品相比存在很大差异。尽管如此，国内外纷纷先行先试，在经营开发利用、生态保护补偿、促进经济发展及绿色金融扶持等方面开展了多样化的创新实践。通过对国内外生态产品价值实现的典型案例进行分析研究，为解决因生态产品无法通过直接交易实现其价值的难题提供了思路,为我国生态产品价值实现提供了丰富的经验与启示。

生态产品具有二重性,即自然属性和社会属性。生态产品的自然属性是自然生产的自然要素的总和。生态产品是自然生成之物(部分有人工辅助),自然要素不是人类生产出来的,而是"自然生态系统生产出来的物品",包括空气、水、岩石、土壤、气候、生物等,这些自然要素相互影响、相互制约,在不同地域,由于各种要素的差异形成不同特征的自然生态系统,如果没有外界因素的干扰和破坏,自然生态系统的生产过程会不断持续,这些自然要素总能在相互影响、相互作用中不断更新和恢复,即通过自然生产过程实现生态系统的物质循环与能量流动。生态产品的生产及其为人类提供的服务,首先受自然规律支配。

生态产品的社会和经济属性是自然生产与社会生产共同产出的产品。自然环境是天然存在的,由各种自然要素构成。自然环境是人类起源、存在与发展的空间,人类文明就是依靠对自然要素的开发利用才得以存在和发展。联合国环境署(UNEP)对自然资源的定义是"在一定时间和一定条件下能够产生经济效益,从而提高人类当前和未来福利水平的自然因素和条件"。当自然要素作为生产资料或者劳动对象,成为社会生产过程的基本构成要素,就可以制造和创造出各种满足人类需求的物质产品和精神产品。因此,生态产品的生产就不仅仅是自然生产,还受到了社会生产的影响。社会生产的介入赋予了这些自然要素社会和经济属性,这一过程受社会经济规律支配。因此,生态产品价值的使用对象是一个区域内生态-社会复合系统,是一个非线性的耗散结构。

生态系统服务被定义为人类从生态系统获得的各种惠益(图3.1-1)。生态系统服务可以分为四类,包含供给、调节、文化及支持服务。森林、湖泊、草地、沼泽、河流以及海洋等自然生态系统不仅为人类生活提供了丰富的物质产品,如食物、饮用水、木材等,更重要的是为人类提供了生存与发展所必需的生态系统服务功能,包括调节气候、释放氧气、固定二氧化碳、涵养水源、调蓄洪水、防风固沙等,为人类福祉贡献了巨大的经济社会效益。

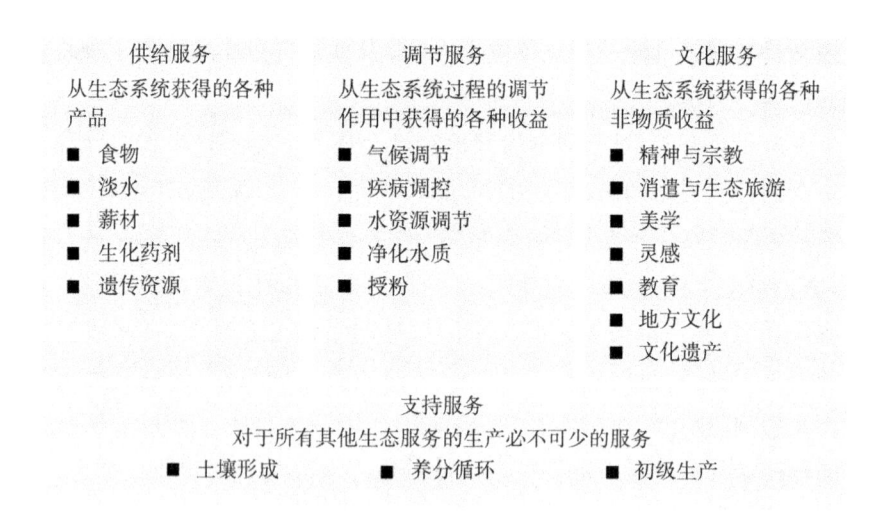

```
供给服务                    调节服务                    文化服务
从生态系统获得的各种        从生态系统过程的调节        从生态系统获得的各种
产品                        作用中获得的各种收益        非物质收益
  ■ 食物                      ■ 气候调节                  ■ 精神与宗教
  ■ 淡水                      ■ 疾病调控                  ■ 消遣与生态旅游
  ■ 薪材                      ■ 水资源调节                ■ 美学
  ■ 生化药剂                  ■ 净化水质                  ■ 灵感
  ■ 遗传资源                  ■ 授粉                      ■ 教育
                                                          ■ 地方文化
                                                          ■ 文化遗产

                              支持服务
                  对于所有其他生态服务的生产必不可少的服务
          ■ 土壤形成        ■ 养分循环        ■ 初级生产
```

图 3.1-1　生态系统服务分类框架

第二节　生态产品价值评估体系

生态领域 EOD 模式价值实现的关键是区域生态治理与关联资源、产业开发的有效融合；政府的支持是 EOD 项目顺利推进和价值实现的基础；综合实力强、具有全产业链管理实施能力的企业参与是 EOD 项目顺利推进和价值实现的必要条件；建立健全绿色金融体系、完善市场化和多元化的生态补偿机制、拓展社会资本生态产品价值实现的路径和方法，是解决 EOD 项目融资难、回报不确定等风险与问题的重要方式。

从社会整体综合长期效益的角度，构建闭环的生态价值体系是 EOD 模式获取收益及其生态价值可持续发展的重要前提。主要原因包括三个方面。一是以生态基底的构筑重新定义生态资产，为培育绿色经济奠定了坚实的发展基础；二是以绿色产业化和产业绿色化为主要内容的绿色经济实现了区域内资源整合与平台集聚，体现了生态资产的有效应用；三是在绿色场景示范中，城市的有效运营可实现投入资金的可持续性，同时反哺生态修复与环境保护，进行再提升，这是绿色经济的技术应用体现。由此形成 EOD 模式生态价值的可持续闭环并将生态价值、经济价值和社会价值融于一体,实现"人留、商住、环境美"的发展目标,真正在项目内部达成收益的可持续性。

一、GEP 评估标准

本部分内容将国内目前 GEP 评估标准作为素材,分析已经成熟的各类核算,简要描述这些算法面临的问题。

本节介绍了欧阳志云等人对生态系统生产总值核算方法的研究以及其定义和意义。2013 年,欧阳志云等通过探讨生态系统生产总值(Gross Ecosystem Product,GEP)核算的应用方法,总结了生态系统生产总值的定义和核算意义。GEP 被定义为一定区域在一定时间内,生态系统为人类生存和发展提供最终生态产品与服务的价值总和,包括物质产品、调节服务和文化服务(表 3.2-1)。

随着全球环境问题的日益严重,GEP 作为一种新型的环境经济指标被广泛应用于生态系统保护、自然资源管理、环境评估等领域。

表 3.2-1 生态系统产品与服务类型

类型	产品与服务(举例)
生态系统 物质产品	食物:粮食、蔬菜、水果、肉、蛋、奶、水产品等
	原材料:淡水、药材、木材、纤维、遗传物质等
	能源:生物能、水能等
	其他:花卉、苗木、装饰材料等
生态系统 调节服务产品	调节功能:涵养水源、调节气候、固碳、氧气生产、保持土壤、降解污染物、授粉等
	防护功能:防风固沙、调蓄洪水、控制有害生物、预防与减轻风暴灾害等
生态系统 文化服务产品	景观价值:旅游价值、美学价值、精神价值等
	文化价值:文化认同、知识、教育、艺术灵感等

自 GEP 概念提出以来,多项针对不同尺度行政区域的 GEP 核算研究已经开展。截至 2021 年 3 月,联合国统计委员会也正式将 GEP 纳入最新的环境经济国际核算系统,并将其列为生态系统服务和生态资产价值核算指标以及联合国可持续发展 2050 目标的衡量指标。

GEP 核算方法可用于描述生态系统运行总体状况、评估生态保护成效、评价生态系统对人类福祉的贡献、评估生态系统对经济社会发展的支撑作用以及认识区域间生态关联。GEP 可以作为评估以提供生态系统产品和服务为主要目的的生态工程成效的重要手段,引领重点生态工程的建设和发展。

在此基础上,本书采用陆地生态系统生产总值核算方法,结合水体生态系统特点,构建了水体生态系统生产总值核算体系。该体系明确了水体生态服务指标及核算方法,探讨了 GEP 对 GDP 的直接和间接贡献。该方法的应用可以为河流相关的决策、评估和运行管理提供基础支撑,全面描述水体生态系统的运行总体状况,评估水体生态系统对人类福祉的贡献及对经济社会发展的支撑作用。

根据城市和水体的特点和生态产品核算的需求,提出对不同规模城市和不同流域尺度下水体生态产品核算技术路线(图 3.2-1)。

为了客观反映水体生态产品带来的生态、社会、经济贡献,科学厘定所研究区域的边界至关重要。在核算水体生态产品价值时,我们应该以城市和水体所在的流域为基础,同时结合所在的城市规模、流域尺度和核算目的,合理确定生态产品价值核算的范围,如图 3.2-2 所示。

确定范围的过程需要综合考虑多种因素,例如水体服务所涉及的资源、环境、经济、社会等因素,以及生态产品与其他地理资源的关系。在城市的条件下,我们需要考虑城市空气、水、绿地等地理要素与水体生态系统的交互作用。而在流域的尺度下,我们需要综合评估不同的使用者和受益者之间的关系,同时考虑地形、土地利用、水资源等因素。

在最终确定生态产品的范围时,需要综合考虑以上因素,并采用科学可靠的核算方法和技术手段,实现对水体生态系统的精准量化和评估,为相关部门和决策者提供科学依据和决策支持。

编制生态产品清单。制定生态产品清单的第一步是确定评估范围内的生态系统类型、面积和分布情况,并制作生态系统分布图。接下来,需要调查分析地域范围内的生态产品种类,以明确供给产品、调节服务和文化服务三大类的具体指标。在关注与水体生态系统功能和目的相关的生态产品服务项时,例如防洪减灾、航运和减少碳排放等特有生态产品,应结合当地实际情况细化直接利用供给产品和转化利用供给产品目录,最终编制出生态产品清单。

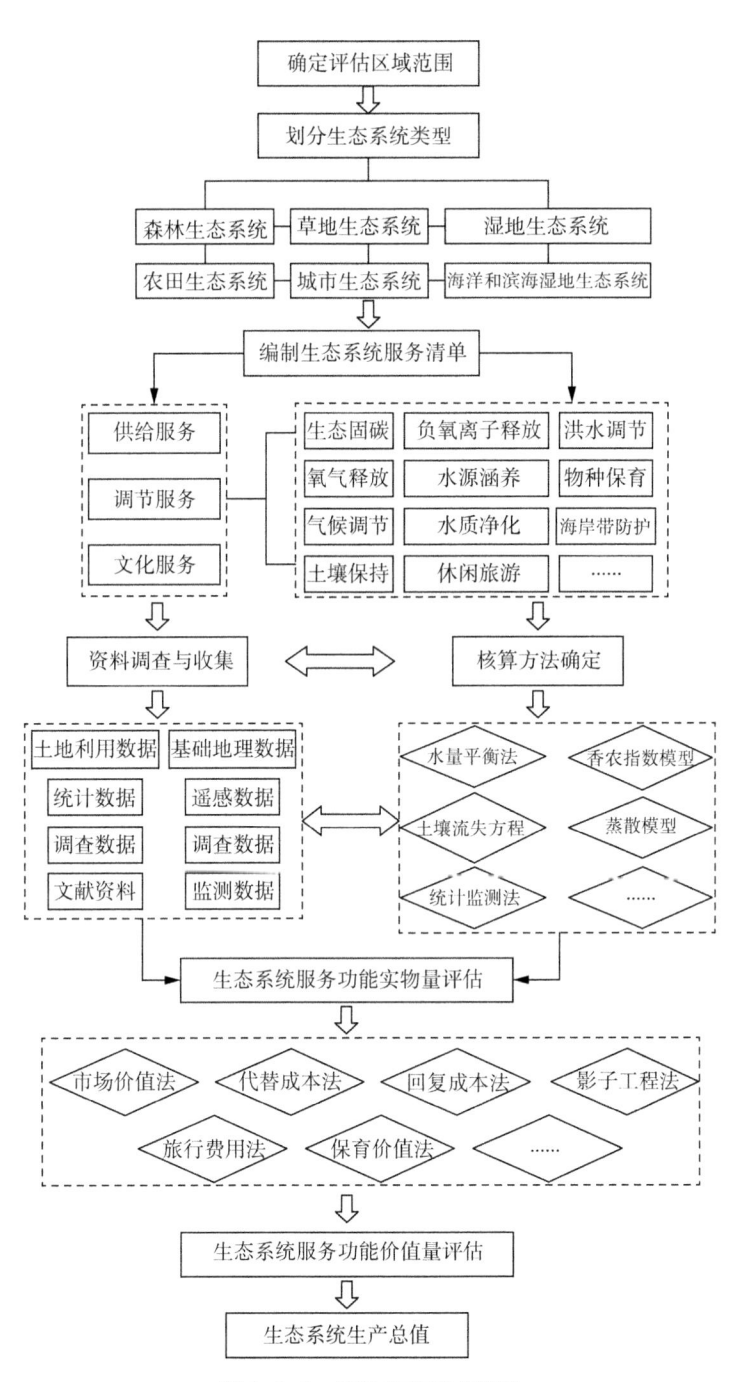

图 3.2-1 GEP 核算技术路线

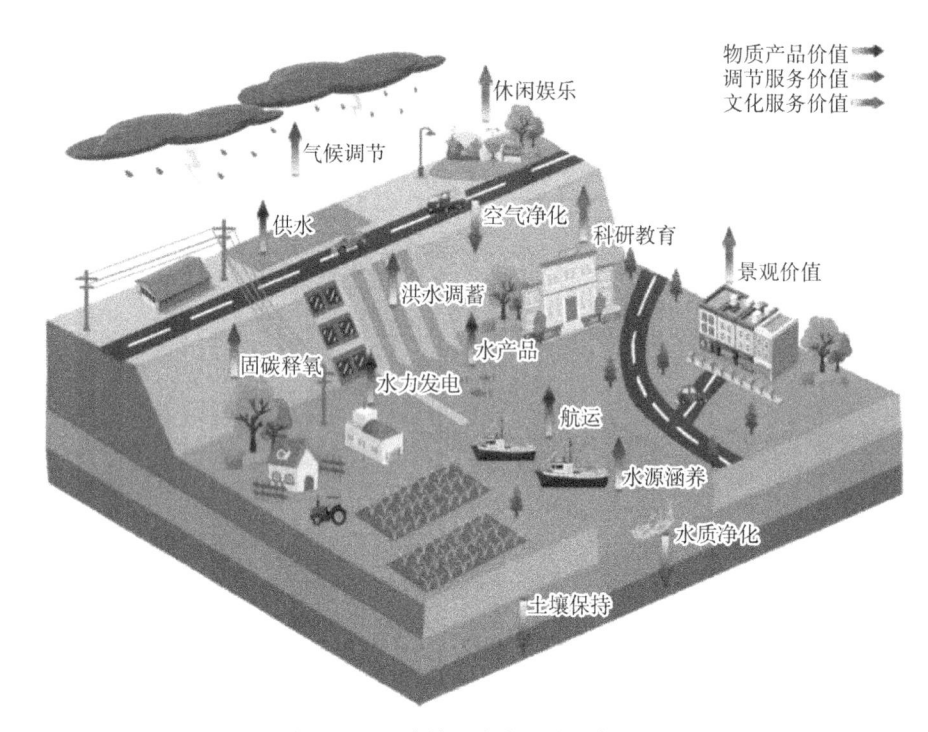

图 3.2-2　水体生态产品的示意图

核算生态产品功能量。生态产品与服务的功能量是指人类从生态系统中直接或间接获取的最终产品的实物量或功能量,例如航运量、水产品供应量、防洪减灾量、污染净化量、水土保持量以及吸引旅游者的景观等。其中,物质产品和文化服务两大类指标的物质量核算均采用统计调查法,而调节服务指标的物质量核算则采用水量平衡法、污染物净化模型等方法。功能量可以明确生态产品数量,但由于计量单位不同,不同生态产品和服务的功能量无法加总。因此,仅根据功能量指标难以获得生态系统在某一时期内提供的生态系统产品和服务的总量。

确定生态产品价格。通过生态产品的价格,不同生态产品和服务的功能量才能被转化为货币单位的产出。物质产品的每个指标的价值量采用市场价值法核算。调节服务中,土壤保持、水质净化、空气净化和气候调节指标的价值量采用替代成本法进行核算;水源涵养采用影子工程法,洪水调蓄和固碳释氧采用机会成本法,提供生境则采用防护费用法核算指标的价值量。文化服务的价值量核算方法则分别采用旅行费用法、享乐价值法和科研投入法。

核算生态产品价值。最后，将分别核算得出的生态物质产品、生态调节服务产品与生态文化服务产品的价值加总，获得 GEP 总量。

二、生态产品价值实现

生态产品价值作为一种外部经济，通常难以通过市场交易直接体现，需通过模式创新、机制设计等方式，使得生态产品的价值得以实现。而 EOD 模式通过创新投融资模式推动生态环境治理与生态旅游、城市开发等产业融合发展，借助资产运营、土地开发、产业招商等方式将生态系统提供的实物商品和服务产品变现，从而实现并促进生态产品价值转化为经济优势。

EOD 模式的核心有三点：一是以生态环境治理与关联资源、产业开发项目的有效融合为关键；二是以降低公益性生态环境治理项目中政府付费，提升其造血功能为目标；三是以项目包中的依托项目为基础。故此，EOD 模式的内涵如下。

第一，EOD 是为了推进区域可持续发展，助力生态环保项目落地的开发模式，其核心目的是推动生态环保项目的建设发展，从而构建良好的生态环境产业链体系，在满足环境保护需求的基础上，也能满足人民在居住、养老、休闲、游憩等方面的人居生态需求，提升营商环境。

第二，EOD 模式注重生态产品价值的实现。生态环保项目以公益性及准公益性项目为主，其本身回报能力有限且周期较长，需要通过合理务实的开发模式建立适当的激励及约束机制解决项目环境外部性内部化的问题，譬如推动公益性项目与经营性项目合理搭配和收益互补、创新自然资源的开发和交易机制，从而在降低地方生态环境财政压力的同时，助力生态产品价值的实现。

如前所述，2020 年和 2021 年，生态环境部、国家发改委、国家开发银行等三部门分别发布《关于推荐生态环境导向的开发模式试点项目的通知》和《关于推荐第二批生态环境导向的开发模式试点项目的通知》，向各地征集 EOD 模式备选项目，体现出对项目落地的关注和支持，从国家部委层面正式踏出了探索将生态环境治理项目与资源、产业开发项目一体化实施的实践步伐，EOD 模式将成为生态产品价值实现的重要探索路径；同时，中共中央办公厅、国务院印发《关于建立健全生态产品价值实现机制的意见》，提出以体制机制改革创新为核心,推进生态产业化和产业生态化,加快完善政府主导、企业和社会各界参与、市场化运作、可持续的生态产品价值实现路径,着力构建绿水青山转化为金山银山的政策制度体系。而 EOD 模式就是建立健全生态产品价值实现的重要创新模式,通过建立生态环境保护者受益、使用者付费、破坏者赔偿的利益导向机制,最终实现生态环境保护与经济发展协同推进。

目前我国 EOD 模式处于试点阶段,尚未有标准化的流程及架构。根据相关项目实务经验,其运行机制和生态价值实现路径梳理总结如图 3.2-3 所示。

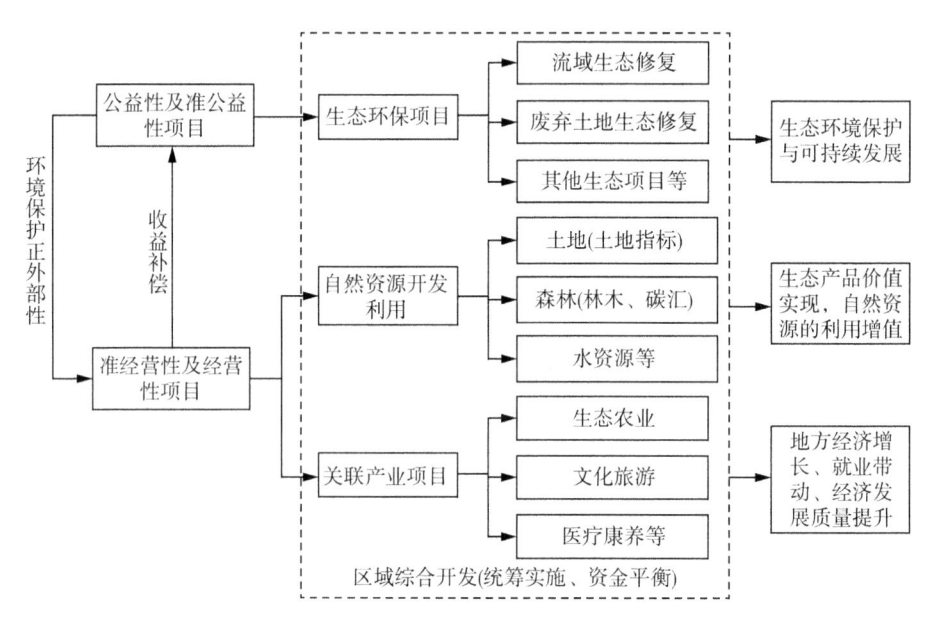

图 3.2-3　EOD 模式运行机制和生态价值实现路径图

如图 3.2-3 所示,政府通过引入社会资本进行区域综合开发,并确立 EOD 依托项目范围和内容,主要类别如下。

1. 生态环保类项目:如流域生态修复、废弃土地生态修复,等等,此类项目以公益性及准公益性为主,付费方式以政府付费或以政府付费为主的可行性缺口补助为主,项目建设运营后能够有效带动环境质量提升,进而推动当地居民生活环境改善、地价提升等,有明显的正外部性。

2. 自然资源开发利用类项目:如与生态环保项目实施相关的土地指标、林业碳汇等。

3. 关联特色产业项目：如契合地方特色、环境相关的生态农业、文化旅游、医疗康养项目等。

以上三类项目中，自然资源开发利用项目和关联特色产业项目均以经营性、准经营性项目为主，付费方式以可行性缺口补助、使用者付费为主，项目建设运营后能够产生良好的经营性收益，为生态环保项目提供反哺收益补偿，从而最大限度降低政府付费压力，满足社会资本的回报要求。在此模式下，公益性生态环保项目与经营性自然资源开发利用、关联特色产业运营项目相辅相成，公益性项目的实施能够带动环境改善和生态提升，进而推动区域土地、产业的升值溢价；而经营性项目的实施能够有效反哺公益性项目的建设运营，保证EOD项目整体的收支平衡和社会资本的合理回报。

总体而言，EOD模式的实施，有利于生态环境保护与可持续发展，有利于生态产品价值实现以及自然资源的利用和增值，也有利于地方经济增长、就业带动和经济发展质量提升；另一方面，社会资本通过经营性项目的收益反哺可获取合理回报，而政府也能在减少财政压力的同时促进地方经济的可持续发展。

三、实现机制要点总结

1. 生态领域EOD模式价值实现的关键是生态治理与资源、产业开发项目的有效融合，需要根据地域、项目类型，选择适宜的资源、产业开发项目等因素因时制宜、因地制宜，选择适合本地的特色产业开发项目，并通过社会资本一体化实施，满足项目整体的收支平衡。

2. 对于公益性为主的生态修复项目，政府的支持是项目推进、价值实现的基础。政府方主要从组织领导、统筹协调、方案部署以及项目自身资金筹措、回报来源、退出机制等方面予以积极支持和创新探索。

3. 对于大中型EOD项目，通常投资体量较大，建设运营周期长、行业跨度大、各类风险较高，且需要企业参与项目全周期的建设运营管理，因此，综合实力强、有全产业链管理实施能力的企业参与是该类项目顺利推进和价值实现的必要条件。

4. 从风险层面，EOD项目一般体量较大，投资回报机制亦尚处于探索中，且以公益性及准公益性项目为主，特别对于区域整体治理的大中型生态项目,普遍存在前期投入大、项目运营周期长、正外部性释放较慢的特征,社会资本可能面临融资难、回报不确定等风险与问题。

5. 地方政府、金融机构应建立健全绿色金融体系、完善市场化多元化生态补偿机制,从项目回报层面拓展社会资本生态产品价值实现的路径和方法,是解决融资难、回报不确定等风险与问题的重要方式。

四、实践案例

作为国内首个应用 EOD 模式的流域生态环境治理项目,某 EOD 项目分为流域治理和产业导入两部分,主要包括:饮用水源地保护、蓄滞洪区综合整治、水污染防治、河库水系综合整治与生态修复、山区水土流失保护、流域智慧化管理等工程。其中流域治理部分将分两期实施,包括农村生活污水处理工程、湿地公园、黑臭水体治理工程、山洪沟治理工程等流域治理工程;产业导入部分是指中标企业结合区域内的自然资源及其自身的企业资源,借助流域综合治理,通过国际会议、培训中心、文旅及康养基地等综合开发项目导入文化研创、生态科教、康养运动、教育培训、休闲度假、智慧农业,将环境效益转化为经济效益——这是流域生态产品价值实现的关键。

(一)项目交易结构

经过前期的总体部署、方案论证和招标采购,该项目目前已进入项目执行阶段。其交易结构如下:

本项目由当地人民政府授权水务局,引入功能互补的联合体与政府指定平台公司合资成立项目公司,负责依托项目中流域生态保护与修复项目的总体实施、投融资运作和风险防控;受托运营管理流域内相关的工程和资产,综合开发利用区域内相关水资源、土地资源等其他生态资源,并构建切实可行的商业模式,以提高项目的持续经营能力。

(二)资金来源

EOD 项目的资金来源包括项目建设资金筹措和项目公司的回报资金两个层面。本项目相关利益方充分发挥各自的专业和资源优势,挖掘可利用的资源和资金渠道,建立了一套务实可行、多元搭配的项目投融资和回报机制。

具体如图 3.2-4 所示：

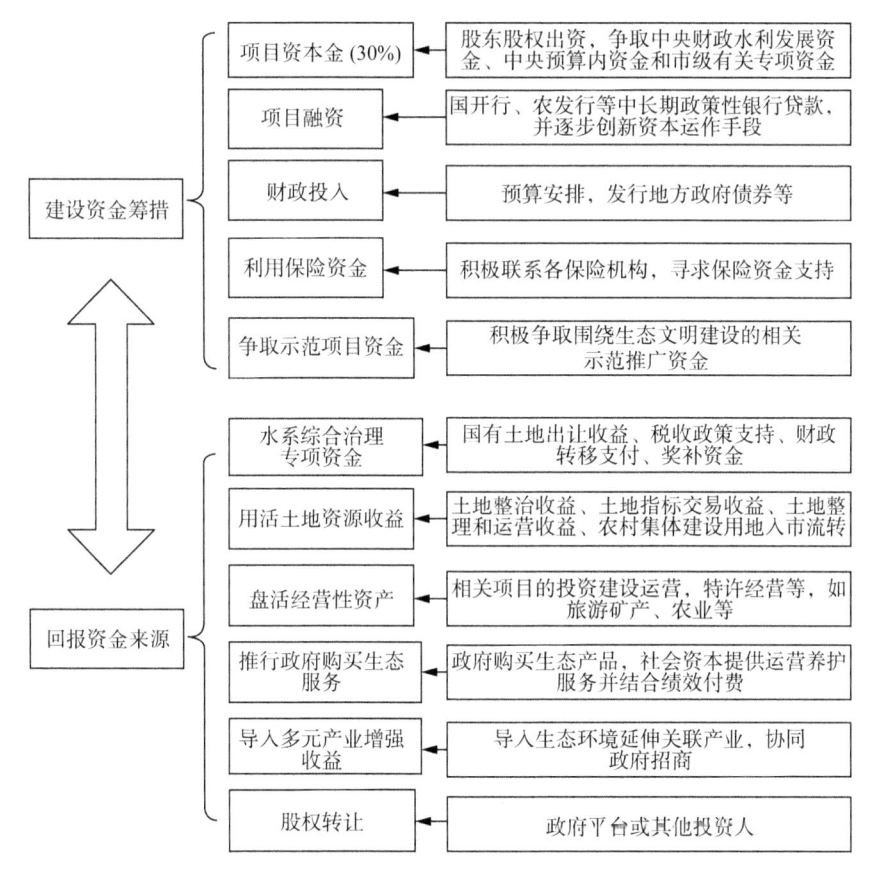

建设资金筹措
- 项目资本金(30%)：股东股权出资，争取中央财政水利发展资金、中央预算内资金和市级有关专项资金
- 项目融资：国开行、农发行等中长期政策性银行贷款，并逐步创新资本运作手段
- 财政投入：预算安排，发行地方政府债券等
- 利用保险资金：积极联系各保险机构，寻求保险资金支持
- 争取示范项目资金：积极争取围绕生态文明建设的相关示范推广资金

回报资金来源
- 水系综合治理专项资金：国有土地出让收益、税收政策支持、财政转移支付、奖补资金
- 用活土地资源收益：土地整治收益、土地指标交易收益、土地整理和运营收益、农村集体建设用地入市流转
- 盘活经营性资产：相关项目的投资建设运营，特许经营等，如旅游矿产、农业等
- 推行政府购买生态服务：政府购买生态产品，社会资本提供运营养护服务并结合绩效付费
- 导入多元产业增强收益：导入生态环境延伸关联产业，协同政府招商
- 股权转让：政府平台或其他投资人

图 3.2-4　某 EOD 项目建设资金筹措与回报资金来源图

在资金来源方面，本项目资本金 30%，由社会资本按约定的股权比例出资；同时也积极争取各级专项资金（如中央财政水利发展资金）注入，以提高项目资本金比例。项目融资占 70%，包括：

（1）通过国开行、农发行等政策性银行中长期贷款获得中长期优惠利率融资；

（2）寻求保险资金支持，通过基础设施债权投资计划获得中长期保险资金融资；

（3）积极争取围绕生态文明建设的示范项目推广资金作为额外补助。

在收益构成方面，本项目回报来源包括：

（1）政府付费部分，即针对流域治理部分由项目公司提供建设运营养护

服务并结合绩效考核获得政府付费;

（2）使用者付费部分,即结合区域内的自然资源及中标联合体的企业资源,导入文化旅游、康养运动、智慧农业等项目,从而盘活经营性资产,项目公司获得相关经营性收益;

（3）政府方提供的额外收益,如联合体可按比例获得土地增值收益、综合治理专项补助资金等。

（三）EOD 模式促进生态价值实现

本项目通过生态综合修复和片区综合开发分两步走,盘活资产并使资产增值,进而实现了生态价值。其实现路径梳理总结如下。

1. 公益性生态综合修复部分包括以湿地公园、水库、洼地滩涂为主的全域水系综合治理项目以及矿山修复项目,注重生态环境效益及生态环境提升后的环境保护正外部性,进而带动土地增值以及文化旅游等关联特色产业项目导入,促进生态产品的价值实现。

2. 经营性关联特色产业部分主要指生态环境修复后,规划一定比例的土地空间进行产业开发,中标方利用自身运营能力和企业资源,引入观光农业、康养、新能源等环境友好型项目,实现环境＋社会＋经济效益的结合,既能够通过环境友好型项目获得经营收益反哺公益性生态项目回报不足的缺口,降低政府财政压力,又能够帮助政府结合脱贫攻坚、乡村振兴等策略,实现社会经济高质量发展。

在本项目中,中标方计划导入大型文旅及康养基地,打造区域会议中心、文旅景点;同时,由于流域治理项目能够帮助提升居住环境,进而提升了土地价值,增加了土地出让收益,中标方也可享有土地增值收益分成。无论是文旅康养还是土地增值收益都较为契合流域治理项目特点。此外,本项目还将生态环境治理与资源产业开发进行综合测算和统筹推进,并将联合体一体化实施,有利于提升项目的规划和实施效率。

（四）利益相关方的权责利划分

利益相关方的主要权责包括如下。

1. 政府负责项目整体规划、审核实施方案、选择社会资本方、批准签署项目协议;在协议签署后,对流域治理部分进行绩效评估并完成政府付费,同时做好项目资产负债管理,监测项目全周期收支情况。

2. 社会资本提供项目整体方案;在协议签署后,积极推进流域治理项目投融资、建设、运营管理,同时开展综合开发子项目的建设和运营(如文旅、康养项目)。

利益相关方的主要利益包括如下。

1. 政府方利益包括地方生态环境的改善、政府生态环保财政支出压力减轻、经济增长与就业率提升等。

2. 社会资本利益包括流域治理项目的政府付费部分,流域治理和片区开发的运营收入及其他收入部分(如文旅、康养收入等);同时,本项目采取土地增值收益分成模式,社会资本可以在开展生态修复后按比例分享土地增值收益。

此外,为保障社会资本的合理权益,如项目不能实现资金平衡,政府平台公司等其他股东分期收购社会资本方股权,也可经股东协商,将社会资本方的股权转让于股东以外的投资者,这些保障措施有力地推动了项目落地实施。

第三节　生态产品价值实现路径与方法

一、生态补偿

生态补偿(Eco-compensation)是以保护和可持续利用生态系统服务为目的,以经济手段为主,调节相关者利益关系,促进补偿活动、调动生态保护积极性的各种规则、激励和协调的制度安排。有狭义和广义之分。狭义的生态补偿指对由人类的社会经济活动给生态系统和自然资源造成的破坏及对环境造成的污染的补偿、恢复、综合治理等一系列活动的总称;广义的生态补偿则还应包括对因环境保护丧失发展机会的区域内的居民进行的资金、技术、实物上的补偿,政策上的优惠,以及为增强环境保护意识,提高环境保护水平而进行的科研、教育费用的支出。

生态补偿应包括以下几方面主要内容。

一是对生态系统本身保护(恢复)或破坏的成本进行补偿;二是通过经济

手段将经济效益的外部性内部化;三是对个人或区域保护生态系统和环境的投入或放弃发展机会的损失的经济补偿;四是对具有重大生态价值的区域或对象进行保护性投入。

生态补偿机制的建立是以内化外部成本为原则,对保护行为的外部经济性的补偿依据是保护者为改善生态服务功能所付出的额外的保护与相关建设成本,以及为此而牺牲的发展机会成本;对破坏行为的外部不经济性的补偿依据是恢复生态服务功能的成本和因破坏行为造成的被补偿者发展机会成本的损失。

多数国家的生态补偿是由政府通过公共财政转移支付途径实施,同时政府利用经济激烈的竞争手段和市场手段来促进生态效益的提高;在补偿标准制定方面,主要根据机会成本损失进行补偿。补偿主体以政府为主,对于受益范围容易确定的,补偿主体为受益者;在研究方法上,采用多学科综合研究的方法,尤其重视经济学分析方法的应用。

建立生态补偿机制主要有政府与市场两种途径。

一是政府补偿方式。

(1) 加大财政转移支付资金。我国目前的补偿机制基本模式是中央向地方的财政转移支付。2006 年中央对地方财政转移支付比 1994 年增长 18.8 倍,年均增长 28.3%。巨额的财政转移支付资金为生态补偿提供了很好的资金基础。

(2) 征收"生态税"。我国同生态环境关系最为密切的一个税种是 1984 年开征的资源税,在设计之初,其宗旨是调节级差收入,但自 1994 年税制改革后,资源税被划分为地方税,在实际中很难达到调节级差收入的作用。因此,我国目前不存在纯粹意义上的生态税收。税收作为有效的经济调控手段,在控制环境污染、保护生态环境方面具有重要的作用。我国应该考虑设置生态税种。

(3) 政府"赎买"。"禁止商品性采伐"使得"靠山吃山"的林农失去了赖以生存的基础。针对这部分农民的补偿问题,国家应实行"赎买"的办法。如生态公益林由政府赎买,变为国有,这是最好的解决办法。从国外经验来看,发达的林业国家走的都是这条路。如美国在生态森林养护方面,采取由联邦政府和州政府进行预算投入,即选择"由政府购买生态效益、提供补偿资金"等方式来改善生态环境。目前,贵州省正在探索此办法。但政府"赎买"要考虑林地的产权及土地价值,解决农户在林地被收购后的生存基础问题。

二是市场化补偿方式。市场补偿相对于政府补偿来说是一种激励式的补偿制度,是通过市场的调节使生态环境的外部性内部化。目前,我国市场化补偿方式取得了一定的进展。

(1) 生态补偿费的实践。早在1983年,云南省环保局以昆阳磷矿为试点,对每吨矿石征收0.3元,用于采矿区植被及其他生态环境恢复治理,取得了良好效果。1989年我国环保部门会同财政部门,在广西、江苏、福建、陕西、山西、贵州和新疆等地试行生态环境补偿费。1993年,内蒙古包头和晋陕蒙接壤地区等17个地方,试行征收生态环境补偿费。

(2) 排污权市场交易模式,包括二氧化硫排污权交易。1994年,国家环保总局在包头、开远、柳州、太原、平顶山和贵阳等6个城市开展试点,实施大气排污交易政策。

(3) 水权交易模式。一是跨行业水权交易的尝试。2003年,内蒙古和宁夏两自治区通过转让水权的方式,将农业用水权转让给火电厂,开创了水权在中国跨行业交易的先例。二是流域上下游的水权交易。如上游地区将节余的水资源有偿提供给下游地区;或是上游地区通过努力保护水质,给下游地区提供了优质水资源,下游避免了使用劣质水资源的损失,这部分收益可以以某种方式补偿给上游地区,实现流域上下游双赢。

由于这种补偿在生态环境价值评估的基础上进行,为此,国家和各省的有关主管部门应加快探索建立环境资源的价值评价体系,制定科学合理的补偿标准。

(4) 林权制度改革。2003年,福建、江西、辽宁、浙江等省率先推进林权制度改革。林权制度改革后,调动了林农护林的积极性,从"要我造林"向"我要造林"转变。从2005—2007年,江西武宁县长水村先后有上百户农民自发上山造林,造林数量超过此前20年总和。

二、产业生态化

产业生态化是指产业自然生态有机循环机理,在自然系统承载能力内,对特定地域空间内产业系统、自然系统与社会系统之间进行耦合优化,达到充分利用资源,消除环境破坏,协调自然、社会与经济的持续发展。

实施产业生态化要求我们在生产中大力推广资源节约型生产技术,建立资源节约型的产业结构体系,减少对环境资源的破坏,倡导绿色环保消费。产业生态思想借鉴的是生态系统中的一体化模式,它不是考虑单一部门与一个过程的物质循环与资源利用效率,而是一种系统地解决产业活动与资源、环境关系的研究视角。

产业生态化是一个渐进过程,是产业的反生态性特征日趋削弱、生态性特征逐渐加强的过程。在这一过程中,人们为产业系统创造一个新的范式,将人造系统纳入自然生态系统的运行模式中,逐步实现由线性(开放)系统向循环(封闭)系统转变。

从理论上看,产业系统不仅要形成自身的物质循环反馈机制,更要尽可能地纳入生态系统的物质循环系统。因此,也有人称产业生态化为循环经济(circulate economy)。循环经济是一种新型的、先进的经济形态,是集经济、技术和社会于一体的系统工程。它主要运用生态学规律来指导社会经济活动,本质上就是一种生态经济。循环经济的技术经济特征之一是提高资源利用效率,减少生产过程的资源和能源消耗。这是提高经济效益的重要基础,也是污染排放量减少的前提。循环经济的技术经济特征之二是延长和拓宽生产技术链,将污染尽可能地在生产企业内进行处理,减少生产过程的污染排放。循环经济的技术经济特征之三是对生产和生活用过的废旧产品进行全面回收,可以重复利用的废弃物通过技术处理进行无限次的循环利用。这将最大限度地减少初次资源的开采量,最大限度地利用不可再生资源,最大限度地减少造成污染的废弃物的排放。循环经济的技术经济特征之四是对生产企业无法处理的废弃物集中回收、处理,扩大环保产业和资源再生产业的规模,扩大就业。循环经济体系倡导的是一种与环境和谐共处的经济发展模式,以实现产品的反复使用和废弃物的资源化目的,强调"清洁生产",是一个"资源—产品—再生资源"的闭环反馈式循环过程,最终实现"最佳生产,最适消费,最少废弃"。

传统的经济学理论,如微观经济学、宏观经济学、国际经济学,以及产业经济学、发展经济学等,都是研究人类的经济行为及其成果分配的科学规律,可以称作行为经济学。这种经济学理论主要关注消费者之间、企业之间、消费者与企业之间、产业之间、部门之间、地区之间和国家之间的经济关系,不研究人们的经济行为及其成果与自然资源和自然环境的关系,因而适合描述人类经济活动的短期行为。与之补充的经济理论是资源经济学和环境经济学，这些理论研究市场机制不能发挥作用的自然资源和环境对人们经济活动的支持作用、人们的经济行为对自然环境的影响和环境治理。这些理论不仅是静态的，而且没有从人们经济行为的发源处立论，尤其缺乏人们的经济行为与自然资源和环境之间动态相互作用和协调发展的相关研究。

生态经济学则运用生态学、系统论、信息论和控制论的原理分析经济系统的运行规律，其在关于人类经济活动规律方面建立了较完备的生态理论体系，只是欠缺经济行为与自然资源和自然环境的动态相互作用的理论，以及可持续条件下的国民经济生态总量分析理论。工业生态学研究运用生态学原理将具有互补、共生和功能共享关系的企业组建生态工业园区的过程，以及投入产出过程中物流、能流、信息、人才、技术等方面的协同关系，其整体遵循物质循环和工业代谢原理运行，在生产产品的过程中达到互补、共生、节约和对环境影响最小的动态效果。工业生态学的理论是在一个相对封闭的区域内组织若干企业模拟自然生态的规则运行，其理论缺陷在于生态工业园区缺乏与自然环境的互动，更没有讨论产业之间、地区之间和国民经济整体及其与自然资源和环境的互动与协调发展。

三、生态产业化

生态产业化是由"生态"和"产业化"组合而成的复合词。其中"生态"通常指自然生态系统，这里特指生态建设和生态工程；产业化是将所设计和实施的生态工程，形成创造和满足人类经济需要的物质和非物质生产的、从事盈利性经济活动并提供产品和服务的产业。

基于对"生态"和"产业化"的上述理解，学界一般认为，生态产业化是指按照产业化规律推动生态建设，按照社会化大生产、市场化经营的方式提供生态产品和服务，推动生态要素向生产要素、生态财富向物质财富转变，促进生态与经济良性循环发展。其实质是针对独特的资源禀赋和生态环境条件，通过建立生态建设与经济发展之间良性循环的机制，实现生态资源的保值增值，把绿水青山变成金山银山。

联系学界对于"生态建设是根据现代生态学原理，运用符合生态学规律的方法和手段进行的，旨在促进生态系统健康、协调和可持续发展的行为的总称"的界定，我们也可以将生态产业化理解为：在生态建设中，依托当地自然生态系统优势，以生态为资源发展相关产业，把生态优势转化为经济优势的过程。其实质是把生态条件当成资源开发，把生态建设做成生态产业，把绿水青山变成金山银山。

党的十八大以来，全国各地秉持习近平总书记"绿水青山就是金山银山"的发展理念和生态效益、经济效益、社会效益相统一的原则，坚持走"生态产业化"的发展道路，形成了一大批依托当地自然生态资源优势发展起来的生态产业。其中，主要包括如下内容。

依托当地森林生态系统的多重服务功能发展起来的生态林业。包括森林保育、林下经济和森林康养、森林旅游等。这是遵循生态学和经济学的基本原理，应用多种技术组合，实现最少化的废弃物输出以及尽可能大的生产（经济）输出，保护、合理利用和开发森林资源，实现森林的多效益、永续利用的一项林业公益事业，也是一项重要的基础产业。

依托当地特有的自然生态景观和人文景观发展起来的生态旅游。包括森林生态游、湿地观光游、风景名胜游、沙漠公园游、冰天雪地游等。这是以吸收自然和文化知识为取向，以维护生态系统结构的完整性和功能的可持续性为原则，尽量减少对生态环境的不利影响，确保旅游资源的可持续利用，将生态环境保护与公共教育、促进地方经济社会发展有机结合的旅游活动。

依托当地特有的气候和优质的空气、水源、土壤等生态条件发展起来的生态农业。包括有机农业、绿色农业、特色农业、自然农业、观光农业等。这是根据生态系统内物质循环和能量转化规律，依据"整体、协调、循环、再生"原则，以保持和改善农业系统内的生态平衡为主导思想，运用现代科学技术成果、现代管理手段和系统工程方法，合理组织农业生产，获得较高的经济效益、生态效益和社会效益的现代农业新模式。

值得指出的是，生态产业化是有条件的。这里所说的条件，一是其实施区域必须具有独特的可供开发的自然生态系统优势，不具有这种优势不行，虽然具有这种优势但属于国家禁止开发范围的也不行，属于国家限制开发的地区则不能超出国家限制的范围（国家对禁止开发区和限制开发区自然生态系统保护实行的生态补偿是另一范畴的问题，不属于生态产业化的范围）；二是其实施过程必须遵循自然生态系统的发展规律，所有产业开发必须控制在自然生态系统承载力的限度内，必须以资源安全、环境安全和生态安全为前提。

四、生态价值实现方式

EOD模式的核心目的是推进区域可持续发展,助力生态环保项目落地,并在项目实施的全生命周期中注重生态产品价值实现。EOD项目的生态价值实现是将量化测算的财务效益转化为具有现实可持续经济效益、社会效益的战略目标。从国内外现有的实践经验来看,生态价值主要的实现方式包括以下三种。

1. 生态补偿机制:生态治理受益者依据生态服务价值向提供者提供补偿;

2. 生态资源及其排放权交易:搭建生态资源及其排放权属交易平台,将生态信用出售给生态资源利用者,并产生相应的环境税费;

3. 生态修复及价值提升:通过生态建设及生态改造实现项目相关经营收入及其价值外溢。

因此,在传统单体项目财务效益测算的基础上,将EOD依托项目包的生态价值估算及其实现方式和机制综合运用到财务测算模型及其相关分析建议中,从而转化为切实可行的可持续经济效益和社会效益,亦是EOD项目财务测算的延伸性综合目标和实施应用基础。

第四节 生态产品定价机制探讨

一、生态产品服务评价方法

有许多生态产品是无法被视为私有物品或进行市场交易的,因此很难直接观测或估算它们的需求曲线。在这种情况下,我们需要使用其他方法来估算这些服务的价值。关于评估生态系统服务价值的方法,尽管不同的使用者和作者可能会对它们进行不同的分类,但最终可以将它们分为三大类别:基于观察行为建立的估算方法或基于假设行为建立的估算方法以及成果参照法。

基于观察行为的估算方法是通过观察人们在自然环境中的行为来推断他们对生态系统服务的需求和偏好；而基于假设行为的估算方法是通过预先假定人们对生态系统服务的需求和偏好，来推断他们为这些服务愿意支付的价格。成果参照法并不是一种独立的方法，而是指利用从某个情境中（通过任何方式）得到的估算结果来对另一个不同情境中的价值进行计算的一种技术或方法。

生态产品服务供给核算方法主要包括直接市场法、市场替代法、代用市场法、陈述偏好法、参与式方法、效益转换方法。

（一）基于观察行为的估算方法

基于观察行为的估算方法是一种非常直接的评估生态系统服务价值的方法。这种方法通过观察人们在自然环境中的行为，研究人员可以记录下他们参与该生态系统所提供的各类活动的行为、时间、花费等因素，并根据这些因素来推断人们愿意支付的价格，从而进一步了解他们对该生态系统的价值评估和偏好。该方法特别适用于那些不是私有物品或不能进行市场交易的生态系统服务的估算。

例如，如果我们想研究一个自然保护区的价值，我们可以观察人们在该区域中徒步行走、观察自然和野餐等活动，并记录下参与者的行为和花费等因素，以此来推断他们对该保护区的价值评估和偏好。通过这种方式，我们能够更好地了解人们对自然环境的需求和态度，为环境管理和政策制定提供参考和依据。

尽管基于观察行为的估算方法具有许多优点，例如能够反映真实的环境需求，所收集数据的准确性相对较高等，但它也存在一些局限。例如，这种方法难以识别那些未观察到的价值和偏好，也容易受到时间、天气等因素的影响，从而对结果产生一定程度的误差。

总之，基于观察行为的估算方法是一种相对比较直接和可行的方法，用于估算生态系统服务价值。它能够帮助我们更好地了解人们对自然环境的价值评估和偏好，为环境管理和政策制定提供参考和依据。常见的基于观察行为的估算方法包括：直接市场法、参与式方法。

1. 直接市场法

直接市场法是一种测算企业生产经营对环境质量产生的可观察和可量

化的影响,并通过市场价格对此进行测算的方法。其中包括生产率变动法、人力资本法、机会成本法、预防性支出法以及重置成本法等。

生产率变动法是利用环境质量变化对生产率和生产成本的影响来评估其对产品价格和产量所产生的影响,通过市场价格计算出自然环境资源变化带来的经济损失或实现的经济收益。例如,空气污染可能导致机器设备腐蚀和损坏,进而降低生产率,而减少水土流失则可保持或提高农作物的产量。

人力资本法是通过环境污染对人体健康和生产劳动能力的损害来衡量环境污染的损害,同时也可用减少的这种损害来估量污染治理的收益。该方法特别适用于评估环境污染对人体健康和劳动能力造成的经济损失,以及治理措施所能实现的经济效益。

机会成本法是一种测算环境质量变化所带来的损失和收益的计量方法,使用替代用途收入的损失来估算资源使用的成本,以此衡量环境资源的机会成本。例如,一些国家公园可能禁止砍伐树木,这个经济上的价值可通过为了保护资源而牺牲最大的替代选择的价值来衡量,以此来确定最终的收益和损失。

预防性支出法和重置成本法则主要是用于预防环境问题的发生和管理已经存在的环境问题,其中预防性支出法是通过预防行动所需的成本来估算已经避免的环境问题所带来的收益,而重置成本法则是指通过环境污染所造成的影响来估算整治这些影响所需的成本。这些方法为环境问题的预防和管理提供了度量和评估的有效工具。

2. 参与式方法

参与式环境估值方法是一种让团体成员参与并确定与市场商品或服务相关的非市场生态系统服务价值重要性的方法。这种方法通过让参与者了解生态系统服务,并在小组讨论和互动中让他们分享和表达自己的看法,从而形成一个共识。它提供了一种有效的方式来测量生态系统服务的非市场价值,如生态系统中的美学、文化、健康和社会服务等。

参与式环境估值方法强调了人与自然之间的联系,在实现生态系统服务评估的同时,也考虑到了人类和自然之间的相互作用。这种方法通常需要进行定量和定性分析,可以针对不同的社会群体进行调查和分析,并且还可以专注于特定的生态系统服务。

总之,参与式环境估值方法是一种有益的方法,它有助于让团体成员了解非市场生态系统服务价值的重要性,并且为各种环境保护措施提供了相应的数据支撑。

(二) 基于假设行为建立的估算方法

这种方法是基于被调查者对一些直接问题的回答结果,来推测有关服务的价值。在这个方法中,可以划分为对支付意愿或接受意愿的直接假设估算法,例如意愿调查价值评估法。这种方法要求被调查者回答他们愿意为某些特定的收益支付多少钱。此外,还可以使用间接假设估算法,例如条件层次顺序法或选择表达法。这种方法要求被调查者对不同类的物品进行等级排序。这些方法可以用于研究和评估人们的支付和接受意愿,以及为产品设计和用户体验等方面提供有用的指导和建议,并可以快速预测和测试不同的情况和场景。常见的基于假设行为建立的估算方法包括:代用市场法、陈述偏好法。

1. 代用市场法

代用市场法是一种常见的环境评估方法,其中包括生产功能法、特征价格法和旅行成本法。

生产功能法主要考虑生态系统服务对生产过程的作用,衡量其能增加多少价值。该方法针对生态系统服务的经济效益进行评估,寻找到其提供给商业活动的附加价值,例如湿地的滤波功能可以为水处理系统提供额外的收益。

特征价格法则是考虑住房市场以及市民为了获得更好环境质量所支付的额外金额。其核心思想是根据可接受的环境质量和对该环境质量的需求,计算出额外支出的金额来评估环境质量的价值。这种方法广泛运用于评估居民对清洁空气和海滨景观等环境特征的偏好和支付能力。

旅行成本法是通过计算旅行成本和所花费休闲时间的价值来计算在某一地方游玩的成本。这种方法主要是针对游客的需求展开评估,重点考虑旅游者为了到达目的地所需要支付的时间和费用。例如,如果某个景区为游客提供清澈的湖泊、丰富的野生动植物等自然资源,那么游客为了到达该景区所需的旅行成本就可以被看作是衡量该景区自然资源价值的代表。

总体而言,代用市场法是一种方便有效的环境价值评估方法,可以通过货币化的方式对环境资源和生态系统服务的经济价值进行评估,为环境和经济的协调发展提供决策支持。

2. 陈述偏好法

在环境资源的评估方法中,陈述偏好法是非常常见的一种方法。它的主要应用场景是那些不能采用直接市场法或揭示偏好法的情况。陈述偏好法又被称为意愿评估法,其基本思路是通过直接询问调查对象关于减少生态环境危害的不同选择所愿意支付的价格来衡量生态产品的价值。这种方法通常用于环境资源的非使用价值评估,比如野生动物保护的价值、生物多样性的价值以及古迹保护价值等。

在陈述偏好法中,条件估值法和选择实验法是两种主要的方式。条件估值法,也就是投标博弈法,经常被广泛应用于公共物品的价值评估。这种方法要求调查对象根据模拟情况,说出对不同水平的环境物品或服务的支付意愿或接受赔偿意愿。选择实验法则要求被调查者在不同的物品和相应数量的货币之间进行选择,这里的货币实际上代表了一定数量的环境物品或服务的不同组合。调查者会先给被调查者一组环境物品和相应价值的初始值,被调查者需要对这两者进行抉择,根据对方的反应,不断调整价格水平,直至被调查者认为选择二者中的任何一个都可以。此时,被调查者选择的价格就代表了他对给定的环境物品的支付意愿。

(三) 成果参照法

成果参照法并不是一种独立的方法,而是指利用从某个情境中(通过任何方式)得到的估算结果来对另一个不同情境中的价值进行计算的一种技术或方法。这种方法可以应用于各种生态系统服务的评估,特别是在无法通过直接观察行为来测量的情况下,可以通过利用已有的数据来推断某项生态系统服务的价值。

成果参照法通常是通过找到与被评估的生态系统服务相似的替代品,来对其价值进行计算。例如,如果我们想要估算某个监测站点的水质价值,我们可以参照类似的监测站点,比如在附近的河流中,通过分析和比较这些站点的数据结果,以得出目标站点的水质价值。当然,作为一种依靠类比估算的方法,成果参照法也会存在一些限制和误差。常见的成果参照法包括:市场替代法、效益转换方法。

1. 市场替代法

市场替代法是一种间接衡量没有市场价格的环境物品价值的方法,即利用另一些有市场价格的商品或劳务来代替环境质量的价值。这些商品或劳务可以用货币价格进行测算,但其价格只是部分地、间接地反映了人们对环境价值的评价。该方法涉及的信息很多，往往反映了多种因素产生的综合性后果，而并非只反映环境因素，排除其他方面的因素对数据的干扰往往十分困难，导致其结果可信度较低。

后果阻止法是市场替代法中的一种方法。当环境质量恶化，对经济发展造成损害时，为防止后果的发生，可以采取两种措施：一是改善环境质量以保证经济发展，二是增加其他投入或支出以减轻或抵消环境质量恶化的后果。在后一种情况下，可以认为其他投入或支出的变动额反映了环境价值的变动。用这些投入或支出的金额来衡量环境质量变动的货币价值的方法称为后果阻止法。后果阻止法的思路重点考虑了环境质量的后果，而忽略了最初环境质量的价值本身，因此具备一定的局限性。然而，该方法也能解决一些其他方法无法解决的问题，例如在无法用市场替代法测算商品或劳务价值时，后果阻止法提供了一种衡量环境价值的有效方法。

2. 效益转换方法

效益转换方法是一种常用于环境价值评估的方法，它通过将已有的环境研究数据"借用"或转换，来提供给决策者一个近似值。这个方法实际上是一个将非市场价值转换成货币价值的过程，以便于与市场价格进行比较。

在使用效益转换方法时，我们需要首先找到与当前决策相关的现有研究，然后把这些数据中的一些参数拟合到当前研究中，预测出一个近似值。当然，这种方法要求我们确保所"借用"的数据与当前研究的情况是十分相似的，并且也要注意所选定的数值是否真的能适用于当前研究。

这种方法的好处在于，它可以使一个研究更加高效，减少冗长的数据收集和分析时间，同时也能够在不破坏环境或改变自然条件的情况下进行评估。当然，该方法的缺点在于，我们需要选择合适和可靠的数据来源，并且需要谨慎地处理所借用的数据，以确保使用效益转换方法的有效性和精确性。

总之，效益转换方法是一个在环境决策中十分常用和实用的方法，通过将已经存在的研究数据整合到当前研究中来进行预测和评估，为环境决策提供了很多便利。

综合了解相关信息可以发现，除了生态环境部发布的生态系统服务功能评估仅仅针对生物物理量进行评估，其他评估方法不论是生态系统服务评估还是 GEP 评估均考虑货币化过程。这说明，在评估环境问题时，货币化是非常重要的一环，因为通过货币化，我们可以将环境效益量化，并将其方便地与其他经济因素进行比较,从而更好地进行整体评估。生态环境部发布的生态系统服务功能评估只考虑了生物物理量,即仅仅评估生态系统的自然属性和生态服务形态,没有考虑它们对人类的经济和社会价值。此外,其他研究中,不论是生态系统服务评估还是 GEP 评估,都涉及了货币化过程。货币化过程将生态系统服务和其他经济因素的综合效益转化成了经济价值,可以方便地进行比较,帮助决策者得出更为精准的结论,实现环境保护与经济发展的协调发展。价值化过程采用的方法可以详见表 3.4-1。

表 3.4-1 价值化计算方法汇总

类别	方法	摘要	难度	应用范围
直接市场价格	市场价格法	观察市场价格	简单	供给型服务、固碳价值(碳市场交易价格)、氧气提供价值
市场替代	重置成本(影子工程)	找出人造解决方案,替代生态系统服务	简单	授粉、水净化、水源涵养
市场替代	避免的损害成本(替代成本、恢复成本)	由于生态系统服务的作用,节省了多少成本	简单	土壤保持、海岸带防护、洪水调蓄、固碳价值、空气净化、水质净化、气候调节、病虫害防治、防风固沙
市场替代	生产功能	生态系统服务对生产过程的作用增加了多少价值	复杂	水净化、淡水供应及供给型服务
代用市场	特征价格法	考虑住房市场以及为获得更好的环境质量而支付的额外金额	非常复杂	仅使用价值、娱乐与休闲、空气质量
代用市场	旅行成本法	在一个地方游玩的成本:旅行成本(旅费、车费等)和所花费休闲时间的价值	复杂	仅使用价值、娱乐与休闲
陈述偏好	条件估值法	为获得更多特定的生态系统服务,受调查者愿意支付多少钱	复杂	所有服务
陈述偏好	选择实验	给出一个选择"菜单",对生态系统服务划分等级,以及划分成本	非常复杂	所有服务
参与式	参与式环境估值	让一个团体的成员确定与市场商品或市场服务相关的非市场生态系统服务的重要性	简单	所有服务
效益转换	效益转换	"借用"或转换现有研究的数值,为当前决定提供近似值	可以简单也可以复杂	原始研究所估值的任何服务

二、生态补偿相关案例及补偿标准分析

(一) 生态补偿相关案例

1. 横向补偿:流域上下游政府签订协议

我国幅员辽阔,分布着许多大江大河,不同的行政单元跨越于各流域之间。上游地区由于独自承担着保护流域水质和水生态环境的责任,往往失去了许多经济发展的机会(因为区位条件相对较差),这导致上游地区的经济发展比较落后。而下游地区则由于区位优势,同时分享了上游生态环境保护的成果,经济发展较好。这样的情况使得流域上下游之间的发展不平衡。

针对这种情况,国家在 2016 年和 2018 年相继出台了《关于加快建立流域上下游横向生态保护补偿机制的指导意见》(财建〔2016〕928 号)和《关于建立健全长江经济带生态补偿与保护长效机制的指导意见》(财预〔2018〕19 号)两份政策文件。这些政策鼓励跨区域的流域上下游政府之间建立横向补偿机制,以达到更好的生态保护。在这个背景下,各地纷纷开始了关于流域横向补偿的一些实践活动。这些实践活动旨在鼓励各流域之间合作,推动资源共享与优化,以实现流域生态平衡和可持续发展。

(1) 江西省、广东省东江流域生态补偿协议

东江作为珠江水系干流之一,发源于江西赣州,为下游珠江三角洲地区的经济发展提供了不可或缺的水源保障。然而,随着经济的迅速发展和城市化进程的加速,东江流域的水资源面临着越来越大的压力和威胁。为了共同保护好东江流域水资源,财政部、环境保护部于 2016 年 10 月 19 日组织江西、广东两省人民政府签署《东江流域上下游横向生态补偿协议》。这个协议的签署将推动东江流域的生态补偿机制建设,落实源头保护、节约用水和污染治理等措施,保障东江流域的生态环境能够得到有效保护,让这片美丽的土地更加繁荣富强。

根据协议规定,江西与广东两省将以庙咀里和兴宁电站两个跨省界断面为考核监测断面,选取 pH、高锰酸盐指数、五日生化需氧量、氨氮、总磷等 5 项指标作为考核监测指标。中国环境监测总站将负责组织江西、广东两省有关环境监测部门每年对跨界断面水质开展联合监测。此外,国家每年出资

3亿元,江西、广东两省各出资1亿元,共同设立补偿资金。补偿资金将依据考核目标完成情况拨付,专项用于东江源区水污染防治和生态环境保护与建设工作。协议有效期为三年。协议签订后,江西省赣州市(位于东江源区)重点实施了东江源区污染治理、生态修复、水源地保护、水土流失治理和环境监管能力建设五大工程,共计79个项目。这些措施极大地改善了东江源区水质和水生态环境系统,为保障下游广东的用水安全作出了重要贡献。

2. 探索水权交易方式

水权交易行为是国家在解决水资源配置难题中采用的一种权属分配手段。在水权交易中,水权的所有权归属于使用者,而水权的所有者则可以通过市场进行水资源使用权的交易。这一机制可以有效地利用市场手段来提升水资源的利用效率,实现水资源的公正合理配置。

水权交易的实施,可以使得水资源的使用者更加灵活地利用水资源,同时,水耗较大的企业也可以通过市场购买水权的方式,在一定程度上减少水资源的浪费,提高水资源的利用率。采用这种方式,不仅能够促进水资源的再分配,改善不同地区水资源分配不均的现状,同时也为保护生态环境提供了重要的手段和思路。

需要注意的是,水权交易不应仅仅是利益的单向流转,也应考虑到生态经济的可持续发展、生态系统保护,实现经济效益与环境效益的协调统一。为此,可以通过完善水法立法、严格实行水资源税及其补偿制度等,切实保证水权交易的公正性和合规性,实现水资源的可持续利用。

(1) 案例:平顶山市、新密市跨流域水权交易项目

新密市位于中国中部地区,虽然区域广阔,但其内水域较少,全市没有外来水源,因此该市主要依靠开采地下水满足人们生产生活需求。但这种水源缺乏的情况导致当地农业、工业、市政等领域的发展受到了很大的限制。而平顶山市的水资源相比新密市更加丰富,该市地处淮河流域,大中型水库共有170多座,可以为城市提供足够的水量,另外南水北调中线工程的通水更为该市提供了2.5亿立方米的优质水源。此外,平顶山市通过水资源优化配置和大力开展节水措施,又实现了水资源的有效利用和部分结余,为该市的发展提供了有力的保障。

为了更好地促进区域水资源的优化配置和共享,2016年6月28日,平顶山市水利局与新密市水务局签署了水权交易协议,根据协议的规定,自

2016年7月1日至2018年10月31日，平顶山市将分三期向新密市转让共计2 400万立方米的用水量。同时，交易价格将遵循国家南水北调中线工程综合水价相关规定，确定为每立方米0.87元，总交易金额为2 088万元整。协议生效后，平顶山市通过南水北调干渠和配套工程成功地将交易水量输送到郑州市尖岗水库，然后新密市通过修建引水入密工程，将交易的水量从尖岗水库输送到新密市城区。从而有效地解决了新密市所面临的城市供水问题，这有助于推动新密市的经济和社会发展，也为平顶山市带来了显著的经济效益。可以说，这种水权交易的做法实现了交易双方的共赢，展示了中华民族优良的交际文化，同时也为区域水资源的优化利用和配置开辟了良好的路径。在未来，相信这种经验会得到更广泛的推广和应用。

(2) 案例：浙江省义乌市、东阳市水权交易项目

浙江省的义乌市和东阳市都位于金华江流域，其中东阳市靠近流域上游，水资源非常丰富，除了用于满足农业灌溉和城市供水外，还有16 500万立方米的水可供利用。而下游的义乌市经济发达，但水资源总量仅为7.19亿立方米。根据2004年义乌本地人口68万计算，人均水资源只有1 057立方米，仅相当于全国和全省人均水资源的一半，因此该市面临着严重的缺水问题。

为有效地解决两市之间用水的供需矛盾，2000年11月24日，浙江省义乌市与东阳市签订了水权有偿转让协议。义乌市以支付两亿元的价格，一次性买下了东阳市横锦水库的4 999.9万立方米水资源的永久使用权，通过水权交易的方式实现了两市用水的合理调配。

在水权转让后，水库的所有权并未发生变化，水库的运行和工程维护仍然由东阳市负责，而义乌市则按照当年实际供水量，每立方米支付0.1元给东阳市作为综合管理费。

为了实现水的输送，从横锦水库到义乌的引水管道工程由义乌市负责规划设计和投资建设，在此过程中，东阳市负责处理与引水工程相关的政策问题和管道工程施工建设，并由义乌市承担费用。义乌市购买水权的两亿元资金，根据引水工程进程分期付清。

义乌与东阳市之间的水权交易案例不同于其他案例，其通过签署协议的形式来规定义乌和东阳市各自的责任和义务，从而保障水资源的合理调配和充分利用。同时，将水资源使用权永久转让可以解决长效机制不足的难题，而这也是该案例的成功之处。

3. 补偿主体多元化：企业参与流域生态保护补偿

在流域生态保护补偿实践的过程中，政府一直是流域生态保护补偿的主体，但由于国家财政压力，国家积极探索市场化和多元化的生态保护补偿机制，鼓励多方参与生态补偿行动，形成保护者受益、受益者补偿的长效机制。在这个背景下，作为流域下游用水受益者的企业，也正在不断参与流域的生态治理和生态保护补偿工作，使补偿主体和方式更加多元化。

在江河流域的生态治理和环保工作中，政府需要依据生态环境质量和生态系统效益来对生态环境进行补偿。而生态补偿的主体往往是流域上游或是流域内的农田、林地等生态保护者，并将补偿资源交由政府管理。但随着流域下游用水企业逐渐加入生态补偿中，补偿方式也变得多样化，下游用水企业从间接支持到直接参与生态治理行动，进一步推进了生态环境的保护与治理。

流域下游用水企业作为交易的受益者，通过积极参与生态保护行动，逐渐转化为生态保护的主体，成为生态保护的参与者，从而推进了生态保护和生态保护补偿的工作。流域下游用水企业将自己的生态效益等价值以各种形式体现，并以推广和应用生态技术、支持生态保护和宣传等为主要手段，将补偿资源有效地投入到流域的生态保护和治理中去。这些企业逐渐形成了自己的生态保护理念和生态保护行动，并逐渐将其落实到实际工作中，为生态保护事业作出了积极的贡献。

同时，流域下游用水企业在生态保护补偿实践中，也提出了更多的需求和建议。比如，企业希望政府在制定生态保护政策时，更注重把握生态环境的要素和变化趋势，采取更加灵活多变的生态保护策略；同时，企业还希望得到更多的政策支持，使得更多的企业能够积极参与到生态保护和治理中去。

针对这些需求和建议，政府应该进一步改善和完善生态保护政策，鼓励更多的单位和个人参与生态保护行动，同时也要加大对流域下游用水企业的政策支持，鼓励他们采取更加积极的生态保护行动，实现生态环境保护与企业发展的双赢。

（1）案例：某酒厂出资保护赤水河水质

赤水河流域是某品牌酒的重要酿造基地，也是重要生态区域。为了保护和改善赤水河流域的生态环境，某集团从 2014 年起，累计出资 5 亿元用于水污染防治和生态保护。这种生态保护补偿方式不仅仅是单纯的资金补偿，而是多层次、多领域的全方位补偿方式。

除了提供资金支持外,该集团还与上游政府合作,协助上游政府发展产业、开展人才培训、共建园区等,助力上游地区的经济发展。同时,该集团还积极探索将生态保护补偿与脱贫攻坚结合,帮助上游居民摆脱贫困,走向富裕。

这种多层次的生态保护补偿方式,不仅仅是对该酒厂用水安全和质量的保障,更是对生态环境保护和经济社会可持续发展的贡献。这种生态保护补偿方式具有长远性和可持续性,可以真正实现保护者受益、受益者补偿的长效机制。同时,这种方式也可以为其他企业提供借鉴和参考,帮助更多的企业实现与生态环境和谐共存的目标。

4. 不足之处

通过流域上下游横向补偿、水权交易等多种方式,流域生态保护补偿机制得到了广泛应用,并取得了显著的成效。这种机制能够有效调动流域上下游地区的积极性,共同推动流域上下游的生态环境保护和治理,不仅有益于提升生态环境质量,也有利于生态经济的发展。

然而,补偿机制在运行中仍然存在着很多值得改善的地方。其中,最主要的问题之一就是资金来源。在许多地方,生态保护补偿资金来自政府财政的专项拨款,这种方式存在着资金难以保证连续性、资金分配不公以及资金管理不规范等问题。此外,还有一些流域的经济欠发达地区的生态保护补偿标准过低、补偿项目单一,导致生态保护措施难以有效落实。

针对这些问题,政府需要继续加强政策制定和监管力度,明确资金来源渠道并进一步完善资金管理体系。同时,在制定生态保护补偿标准时,应该考虑到地区的经济、社会和生态条件,并采取不同标准的补偿方式,以实现补偿效果的最大化。此外,政府还应该制定更加完备的量化评价和监测指标,以确保补偿资金使用的科学性和公正性。

(1) 补偿标准核算方法有待完善。

流域生态保护补偿标准的制定是流域生态环境保护和治理的重要环节,制定科学合理的补偿标准核算方法对于保障各方利益平衡、推动生态环境持续改善至关重要。而目前流域生态保护补偿标准核算方法存在的问题,主要是在补偿成本的核算上以及补偿标准决策方面。

在补偿成本核算上,当前制定流域生态保护补偿标准的方法主要以考虑流域各地的经济状况及投入成本等因素为主,未能真正考虑到上游地区保护成本、失去的发展机会成本以及流域生态系统带来的实际经济效益和服务功能价值等因素。这种做法可能导致补偿的失衡,让上游地区的人民感受到不公正。

在补偿标准决策方面,流域生态保护补偿标准的确定应该是整个流域各地区的共识,而目前这一决策方式仍然存在一些不足。因此,我们需要探索形成补偿标准核算方法,且应该充分考虑到流域上游投入的保护成本,上游失去的发展机会成本,以及流域生态系统带来的实际经济效益和服务功能价值等因素。这样才能真正达到流域内各方共识的目的,保障流域内生态保护补偿标准的科学性、合理性及可行性。

因此,政府应该不断加强补偿标准制定方案的研究,依据科学计量方法和数据体系,制定出更为准确和合理的流域生态保护补偿标准核算方法。此外,政府还需加强流域内各区域之间的沟通交流,促进各区域之间的理解和互相妥协,形成流域共识,推动流域内生态环境的持续改善。同时,政府还应加强对流域生态保护补偿标准的监管,确保制定出的标准能够得到严格的执行和落实,保障公众的合法权益和流域生态环境的健康持续发展。

(2)短期协议无法形成长效机制。

以东江流域生态补偿为例,流域上下游政府之间的补偿协议只起到了短期补偿的作用,常常因协议到期而形成利益双方之间的不可预测性。这种临时补偿的方式不仅难以形成长效机制,而且容易使得补偿的效益降低,对于流域内生态环境的改善发挥不了关键作用。因此,政府应该依据当地的实际情况,完善相关的法律法规,建立起流域内长效、稳定的生态补偿机制。

首先,政府可以成立统一的流域生态保护委员会,成员包括流域范围内的政府、企业、社会组织、科研机构和公民代表等各方利益相关者。委员会应该总结以往的补偿经验,制定流域生态保护计划,并明确它的实施方式和责任人,确保权益相关者能够在这个体系中扮演重要的角色,参与流域生态环境保护的决策过程。其次,政府应该通过立法的形式对流域生态补偿机制进行规范,明确上下游各地政府的权责,规定各区域间的生态补偿标准、费用的分担比例以及补偿的具体内容等。这样可以使得补偿机制更加规范化,更加具有可操作性和可持续性,并为解决补偿问题提供有力法律支持。

再者,除了完善法律和制度,政府还应该加强流域上下游各地之间的合作与沟通,推进行政区域管理的转型,建立流域范围内的管理机构,协调各利益相关者的利益,充分发挥流域协作的力量,维护流域生态环境的整体稳定。最后,政府还应该从经济生态、社会生态等方面入手,探索建立市场化、多元化的流域生态保护机制,采取经济性、生态性、社会性等综合考量的方式,优化流域内的资源配置,推进可持续发展,真正实现经济发展和环境保护的双赢。

(3) 资金监管机制有待完善。

流域生态保护补偿资金的专项性十分重要,为了保障补偿资金能够真正发挥作用,应加强补偿资金使用的监督和管理。在流域生态保护中,补偿资金占据了重要地位,因为其能够解决流域生态保护和治理的重要问题,确保上下游利益的协调与平衡。

但在实际应用中,由于各地权责不一,监督缺失,甚至存在着损害公共利益的行为,导致很多补偿资金未能专门用于流域生态环境保护和治理。因此,政府应建立起完善的流域生态保护补偿资金监管和管理机制,确保补偿资金得到真正的保障和合理使用。

其一,政府应该制定相应的管理规定和制度,规范补偿资金的使用管理方式,确保补偿资金专项用于开展流域生态整治和保护活动。同时,还应建立起相应的责任人制度,落实各地政府的监督和管理责任,增强其对补偿资金管理的责任心和有效性。

其二,政府还可以通过信息公开、审计监察、第三方评估等多种手段,对补偿资金的使用情况进行全面监督和评估,确保资金使用的透明化和公开化。同时,采取压缩管理、规范审批等措施,督促和规范各地的行为,提高资金使用的效益和效果,并严厉打击各种侵占、挪用、滥用等不当使用资金行为,确保流域生态保护补偿资金的合理使用和公正使用。

(二) 生态补偿标准分析

生态保护补偿机制是生态文明建设的重要内容,对于促进可持续发展、推动生态产业化、绿色经济发展等具有重要意义。目前,生态保护补偿标准主要以恢复和保护价值为主,而未能充分考虑生态价值的重要性和市场化的需求,因此需要建立多元化的生态保护补偿机制,支持生态保护和生态产品的发展。

首先,建立政府主导的生态补偿模式。政府通过制定法规、规章制度等,明确生态补偿的标准、方式和责任主体,同时采用扶持流域上游、土地流转、义务植树等生态补偿方式。政府可以通过向企业提供财政、税收等激励措施,吸引企业自觉地参与生态保护,建立优惠政策,减轻企业的负担,从而加快生态保护步伐。

其次,建立市场化生态补偿模式。在市场化的生态补偿方式下,政府采取市场化手段,通过竞拍等方式拍卖生态资源的使用权,并向社会公开其所得的全部生态补偿收益。通过市场化机制,政府吸引社会资本参与生态保护,增强资本投入的积极性,促进生态环境保护的持续发展。

最后,建立政府与社会资本合作的生态补偿模式。这种模式下,政府与社会资本企业合作共同开发生态资源,使两者共同获益,同时共同承担生态保护责任。政府通过合作方式,吸引外部资源,为生态保护投入更多资金和技术力量,提高生态保护的效率和成效。

1. 生态保护补偿方式分类与分析

(1) 政府主导的方式

我国生态补偿实践的一个重要部分是由政府主导的生态补偿模式。该模式以行政手段强制保障,政府通过财政转移支付、专项基金、政策倾斜等非市场途径对环境保护者给予合理补偿,进而保障国家生态安全和生态服务供给,促进区域协同发展、社会公平,提高区域治理能力。政府补偿方式包括纵向补偿、横向补偿以及对单位或个人给予补偿。其中,纵向补偿是指上级政府给下级政府为生态保护和修复所提供的财政转移支付;横向补偿是指流域间、区域间的生态补偿,应根据受益地区与生态保护地区的具体情况进行不同形式的补偿;政府对单位或个人的补偿则是通过支付资金给予实施生态保护和修复活动的单位或者个人,以激励其积极性。除资金补偿外,应建立输血造血双轮驱动的补偿长效机制,通过对口协作、产业转移、共建园区、人才培训等方式带动生态保护地区的经济发展,使横向生态补偿发挥更大效益。

(2) 市场化的方式

市场化的生态补偿方式是建立在产权明晰的基础上,通过市场化或准市场化的途径,让生态资源的供给者和消费者之间直接进行交易。这种方式在促进生态保护发展的同时,也激发了市场的活力,带动了生态产业的发展。当前在国内,市场化的生态补偿方式已成为推动生态环境建设的重要手段。

除了土地优惠政策吸引、水权交易、林业碳汇、绿色标识、绿色金融外，还有许多其他的市场化生态补偿方式，例如生态产业投资基金、湿地保护和修复项目等。此外，为保护生态环境和推动绿色发展，一些地方政府已经开始对环境污染者实行排污许可证制度，并对超标排放企业进行处罚，这也可以看作是一种市场化的生态补偿方式。同时，随着技术的不断创新和推广，新型市场化生态补偿方式也在不断涌现，例如基于区块链技术的碳排放交易等。可以预见，随着市场化机制的不断完善，未来市场化的生态补偿方式将会越来越多样化，同时也将推动生态保护和绿色发展取得更大的成效。

（3）政府和社会资本合作的方式

政府和社会资本合作的生态补偿方式是政府主导的生态补偿和市场化生态补偿这两种基本补偿形式的混合模式。该模式主要通过PPP和政府购买服务这两种方式，对各类生态保护和修复项目进行补偿。其中，PPP主要适用于经济效益较好的私人产品性质或准公共产品性质的生态保护和修复项目，如城市污水处理设施、垃圾处理厂等。实践案例有岳阳市中心城区污水系统综合治理PPP项目、遂宁市城镇污水处理设施全市统一打包建设运营PPP项目等。

政府购买服务则主要适用于纯公益性产品性质的公共服务，如山水林田湖草生态保护与修复、防沙治沙、植树造林等。政府购买这些服务来补偿受损环境，促进生态保护的目标实现。通过政府购买服务，可激励企业或个人等社会力量参与生态保护和修复活动，并为生态环境的恢复和改善作出贡献。此外，该模式通过政府购买服务，还可以实现资源共享，提高政府服务的质量和效率，同时促进政府与社会资本的合作。

2. 不同生态保护补偿方式对比分析

以上三种生态补偿方式在生态保护补偿制度中都发挥着重要作用。从适用对象、补偿主体、优点、局限等多个方面对各种补偿方式进行比较分析，我们可以得出以下结论。

政府主导的生态补偿方式是生态保护补偿的基础资金来源，主要适用于公益性生态公共服务，可以给予生态保护者相对合理的补偿。然而，该方式存在着资金来源单一、政府财政压力大、监管成本高等问题。

市场化的生态补偿方式是政府主导的生态补偿方式之外的重要手段，主要适用于经济效益较强的半准公益性生态公共服务。该方式可以拓宽生态保护与修复资金来源和缓解财政支出压力，具有较大的推广前景。然而，市场机制和法律制度不健全、保护修复领域难覆盖等问题仍需要得到解决。

政府和社会资本合作的生态补偿方式主要适用于经济效益较弱的准纯公益性生态公共服务，在发挥政府的统筹协调作用的同时，将社会资本引入生态保护领域，实现资源共享、风险共担、效益共赢。该方式可以有效地提升生态保护和修复的资金、技术和管理水平，但需要注意合作模式的选择、协议约束的能力和合作风险的管理等问题。

总而言之，以上三种生态补偿方式各有优缺点，并且各自适用于不同的生态保护和修复情境。在实践中，需要根据具体情况综合运用它们，形成系统性、多元化的生态保护补偿制度，以更好地实现生态保护与经济发展共荣共生。

（三）启示

生态保护补偿机制扮演着非常关键的角色，不仅是转化生态产品价值的主要渠道，同时也可以推进自然资源保护和人类自身的可持续发展。相比单纯地以经济收益为导向的发展模式，生态保护补偿机制更加注重在经济发展的基础上实现环境保护。通过合理进行生态保护补偿，区域可以更好地实现资源的保护和有机利用，实现经济的进步和地区的协调发展。

正是由于生态保护补偿机制在实践中的重要性，该机制已经被越来越多的国家所引入。在其初步的规定中，生态保护补偿机制旨在促进生态系统的健康发展，实现环境保护的方式创新。补偿从航空、大型工程、污染等方面进行，以弥补损失或者帮助重新构筑合适的生态系统。同时，该机制也可以激励企业和个人参与到生态环境保护和改善中来。这样，可以让全社会更加深刻地认识到生态环境保护的重要性，促进全民生态素质的提高。

因此，生态保护补偿机制是可持续发展的基础之一，可以让经济、资源、环境的协调发展成为可能。只有构建完善的生态保护补偿机制，才能真正为保护生态环境提供更具实效的方式，实现人类与环境的和谐共存。

1. 进一步完善纵向生态补偿机制

综合考虑生态环境的多方面特点，包括生态效益外溢性、生态功能重要性、生态环境敏感性和脆弱性等因素，制定动态化、差异化的生态保护补偿标准是建立科学合理的生态保护补偿机制的必要步骤。这样的补偿标准、计划或政策,将更好地体现生态产品的价值,促进生态保护的发展进程。

生态保护补偿标准的制定需要综合考虑多种因素,比如生态产品的价值、保护和治理成本、机会成本、生态保护地区的经济社会发展状况以及生态环境保护成效等。通过这种综合考虑的方式,可以制定适度的补偿标准,以达到促进生态产品价值实现和区域经济社会可持续发展的目的。

此外,应该加大对生态效益外溢更大、生态功能更重要的地区的支持力度,调动生态保护者的积极性。这样的做法将更加充分地体现生态保护补偿机制所追求的公正性和有效性,同时有助于保护生态环境,提高地区经济社会发展水平,实现生态保护与经济协调发展的良性循环。

因此,只有充分考虑各个方面的因素,制定科学合理的生态保护补偿标准,才能更好地激发社会各方的积极性,切实保护好生态环境,推动区域经济社会实现可持续发展。

2. 建立纵横结合的生态补偿模式

在已有的纵向生态补偿机制基础上,为了更好地促进区域生态环境的协调发展,建立健全横向生态保护补偿机制就显得尤为重要。在建立横向生态保护补偿机制的过程中,遵循"谁受益,谁补偿;谁保护,谁受偿"的原则是必要的前提。

首先,探索建立省/市财政主导、市/镇(区)财政支持的生态保护补偿资金筹集模式,并实现市/镇(区)间的横向转移支付。通过这种方式,可以更好地调动地方政府的积极性,激发各地区的生态保护意识。

其次,探索建立"双向"异地开发的横向生态补偿机制。一方面,我们可以发展"飞地经济",促进生态保护地区到生态受益地区共建园区,拓展生态保护地区的发展空间;另一方面,我们还应该鼓励生态受益地区到生态保护地区发展生态产业,形成与保护地区资源环境特点相协调的生态环境友好型产业集群,助推生态保护地区生态产品的价值实现。

最后,应该建立健全流域横向生态保护补偿机制。针对重要的流域沿线的省(市),可以在干流和重要支流等水质敏感区域加快建立省(市)际流域横向生态保护补偿机制和省内流域上下游横向生态保护补偿机制,并制定流域生态保护补偿制度及技术规范,推动流域生态保护补偿机制全覆盖。这样,才能真正实现流域生态保护补偿的全面提高,从而推动区域的生态环境协调发展,实现可持续发展的目标。

3. 推动生态补偿的市场化建设

（1）在各类建设占用自然生态空间的过程中，应该建立健全依法的占用补偿制度。围绕"自然生态空间总量不减少、质量不降低"的目标，从多个方面完善制度建设，包括从顶层制度、专项规划、政策体系、实施细则和交易平台等方面进行改进。在此基础上，可以通过市场交易指标的方式，由生态空间占用方（购买方）向生态空间补偿方（供给方）提供经济补偿，以保障森林、湿地、海岸线等自然资源在数量、质量和价值上的占补平衡，并促进碳汇等生态产品价值的动态平衡或增加。

（2）在生态环境保护的基础上，应该探索开展生态环境保护导向的项目开发模式。在积极将环境污染防治、生态系统保护修复等工程与区域生态产业开发有机融合的同时，也需要改善生态环境质量，提升发展品质，推动生态优势转化为产业优势。这样，可以实现产业增值溢价，同时也可以依靠产业开发收益、经营权收益等反哺生态环境治理和生态保护补偿的投入。

因此，建立健全的占用补偿制度和生态环境保护导向的项目开发模式是实现生态保护和区域经济协调发展的必要手段。这些措施将保护和维护生态空间的数量、质量和价值，从而实现自然资源的可持续利用，促进生态产品的价值实现，也可以解决开发与保护之间的矛盾。

4. 加强生态补偿的信息化建设

探索建立自动化、信息化、数字化的生态环境监测评估系统，监测生态产品的数量、类型、时间、空间等信息，动态更新生态保护和环境治理的直接成本、机会成本、经济发展条件等基础数据，形成生态补偿全周期动态监测体系，为生态补偿标准的制定、生态补偿绩效评估和管理等提供数据和技术支撑，促进生态补偿的精细化管理。

（四）展望：数字＋生态

构建 RIM（River Information Model）平台，培育"数字＋生态"经济。

1. 河川信息平台构建背景

"绿水青山"是人类生存发展的基础。工业革命提高了生产力，丰富了各类人造产品以满足人民日益增长的需要，提高了人类改造和利用自然的能力。随着全球化的发展和城市化进程的不断深入，人类不断挤压、侵占自然生态空间。由于产品链的延伸和远距离运输，人们对于自然资本的利用和生态环境的破坏变得广泛、深入而且复杂。受益人和维护者在时间和空间上存在不一致。山水林田湖草是生命共同体,没有"绿水青山","金山银山"最终会走向终结。"绿水青山"往往具有公共物品性质,受限于其非竞争性和非排他性,在缺乏管理的情况下,会走向"公地悲剧"。

在认识到问题严重性的同时,也应看到社会发展和技术进步,尤其是信息技术可能带来的解决方案。随着生态文明建设的不断深入,人们保护生态环境的自发自觉性不断提高,政府生态环境监管的压力将降低。随着基础设施建设及交通运输水平的不断提高、互联网及移动通信技术的不断进步,私人、企业等不同主体通过多样途径参与到"两山"转换的通道上来。同时,随着信息技术的发展,可以通过数据平台和大数据分析来实现生态产品供需双方的精准对接,化整为零地促进原本空间较为分散的产品服务在信息平台上规模化,有利于生态产品的溢价以及外部性得到更好的反映。

严格生态标准,形成智慧化河川管理平台,实现对各条河流信息的完整映射,建立起三维河流空间模型和河流时空信息的有机综合体,包含河道管理系统、防洪调度系统、配水管理系统、生态环境监控系统、生产运维系统、智慧导览6大系统,并对接省河湖统一管理平台,绘制"河湖一张图"。

2. 河川信息平台构建总体框架

围绕保障生态环境、提升公众服务、强化应急管理等业务进行智慧工程规划,构建河湖水体、生态环境、景观园林、公共设施、管理设备、人员活动、公众游览等方面的RIM(River Information Model)平台,实现生态流域内空间数据一网集成、调度决策科学高效、公众服务全面覆盖、系统应用多端便捷、运行维护稳定可靠的现代化、智慧化管理,从而有效提升水务管理部门的协同工作效率和生态系统整体运营管理水平。重点打造"两山"转化平台,为各类生态产品建立"虚拟市场",通过智慧化手段强力支撑生态流域范围内GDP(地区生产总值)与GEP(生态系统生产总值)之间的转化,更好地践行习近平总书记提出的"绿水青山就是金山银山"的"两山"理论,加速"两山"转化。

RIM平台围绕"1+2+3+4"的总体框架进行规划,即一平台、两中心、三网络和四体系,如图3.4-1所示。

一平台:即"两山"转化平台。通过构建"两山"转化平台,为各类生态产品建立虚拟市场,为"两山"转化过程中涉及各方提供参与途径,提供包括信息服务、业务管理、"两山"市场、决策支持等功能,加速"两山"转换。

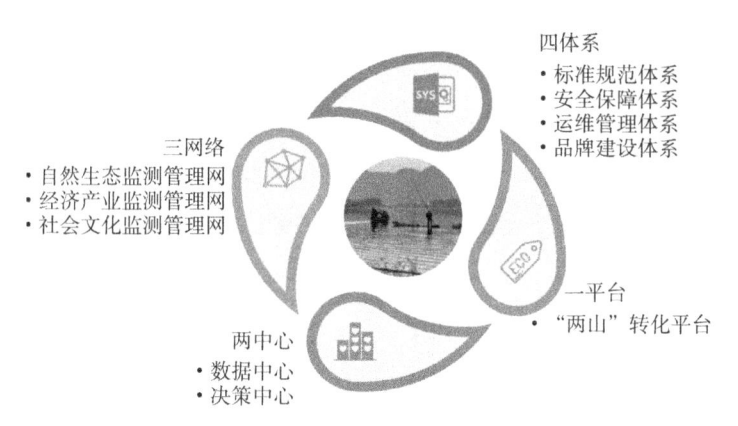

图 3.4-1　生态＋智慧工程规划总体框架

两中心：即数据中心和决策中心。数据中心主要通过 ETL，对数据清洗、转化、加载后，形成大数据湖，向上层应用和外部单位提供数据交换和共享服务。决策中心主要通过硬件与网络设施，以管控中心及分中心为主要形式，提供决策、监控、指挥、调度的载体。

三网络：即自然生态监测管理网、经济产业监测管理网、社会文化监测管理网，主要通过各种监测手段，为"两山"转化平台应用提供数据基础，同时应用决策也相应促进自然生态、经济产业、社会文化优化调整，并为其提供管理服务。

四体系：即标准规范体系、安全保障体系、运维管理体系和品牌建设体系，分别建立标准规范、安全保障、运维管理和品牌建设等方面相应的体系，从各方面保障 RIM 平台的顺利运行。运维管理体系是对智慧工程的生产运维过程进行集中控制管理，实现数据资源共享，为科学运维和管理提供数字化、可视化的手段。安全保障体系规划了一系列安全保障措施，保障工程建成后能够长效稳定运行。

RIM 平台系统架构如图 3.4-2 所示。

3. "两山"转化平台

"两山"转化平台即 RIM 平台的业务应用平台，将硬件监测设备和公共设施所监测、采集的各类数据，通过数据中心进行分析、处理，进而在移动 App、微信公众号、Web 网页端、大屏端等进行"两山"转化相关的各类业务应用，实现软硬件一体化，实现数字化、智慧化的管理、建设、运维"绿水青山"，为政府

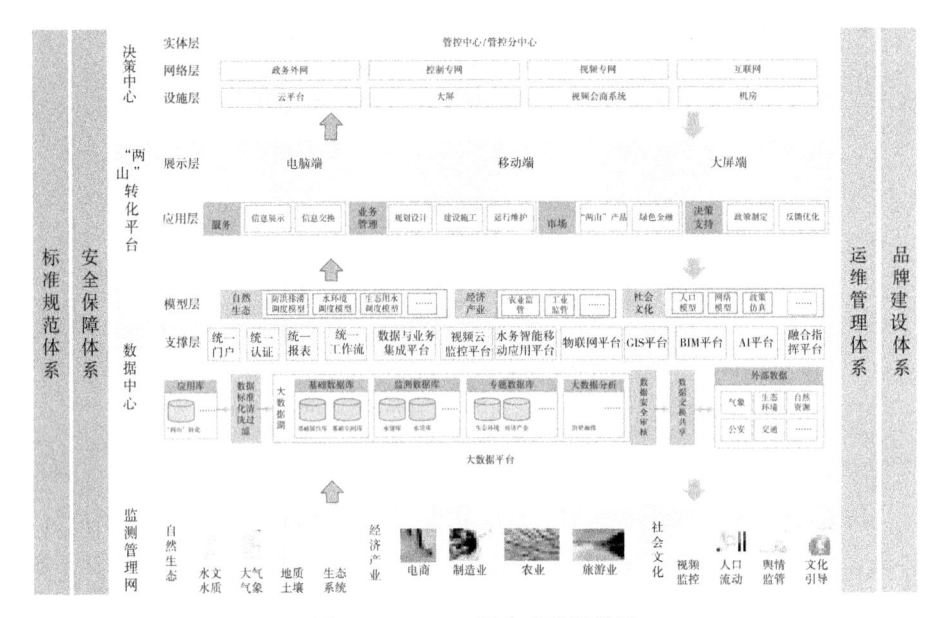

图 3.4-2　RIM 平台系统架构图

管理提供信息和技术支撑，促成多方参与，形成生态文明建设合力。

"两山"转化平台包括面向自然生态、经济产业、社会文化三大板块的业务应用。自然生态板块包括水安全、水资源、水环境、水生态等业务应用，功能模块可分为河道管理、防洪调度、配水调度、生产运维等。经济产业板块包括水景观、水经济等业务应用，功能模块可分为品牌打造、产品营销、产业优化等。社会文化板块包括水文化等业务应用，功能模块可分为舆情监管、文化打造、文化引导等。

综合三大板块的功能模块，在应用层抽离出通用化的功能应用，分为信息服务、业务管理、"两山"市场、决策支持四大功能应用，每块功能应用又可分出相应的功能点，构成"两山"转化平台的整体业务应用。

以数字产业为增长点，在水利、水务建设中落位"新基建"。通过数字河川的建设，形成智慧化河川管理平台，实现数字化、智慧化的监管、建设、运维"绿水青山"，为政府管理提供信息和技术支撑。对河流形态、水文、生态等信息形成完整映射，建立起三维河川生态系统空间模型和河流时空信息的有机综合体，包含河道管理系统、防洪调度系统、配水管理系统、生态环境监控系统、生产运维系统、智慧导览 6 大系统，并对接省河湖统一管理平台，绘制"河湖一张图",为"多规合一"空间规划体系提供技术支持。

利用互联网和数字经济技术,接入 RIM 平台,将生态资产及生态产品和服务的相关信息从物理空间映射到网络空间,培育"两山"转化(生态经济)的数字平台。利用该平台,打破信息壁垒,让更多人了解并参与到生态产品与服务价值转化当中,加速"两山"转换。结合科学研究、政策管理、市场引导,促成多方参与,形成生态文明建设合力。

第五节　生态产品价值实现国内外经验与启示

一、充分依托生态资源实现生态产业化

生态资源,作为经济发展的重要基础之一,像其他资源一样不可或缺。充分依托优势生态资源,将其转化为经济发展的动力,是国内外实现生态产品价值的重要途径。

瑞士山地占国土面积的 90% 以上,曾经在传统意义上被视为资源匮乏的国家,然而通过大力发展生态经济,将以往制约经济发展的山地转变为带动经济腾飞的资源,探索出了一条山地生态与乡村旅游可持续发展之路。瑞士重视将本土文化、历史遗迹和自然景观有机结合,形成特色旅游和文化品牌,吸引不同文化层次的游客,使旅游业增长迅猛,旅游业收入占 GDP 的比重高达 62%,曾经一度超过钟表业和银行业,瑞士也因此成为世界上环境质量最好、幸福感最强的国家之一。瑞士同时通过充分利用丰富的水资源开发水电,在推行"绿色水电"认证制度时,将处理河流生态和水电生产关系作为起点,让整个国家成为欧洲电网调峰的"蓄电池",水电比重高达 90%,被誉为"水电王国"。

瑞典依托森林资源,按照《森林法》总纲和森林经理计划,保证每年的采伐量低于生长量,而且采伐后还必须及时进行更新,这样就能保证森林得到永续生产。于是,其成为欧洲最大的木材生产基地之一,是世界上主要的木浆、纸张和锯材出口国,产值甚至占全国工业总产值的 25%。

中国贵州省充分发挥气候凉爽和环境质量优良的优势,成为备受瞩目的

"大数据"中心之一。2018年,贵州省旅游业增加值占GDP比重已经升至11%。而且连续8年GDP增速全国排名前三位,在旅游和数据方面都表现出了强劲的发展态势。

二、找准自身特点定位促进产业生态化

除了依靠生态资源优势发展生态经济,发挥人类的主观能动性,根据自身特点因地制宜地发展特色优势绿色产业,也是国内外生态产品价值实现的关键。例如,瑞士充分依托生态资源,发展经济和旅游业,其旅游业收入占国内生产总值的6%左右。同时,根据其产业优势,在充分保护生态环境的前提下,还发展了机械金属、医药化工和钟表制造等高技术含量、高附加值和品牌效应明显的特色产业,其中三类特色产业分别占GDP的10%、4%和3%左右。

养猪一般认为会带来环境污染问题。丹麦是世界上最大的猪肉出口国之一,其人口不超过600万人,但其环境却没有受养猪影响。这一成就得益于其生态化养殖模式,从饲料喂食,到粪便和废物处理,再到资源回收,综合解决了养猪带来的环境问题,成了全球公认的养猪业标杆。

与此同时,瑞典除了依靠森林工业外,实施了新技术、新工艺、新方法来改造提升其传统产业,推动新兴主导产业的发展。这些主导产业包括信息通信、生命科学、清洁能源和汽车工业等。

综上所述,生态产品价值实现不仅需要发挥各地方的生态资源优势,还需要充分发挥人的主观能动性,依据自身特点因地制宜发展绿色特色经济,并在保护生态环境的基础上促进经济发展,同时经济的增长也能反过来促进旅游等生态产业发展。

三、建立政府主导下的市场化公共性生态产品补偿机制

公共性生态产品是关乎民生福祉的广泛受益资源,建立以政府为主导的生态补偿机制是国际上实现公共性生态产品价值的重要方式。国内外已经开展了大量形式多样、机制灵活的生态补偿实践。国际上,普遍的做法是通过收取绿色税或生态税等多种途径来拓展生态补偿的资金来源。此外,建立

专门负责生态补偿的机构和专项基金,采用政府财政转移支付或市场机制来进行生态补偿。

哥斯达黎加作为生态补偿的成功典范,成功建立起生态补偿的市场机制,成立了专门负责生态补偿的机构国家森林基金。该机构通过国家投入资金、与私营企业签订协议、项目和市场工具等多渠道筹集资金,实现了生态服务许可证方式购买水源涵养、生态固碳、生物多样性、生态旅游等生态产品。这样一来,其全民生态保护与建设的积极性得到了充分调动,使哥斯达黎加的森林覆盖率从1986年的21%增加到2012年的52%。而政府购买生态产品的市场化补偿模式,成功地推动了农民的脱贫和资源再分配。

总之,建立以政府为主导的生态补偿机制,是促进生态保护和经济可持续发展的重要途径。在这方面,哥斯达黎加的生态补偿市场机制可以成为其他国家的有益借鉴。

四、以国土优化带动土地溢价实现生态产品价值

对于经营性或公共性的生态产品,要实现其价值的增值并通过交易来进行价值的实现,需要找到一种适当的载体。

福建省漳州市以"生态+"理念为指导,提出实现"田园都市、生态之城"的目标。该市通过改善人居生态环境,带动周边土地价格上涨,从而以土地为载体实现了生态产品的价值,提高了政府公共服务能力,解决了生态产品难以直接交易的难题。

漳州市并没有因城市化而缩小绿地面积,而是创新生态建设方式,科学规划,制定城乡规划和土地保护规划等,将中心城区的五个片区共约353 km^{2}的用地范围列入非常关键的生态空间保护范围。利用城区的自然基础,从可利用资源出发,改造整治滞洪区、空置地块等资源,规划建设"五湖四海"。该项目需要大量资金投入,漳州市政府打破常规,探索有效的土地供应解决方案,通过只征不转、只租不征等方式来解决土地供应问题。同时,政府注重引导社会投资资金,集成项目以筹措资金,凝聚社会共识,在政府和社会共同推动下,建立了合作共建机制。因此,他们着力在城区开展基础设施建设和环境综合整治工作,将原有荒废的生态资源和臭水沟,打造成美丽的"五湖四海"公园。与此同时,投资企业在周边地区的房产开发,获取了高于其他

地区的利润。

综上所述,漳州市通过土地溢价实现生态产品价值,在省财政投资的基础上为市民提供了生态环境良好的花园之城,同时也让投资企业获得了收益。此方法为政府节约财政投资,促进改造、绿化城市以及保护自然资源等面向可持续发展的举措提供了显著的范例。

五、建立健全生态资本市场,实现良性循环

为了保护关键生态系统类型的结构和功能,需要采取生态保护红线等措施,并结合"资源利用上线"、"环境质量底线"以及"环境准入清单"的建设,实现关键生态过程的保护。为此,我们可以强化红线管控,制定最严格的农药化肥区域准入标准,制定涵盖"一二三产"的准入负面清单,编制自然资源资产负债表,出台领导干部生态环境损害责任追究实施细则,全面开展领导干部自然资源资产责任审计工作。例如,丽水市95.8%的区域列为限制工业进入的生态保护区,其中生态红线区占比达31.9%。我们还制定了涵盖"一二三产"的产业准入负面清单,推进"腾笼换鸟",编制绿色发展指标体系,建立领导干部生态环境损害责任追究实施细则,全面开展乡镇(街道)主要领导干部自然资源资产责任审计试点。

在科学的生态资产核算和生态资产管理建设的基础上,我们还要推动市场化、多元化生态补偿实践,以生态系统服务评估为基础进行生态补偿。例如,完善县(市、区)瓯江流域上下游横向生态保护补偿协议,建立了"一江清水送下游"的长效机制。我们还建立并完善数字档案——"林权IC卡",推进林地"四权分离",盘活森林资源,积极发展相应的生态资本信贷;推进"河权到户"改革,将河道的管理权和经营权分段或分区域承包给农户,河道日常保洁与管理工作责任落实给承包者,承包者通过鱼类观光、渔家乐等实现溢价收益,实现"死水变活水""活水变活钱",最终实现农民"富起来"。

第四章
EOD 政策与投融资模式

EOD 模式的理念来源于实践,并在实践中不断完善和创新发展。生态引领城市可持续发展是基于城市客观发展规律而提出的理论,"尊重自然、顺应自然、与自然和谐发展"是城市实现可持续发展的重要基础;同时,发展的过程是动态变化的,基于动态要素的系统方法也是动态发展的,EOD 模式也将在动态变化中不断丰富和更新。

在 EOD 模式实践的过程中,要坚持生态引领的核心理念,同时结合生态建设、产业发展、创新开发和综合运营等方面的具体情况,因地制宜地实施,将生态与产业、生态与城市开发、生态与综合运营有机耦合,形成有生命力的、有成效的、可持续的具体操作模式。将 EOD 模式应用在实务项目中时,应基于其核心理念,根据具体项目的个性特征编制项目实施方案及运作模式。在投融资方面,结合相关法律政策,以创新型市场化投融资改革为总体原则和核心方向,以资源增值和产业运营的收益作为投资回报保障,充分体现政府的服务性质和社会资本的综合运营能力,实现政府和社会资本利益的有机统一。

EOD 模式的核心是以产业经营收入反哺生态环保的投入,并充分结合可利用的各种资金支持,最大限度达到项目投入(生态和产业)与收益(产业)的自平衡。

第一节　EOD 相关政策解读

一、EOD 模式的政策背景

近年来，国家各部委尤其是生态环境部密集出台了一系列 EOD 相关文件（详见附件1）：

1. 2018年8月，生态环境部下发《关于生态环境领域进一步深化"放管服"改革，推动经济高质量发展的指导意见》，首次提到 EOD 模式，并要求坚持改革引领和问题导向，强化生态环境政策措施对促进产业升级、优化营商环境的正向拉动作用，并提出了具体措施；

2. 2019年1月，生态环境部和全国工商联联合印发《关于支持服务民营企业绿色发展的意见》，在顶层政策方面提出 EOD 模式与工业园区及城镇环境治理结合；

3. 2020年9月，国家发展改革委、科技部、工业和信息化部、财政部四部门联合印发了《关于扩大战略性新兴产业投资 培育壮大新增长点增长极的指导意见》，国家发展改革委、财政部首次提出 EOD 模式，并将 EOD 作为环境治理的创新模式鼓励各方探索实施，体现出对 EOD 理念的认可；

4. 2020年9月和2021年10月，生态环境部、国家发展改革委、国家开发银行等三部门分别发布《关于推荐生态环境导向的开发模式试点项目的通知》和《关于推荐第二批生态环境导向的开发模式试点项目的通知》，向各地征集 EOD 模式备选项目，体现出对项目落地的关注和支持；

5. 2021年2月，国务院发布《关于加快建立健全绿色低碳循环发展经济体系的指导意见》，提出加快"生态产业化和产业生态化，坚持市场导向"，在绿色发展中充分发挥市场的导向作用和各类市场交易机制作用，从而在国家最高层级背书，进一步巩固和加强了 EOD 模式的行业地位；

6. 2021年4月，生态环境部、国家发展改革委、国家开发银行三部门发布《关于同意开展生态环境导向的开发（EOD）模式试点的通知》，批准落实了

EOD 模式的具体试点项目,从而与"2018 年指导意见""2020 年试点通知"形成闭环,标志着我国 EOD 模式正式进入实施阶段;

7. 2021 年 11 月,国务院办公厅发布《关于鼓励和支持社会资本参与生态保护修复的意见》,明确社会资本通过自主投资、与政府合作、公益参与等模式参与生态保护修复,并明晰了参与程序,鼓励社会资本重点参与五大生态系统保护修复,探索发展生态产业;

8. 2021 年 10 月,财政部发布《重点生态保护修复治理资金管理办法》,规定用于山水林田湖草沙冰一体化保护和修复工程的奖补资金采取项目法分配,工程总投资 10 亿~20 亿项目奖补 5 亿元;20 亿~50 亿项目奖补 10 亿元;50 亿以上项目奖补 20 亿元。用于历史遗留废弃工矿土地整治的奖补资金采取项目法(5 亿以上奖补 3 亿)或因素法分配。

9. 2022 年 3 月,生态环境部制定并发布《生态环保金融支持项目储备库入库指南(试行)》,对适宜金融支持的重大环保项目进行了统筹谋划,并对建立生态环保金融支持项目储备库相关事宜制定了指导性方针和规定,意味着我国以 EOD 为代表的生态环保项目管理的发展趋势从试点申报演进为常态化项目库管理。

10. 2022 年 5 月,中办和国办联合发布《关于推进以县城为重要载体的城镇化建设的意见》,提出有序发展重点生态功能区县城。

二、项目运作层面政策要求

(一)《国务院办公厅关于鼓励和支持社会资本参与生态保护修复的意见》(国办发〔2021〕40 号)

(1) 基本方式和思路:通过"生态保护修复+产业导入"方式,依法依规取得一定份额的自然资源资产使用权,从事相关产业开发;完成生态修复的社会主体,可以优先在完成修复的建设用地规模内获得自然资源开发权益,并从相关产权关联权益中获得合理回报。

(2) 社会资本参与方式和程序:鼓励和支持社会资本参与生态保护修复项目设计、投资、修复、管护等全过程,并通过自主投资、与政府合作、公益参与等模式参与生态保护修复;政府将生态保护修复方案、相应的自然资源资产配置方案、各类转让指标以及支持政策等一并公开,通过竞争方式确定生态保护修复主体暨自然资源资产使用权人,并签订生态保护修复协议和土地出让合同等自然资源资产配置协议。

(3) 规划管控:明确社会资本可参与生态保护修复方案编制,在符合法律法规政策和规划约束条件的前提下,合理安排生态保护修复区域内各类空间用地的规模、结构、布局和时序;将生态保护修复及后续产业发展的空间需求纳入国土空间规划,允许碎片化零散耕地、园地、林地及其他农用地通过空间置换和优化布局进行整合,为保护修复区域内的用地布局优化提供了依据。

(4) 土地使用:对社会资本投入并完成修复拟用于经营性建设的国有建设用地,在同等条件下,该生态保护修复主体在公开竞争中具有优先权;涉及海域使用权的,可以依法依规比照上述政策办理;修复后的集体建设用地,符合规划的,可根据国家统一部署稳妥有序推进农村集体经营性建设用地入市,生态保护修复主体可在同等条件下优先取得使用权。

(5) 权益激励:对集中连片开展生态修复达到一定规模和预期目标的生态保护修复主体,允许依法依规取得一定份额的自然资源资产使用权,从事旅游、康养、体育、设施农业等产业开发,从而通过产业开发收益弥补生态保护投入;资源利用方面,明确方案依据及其工程设计,对于施工中产生的剩余土石料、淤泥淤沙等资源,可以进行综合利用,纳入成本管理或者通过政府组织交易获得回报。

(6) 财税金融支持:享受同类财税优惠政策;在不新增地方政府隐性债务的前提下,支持金融机构参与生态保护修复项目,拓宽投融资渠道,优化信贷评审方式,积极开发适合的金融产品,按市场化原则为项目提供中长期资金支持;推动绿色基金、绿色债券、绿色信贷、绿色保险等加大对生态保护修复的投资力度。

(二)《关于印发〈重点生态保护修复治理资金管理办法〉的通知》(财资环〔2021〕100号)

(1) 治理资金采取项目法和因素法相结合的方式分配。用于山水林田湖草沙冰一体化保护和修复工程的奖补资金采取项目法分配,工程总投资10亿~20亿元的项目奖补5亿元;工程总投资20亿~50亿元的项目奖补10亿元;工程总投资50亿元以上的项目奖补20亿元。用于历史遗留废弃工矿土地整治的奖补资金采取项目法或因素法分配。采取项目法分配的,工程总投资 5 亿元以上的项目奖补 3 亿元。

(2) 治理资金支持范围主要包括以下方面。

① 开展山水林田湖草沙冰一体化保护和修复工程,着眼于国家重点生态功能区、国家重大战略重点支撑区、生态问题突出区,坚持保护优先、自然恢复为主,对生态安全具有重要保障作用、生态受益范围较广的重点生态地区进行系统性、整体性修复,完善生态安全屏障体系,整体提升生态系统质量和稳定性。

② 开展历史遗留废弃工矿土地整治。对生态安全具有重要保障作用、生态受益范围较广的重点生态地区开展历史遗留和责任人灭失的废弃工业土地和矿山废弃地整治,实施区域性土地整治示范,盘活存量建设用地,提升土地节约集约利用水平,修复人居环境。

③ 治理资金应优先用于解决生态系统突出问题,不得用于以下方面支出:不符合自然保护地、生态保护红线、耕地保护红线等国家管控要求的项目;有明确修复责任主体的项目;已有中央财政资金支持的项目;公园、广场、雕塑等旅游设施与"盆景"工程等景观工程建设。

不再符合法律、行政法规等有关规定,政策到期或调整,相关目标已经实现或实施成效差、绩效低下的支持事项,应当及时退出。

三、EOD 试点项目申报要求

(一) 根据《关于推荐生态环境导向的开发模式试点项目的通知》(环办科财函〔2020〕489 号),申报 EOD 试点项目需同时符合以下条件。

(1) 申报和实施主体为政府或园区管委会。为推进开展试点工作,成立政府或园区管委会主要负责人为组长、相关部门负责人为成员的领导小组,建立协同推进机制。

(2) 申报试点必须具有可依托的试点项目。试点项目应以绿色化、系统性的发展思路,根据生态环境治理需求、区域产业培育重点、城乡可持续发展需要等,统筹确定。子项目间相互关联、有效融合。依托项目均须完成项目可研批复,采用政府和社会资本合作(PPP)模式的项目需纳入国家发展改革委或财政部 PPP 项目库。依托项目已完工的,侧重于 EOD 模式的经验总结。

（3）生态环境治理与关联产业一体化实施。公益性较强、收益性差的生态环境治理项目与收益较好的关联产业一体化实施,肥瘦搭配组合开发,实现关联产业收益补贴生态环境治理投入,创新生态环境治理投融资渠道。

（4）试点工作需注重建立推进长效机制、试点项目的长周期运营维护等,确保生态环境治理效果和产业持续发展。

(二) 根据《关于推荐第二批生态环境导向的开发模式试点项目的通知》(环办科财函〔2021〕468 号),试点项目需同时符合以下条件。

（1）试点申报主体和实施主体为市级及以下人民政府或园区管委会,鼓励政府或园区管委会与试点依托项目承担单位联合申报与实施。

（2）生态环境治理与关联产业一体化实施,依托项目承担单位仅为一个市场主体。

（3）强化公益性较强、收益性差的生态环境治理项目与收益较好的关联产业一体化实施,以系统解决区域突出生态保护修复和环境治理问题为基础,试点依托项目之间相互关联、有效融合,项目边界清晰,且须在项目层面实现关联产业收益补贴生态环境治理投入。

（4）依托项目均须完成项目可研批复或备案等立项工作,并提交立项证明材料。采用政府和社会资本合作(PPP)模式的项目需纳入财政部或国家发展改革委 PPP 项目库。依托项目已完工的,侧重于 EOD 模式的经验总结。

（5）试点内容与项目实施合法合规,符合招投标、投融资、土地利用等现有政策要求,不增加地方政府隐性债务。

(三) 根据《生态环保金融支持项目储备库入库指南(试行)》,入库项目的申报条件进一步明确和量化如下(适用领域和内容详见附件 3)。

（1）入库项目申报主体应为已建立现代企业制度、经营状况和信用状况良好的市场化企业,或县级(含)以上政府及其有关部门等。

（2）项目融资主体应为市场化企业,且其环保信用评价不是最低等级。

（3）治理责任主体为企业的生态环境治理项目,单个项目融资需求原则上应超过 5 000 万元;其他项目单个项目融资需求原则上应超过 1 亿元。

（4）应明确项目实施模式。PPP 项目需满足国家有关管理要求,应适时纳入财政部、国家发展改革委PPP项目库。鼓励推广生态环境整体解决方案、托管服务和第三方治理。EOD项目要参考《关于推荐第二批生态环境导向的开发模式试点项目的通知》(环办科财函〔2021〕468号)基本要求,确保生态环境治理与产业开发项目有效融合、收益反哺、一体化实施。

为稳步开展生态环境治理模式创新,规范有序推进EOD模式探索,EOD项目还需满足以下条件。

(1) 地市级及以上政府作为申报主体和实施主体的EOD项目,原则上投资总额不高于50亿元;区县级政府作为申报和实施主体的项目,原则上投资总额不高于30亿元。

(2) 项目边界清晰,生态环境治理与产业开发之间密切关联、充分融合,避免无关项目捆绑,组合实施的单体子项目数量不超过5个。

(3) 除规范的PPP项目外,不涉及运营期间政府付费,不以土地出让收益、税收、预期新增财政收入等返还补助作为项目收益。加强重大项目谋划,优化项目建设内容,力争在不依靠政府投入的情况下实现项目整体收益与成本平衡。

(4) EOD项目中生态环境治理内容需符合入库范围要求,且要有明确的生态环境改善目标。产业开发要符合国家和地方产业政策、空间管控等各项要求,项目实施中严格落实招投标、政府采购、投融资、土地、资源开发、政府债务风险管控、资产处置等各项法规政策要求,依法依规推进项目规范实施,不以任何形式增加地方政府隐性债务。

(5) 各省(自治区、直辖市)每年入库EOD项目原则上不超过5个。

由此可以看出,第一批EOD试点项目申报条件相对基础性和原则性突出,第二批申报条件则在此基础上更加具体化和明确化。

2022年,在两批试点项目申报的基础上,随着我国生态环保相关项目管理进入常态化的项目库管理阶段,项目入库将成为一种与项目获取金融支持紧密关联的全生命周期管理模式,而EOD项目入库条件也面临着更为严格和规范管理的市场准入态势,这对于各类社会资本开发和承接EOD项目提出了更高的要求和挑战,且对于不同类型的社会资本亦具有"优胜劣汰"的双刃剑效应。

(四) 申报路径

一方面，据不完全统计，目前山东、安徽、江苏、湖南、福建等省份都出台了 EOD 相关政策，部分省还建立了地方项目库，在某种程度上突破了国家级储备库对 EOD 项目申报时间和数量的限制，提高了项目入库的可能性；另一方面，两者在入库流程方面存在一定差异：根据《关于印发〈生态环保金融支持项目储备库入库指南（试行）〉的通知》（环办科财〔2022〕6 号）要求，EOD 项目入选国家项目储备库还需通过国家审核，包括形式校核、专家指导、现场调查三个环节，并按照特定标准进行项目遴选；EOD 项目入选省级项目储备库的流程则在国家项目储备库入选流程框架下，对具体措施进一步细化，使得各项措施更具实操性。申报流程具体如下。

1. 前期策划阶段

此阶段的主要工作成果包括：

（1）可行性研究报告（打包实施项目、子项目数量不得超过 5 个）；

（2）EOD 实施方案（含资金平衡方案）。

此外，为保障 EOD 项目后续融资成功落地，建议在此阶段积极与国开行等政策性银行开展前期对接，沟通投融资条件等工作。

申报领域确认

包括生态环境治理和资源产业开发子项，其中生态环境治理子项包括水生态环境保护、大气污染防治等7类；资源产业开发子项包括生态农业、生态旅游等11类。

申报主体确认

EOD 项目申报主体为县级（含）以上、市级及以下人民政府或园区管委会，鼓励政府或园区管委会与项目承担单位联合申报。

申报金额确认

地市级及以上政府作为申报主体和实施主体的 EOD 项目，原则上投资总额不高于50亿元；区县级政府作为申报和实施主体的项目，原则上投资总额不高于30亿元。

编制申报方案

EOD 项目实施方案重点论述项目实施目标、建设内容与产业关联性、实施期限和进度计划、资金筹措方式及预期收益分析、项目资金平衡方案等内容。

图 4.1-1　省级 EOD 项目储备库前期策划阶段申报流程

2. 项目申报阶段

本阶段主要是实施申报阶段流程,除做好各类批复及出具承诺函,还应积极对接上级政府及行业主管部门。

> **项目申报**
> 项目申报单位组织编制EOD实施方案、提交项目立项证明材料,并填报项目基本信息表。

> **地方审核**
> 根据属地管理原则,各设区市生态环境局对辖区内项目申报材料进行审核把关,并赴项目申报所在地进行现场核查。

> **省级审查**
> 省生态环境厅牵头,联合相关单位对申报项目组织开展形式审查及专家评审。

图 4.1-2　省级 EOD 项目储备库申报阶段流程

其中申报过程中的重要文件包括:

(1)建设程序相关文件,包括项目工程可行性研究报告及批复、规划选址意见书及用地预审等;

(2)特定申报材料,包括 EOD 实施方案(含资金平衡方案)、EOD 实施承诺函;

(3)其他,包括在线填报项目基本信息表。

四、EOD 模式发展路径和趋势

(一)发展路径

随着我国经济发展和转型升级进入新常态,经济发展与环境污染之间的矛盾日益凸显,十八大以来,我国生态文明的重要性被提到了前所未有的高度,而环境治理和相关项目建设的巨大资金需求又受限于传统政府投资模式的资金压力。以 2015 年国务院出台两个重磅文件——《关于加快推进生态文明建设的意见》《生态文明体制改革总体方案》为标志,加之 2018 年以来一系列配套制度,我国基本形成了一套完整的生态文明制度建设体系。

在宏观城市治理层面提升城市应急管理能力和补齐城市治理短板的基础上,EOD模式的具体实现路径基本分为三步。

(1) 重构生态网络:通过环境治理、生态系统修复、生态网络构建,为城市发展创造良好的生态基底,带动土地升值;

(2) 整体提升城市环境:通过完善公共设施、城市布局优化、特色塑造等提升城市整体环境质量,为后续产业运营提供优质条件;

(3) 产业导入及人才引进:通过人口流入及产业发展激活区域经济,从而增加居民收入、企业利润和政府税收,最终实现自我强化的正反馈回报机制。

其对应的收益来源主要有如下两部分。

(1) 土地溢价及土地出让收入。目前阶段,通过环境改善实现土地增值,再分享土地一级出让收益或者关联经营性资源开发来实现资金需求平衡可以说是当前EOD模式的核心,也是最直接快速的收益模式,但这可能将EOD项目做成生态环境治理与商业开发的组合,没能将生态导向纳入项目前期规划、建设、运营、产业导入的全盘考虑,且土地溢价及土地出让收入直接作为项目收入缺乏明确政策支持,因此其可持续发展的能力具有较大的不确定性。

(2) 产业反哺分成收益。就目前来看,实现生态与产业有效融合的项目较少,这主要是由于产业培育周期较长,不确定性较大,且项目参与主体多,生态价值难以定量测算,主体之间难以确定收益类型划分,对参与主体的实力要求高,这方面还有待进一步探索。

(二) 发展趋势

(1) 收益与融资改善,环保+或重定义行业市场空间

EOD模式一方面通过土地增值收益和产业反哺分成,极大程度保障了项目的收益性;另一方面,EOD模式有利于银行做有限追索的项目融资(即当环保治理项目无法偿还贷款时,金融机构还可就债权向其中的经营性项目现金流、因环境提升所带来的土地增值或产业增值部分进行追索),从而为环保项目提供了较好的融资担保,进一步保障了环保项目的资金来源。这就意味着,一方面通过资本运作解决环保短板问题以实现区域环境的改善,将成为一种趋势,进而重新定义环保市场的空间;另一方面,通过互联网与传统产业联合,以优化生产要素、更新业务体系、重构商业模式等途径完成经济转型和升级,EOD模式也将助推环保+产业的大力发展。

目前从国家到地方已经出台相关政策在为此铺路。

（2）按效付费，驱逐劣币，引领商业模式变革

长期以来，我国环保产业长期重建设轻运营维护，导致一些工程不能持续发挥作用，甚至"晒太阳"。尽管在 2004 年原建设部出台《市政公用事业特许经营管理办法》后产业进入了运营管理一体化时代，至 2014 年 PPP 模式的推广发展，我国环保行业正式开启了按效付费时代，但由于在项目设计、采购、施工等环节仍未体现按效付费理念，轻运营现象仍然较明显，从而导致执行效果差强人意。

由于 EOD 模式成功运行的前提是环境质量的真正改善，并长期维持，因此该模式对环境治理效果要求很高，尤其是要想享受产业及人口导入带来的收益，EOD 项目将真正实现从"污染者付费"模式转向"污染者付费＋受益者付费"的按效付费模式，从而倒逼环保产业变革，驱逐劣币。

第二节　EOD 项目运作模式

一、ABO＋股权合作

（一）基本概述

在我国基础设施投融资改革的实践经验中，一直存在部分地方政府实施机构将本地项目的投资、建设和运营权直接授权给地方国有企业的实务案例。其选择直接授权方式是基于当地存在兼具投融资实力和专业管理实力、且对本地相关行业建设运营和政府监管具有先天性基础优势的地方国有企业，甚至基于培育地方优质国有企业上市融资的战略发展目标，地方政府希望通过合同化的监管方式实现政企分开，充分利用地方国企的资金实力和专业管理实力，降低政府在基础设施建设方面的资金压力，提升行业监管的专业性和规范性，从而促进地方国有企业和市政公用领域的长期可持续发展。

因此，通过"直接授权（ABO）"模式，县级以上地方政府授权本地国有企业作为项目业主；在此基础上，该被授权的国有企业亦可通过市场化方式引

入股权合作方合资组建 SPV 项目公司,通过签订 EOD 模式框架下的项目合同,由 SPV 项目公司负责项目的投融资、建设和运营维护相关权利和义务,并进行绩效考核及按约定给予财政资金支持或者经营性资源补偿,合作期满项目公司负责将项目设施移交给政府方。

(二) 重难点分析

如前所述,作为项目公司承接 EOD 模式项目授权程序上的一种特殊形式,对于该模式中存在的 ABO、EPC 等相关议题,需要指出的问题如下。

(1) 2021 年 6 月,市场监管总局、国家发展改革委、财政部、商务部、司法部五部门印发《公平竞争审查制度实施细则》(国市监反垄规〔2021〕2 号,以下简称"《实施细则》"),《实施细则》在市场准入和退出方面提出,未经公平竞争不得授予经营者特许经营权,该标准适用范围包括但不限于:在一般竞争性领域实施特许经营或者以特许经营为名增设行政许可;未明确特许经营权期限或者未经法定程序延长特许经营权期限;未依法采取招标、竞争性谈判等竞争方式,直接将特许经营权授予特定经营者;设置歧视性条件,使经营者无法公平参与特许经营权竞争等。

(2) 2021 年 8 月,《财政部对十三届全国人大四次会议第 9528 号建议的答复》(财金函〔2021〕40 号)中提到:由于 PPP 监管趋严等原因,部分地方开始采用"授权-建设-运营"(ABO)、"融资+工程总承包"(F+EPC)等尚无制度规范的模式实施项目,存在一定地方政府隐性债务风险隐患。

综上所述,对于 EOD 项目的"授权-建设-运营"(ABO)模式,后续在具体项目实操过程中尚需在项目相关模式的内涵外延、职责分工、程序衔接、各种相关模式的边界等问题进一步明确后,结合相关法律政策要求,对直接授权的情形、合法合规的运作方案及其补偿机制予以相应调整和完善。

二、"投资+EPC+资源平衡"模式

(一) 基本概述

在 ABO+股权合作模式的基础上,"投资+EPC+资源平衡"模式本着"整体授权、统筹规划、滚动开发、封闭运作、自求平衡"的原则,统筹利用土地

一、二级开发和经营性资产及产业运营收益,实现项目整体及动态的资金平衡。项目按企业投资项目立项,走核准/备案程序。

"投资"是指社会投资人作为项目投资人的职责,即由政府授权本地相关国有企业为项目实施主体,通过合法合规方式选择社会投资人共同组建项目公司(SPV公司),并由地方国企与项目公司签订项目投资合作协议,负责项目规划、勘察设计、土地整理、基础设施和公共服务设施投资建设、经营性资源开发(如有)、产业发展(如有)和运营管理等工作。

"EPC"是指社会资本作为项目的工程总承包方的职责,一些项目中不以EPC形式出现,而是分拆设计和施工职责(但原理一致,不再赘述)。工程建设内容涵盖项目范围内的征拆安置(实物安置部分)、生态修复和提升、产业配套设施建设等。社会资本方的工程总承包身份,在地方国企通过公开招标方式选择社会投资人时一并招标,并在项目公司成立后与项目公司签订总承包合同。

"资源平衡"是指利用土地和其他商业资源的综合开发收益,平衡经营性较差的基建环保项目。即整合项目范围内的基建环保项目以及土地等经营性资源作为一个综合性的项目包,通过整体实施项目包内的全部开发内容,获得土地等经营性资源的收益,动态平衡基建项目的投资和收益。采用土地一级开发或者一二级开发联动的"资源平衡"模式,可以在完成基建环保项目投资的同时实现区域土地熟化、地价和物业价值提升和产业导入等综合开发目标,最终带动区域整体价值的提升和可持续发展。

以上三项组合可以打通并连接"基建逻辑"(环保基础设施投资的正外部性)、"地产逻辑"(土地一二级开发实现中短期收益)和"产业逻辑"(产业发展带来中长期收益),是从城市经营者的视角审视基础设施建设与土地/物业开发、产业发展的互利共生关系,以期实现价值捕获、价值挖掘、价值创造和价值落地。

该模式以"整体授权、统筹规划、滚动开发、封闭运作、自求平衡"原则运作,采用土地一级开发平衡方式(EOD合并出让和托底摘地除外),交易结构如下。

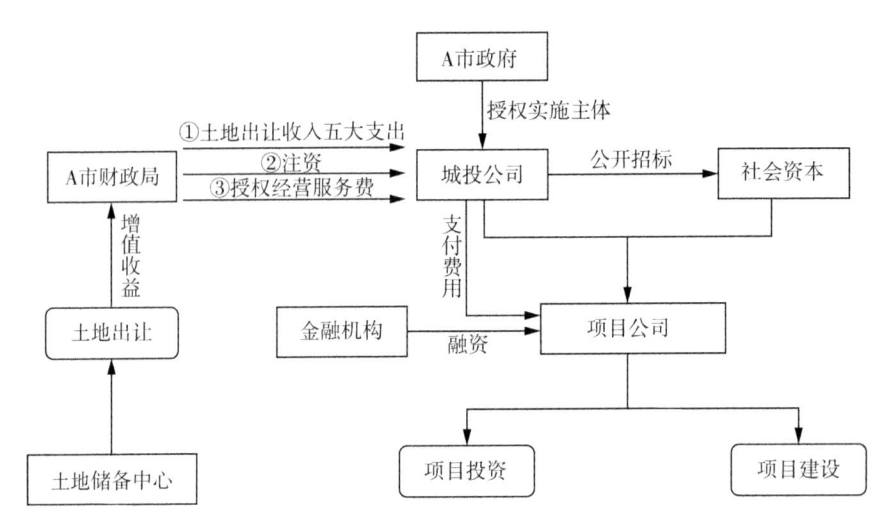

图 4.2-1 "投资＋EPC＋资源平衡"模式交易结构图

(二) 重难点分析

1. 土地一级开发问题

(1) 城投公司仍可为承接主体

一方面,根据《关于规范土地储备和资金管理等相关问题的通知》(财综〔2016〕4号)"土地储备工作只能由纳入名录管理的土地储备机构承担,各类城投公司等其他机构一律不得再从事新增土地储备工作",城投公司不能再以项目主体身份从事新增土地储备工作,片区土地报批、耕地指标购买、征地拆迁以及为完成上述工作而引发的资金筹集、资金支付等工作缺乏政策支持。

另一方面,《关于规范土地储备和资金管理等相关问题的通知》同时又为城投公司作为土地储备工作的承接主体提供支持,"地方国土资源主管部门应当积极探索政府购买土地征收、收购、收回涉及的拆迁安置补偿服务。土地储备机构应当积极探索通过政府采购实施储备土地的前期开发……"

综上,城投公司仍可以承接主体身份从事土地储备工作。土地储备工作中土地征收、收购、收回涉及的拆迁安置补偿服务仍可采用政府购买服务模式,由土地储备机构与城投公司签订合同,并按合同约定数额(不得与土地使用权出让收入挂钩)获取报酬。

(2) 土地储备资金来源渠道

根据《土地储备管理办法》(国土资规〔2017〕17号)规定:"土地储备资金通过政府预算安排,实行专款专用",以及《土地储备资金财务管理办法》(财综〔2018〕8号)规定:"土地储备资金来源于下列渠道:(一)财政部门从已供应储备土地产生的土地出让收入中安排给土地储备机构的征地和拆迁补偿费用、土地开发费用等储备土地过程中发生的相关费用;(二)财政部门从国有土地收益基金中安排用于土地储备的资金;(三)发行地方政府债券筹集的土地储备资金;(四)经财政部门批准可用于土地储备的其他财政资金",土储资金来源主要为财政资金和地方政府债券筹集资金。

(3) 土地储备资金使用范围

《土地储备资金财务管理办法》对土地储备资金使用范围进行了界定,具体包括:(一)征收、收购、优先购买或收回土地需要支付的土地价款或征地和拆迁补偿费用;(二)征收、收购、优先购买或收回土地后进行必要的前期土地开发费用。储备土地的前期开发,仅限于与储备宗地相关的道路、供水、供电、供气、排水、通讯、照明、绿化、土地平整等基础设施建设支出。土地储备资金可用于与储备宗地相关的基础设施建设。

针对不在宗地范围内的基础设施配套项目建设,则需要参照《国有土地使用权出让收支管理办法》(财综〔2006〕68号)中对土地出让收入使用范围的规定,即通过城市建设支出科目将土地使用权出让收入用于不在宗地范围内的基础设施配套项目建设。

(4) 土地储备及出让的实操路径

核心宗旨原则:建议由政府方负责土地征拆工作,项目公司负责提供征拆资金和完成土地整理工作,土地征拆和整理成本计入项目总投资。土地储备中土地征收、收购、收回涉及的拆迁安置补偿服务由市政府整体授权,作为EOD项目的投资建设内容。

地方政策倾斜:为保障土地出让收益的可预期性,通常建议项目政府方组织相关职能部门研究制定相关土地控制文件明确项目合作范围内土地资源的控制用途,并进一步明确相关土地储备及出让的具体计划安排。在此基础上,进一步明确在土地一级市场供应时为项目配套建立土地出让指标倾斜机制,优先保障该项目的平衡。

2. 两标合一问题

关于两标合一，从PPP/特许经营的角度，可按《中华人民共和国招标投标法实施条例》第九条"可以不进行招标"情形第（三）项："已通过招标方式选定的特许经营项目投资人依法能够自行建设、生产或者提供"处理。因此，PPP/特许经营项目的社会资本方作为该项目的"投资人"，又因其同时具备"通过招标方式选定的"，且"依法能够自行建设"两个必要条件，所以可以依法不再经过招标即成为该项目的施工承包方。在实践操作中需要说明的是，项目实施机构通过招标确定的是社会资本方作为该PPP项目的"投资人"身份，而其作为"施工承包方"的身份则是在其成为该项目的"投资人"之后依据法律相关规定而获得的。

从非PPP/特许经营方式中投资人与EPC合并招标的角度，项目结算发生在授权经营主体城投公司与项目公司之间，属于企业间的市场化业务结算行为，投资人与EPC合并招标并无政策明文支持，也无政策明文限制。因此建议在合并招标时，对投资人和EPC的权责事由分别阐述。在实操落地层面，投资人和EPC合并招标已在湖南、广东、浙江、安徽等地推行实施，通过政府采购甄选社会资本作为投资主体，与政府出资代表组建项目公司，项目公司作为项目实施载体负责项目综合开发的投资、融资，同时社会资本方作为设计施工总承包单位完成项目范围内的设计、建设内容。

3. 土地出让金回流路径问题

根据《国有土地使用权出让收支管理办法》（财综〔2006〕68号）、《中华人民共和国预算法》的规定，土地出让收入全部缴入地方国库，支出一律通过地方基金预算从土地出让收入中予以安排，实行彻底的"收支两条线"。相关地块的土地出让金如何合法合规地应用于项目之中是实施难点之一。

（1）专项资金池设立

专项资金一般指由财政安排的，为完成特定的工作目标和任务专门设立的资金，亦可理解为资金池，一般情况下其资金来源包括一般公共预算及基金预算，并遵循科学设立、专款专用、绩效优先、公开透明、跟踪监督原则。在基础设施领域，过去专项资金一般用于轨道交通，现今已扩展至片区开发、流域综合整治等领域。具体操作方式为地方政府出台政策文件，明确资金归集、拨付、用途、规模等方面的内容。

专项资金具有极为明显的优势，包括：①完美规避隐性债务，因为对特定事业的资金归集由来已久,目前基本不认为是隐性债务;②专项资金因为是通过发文的形式固化的,可以规避一些政府换届的影响;③专项资金虽然是针对某个领域,但一旦与项目打通,即可解决项目的资金来源问题。

(2) 财政部门预算支出

通过财政部门预算收支科目处理实现市政府对城投公司注资或支付授权经营服务费,城投公司在资金到位后按照协议约定以自有资金向项目公司结算投资成本及投资回报,通过项目合同关系的路径实现资金流转关系的切割。

①政府性基金预算支出

根据《国有土地使用权出让收支管理办法》(财综〔2006〕68 号),土地出让收入使用范围包括征地和拆迁补偿支出、土地开发支出、支农支出、城市建设支出以及其他支出。征拆费用及土地开发支出享受优先清偿,土地出让金要确保足额支付征地和拆迁补偿费、补助被征地农民社会保障支出、保持被征地农民原有生活水平补贴支出,切实保障被征地农民和被拆迁居民的合法利益。因此,EOD 项目的征拆等土地开发支出、支农支出及城市建设支出可以纳入政府性基金预算,由财政支付给项目的授权实施主体城投公司,用于该项目支出。

②调入一般公共预算后支出

根据《财政总预算会计制度》(财库〔2015〕192 号)第四十二条规定,4021 调入资金科目"核算政府财政为平衡某类预算收支、从其他类型预算资金及其他渠道调入的资金",并按照不同资金性质设置"一般公共预算调入资金"、"政府性基金预算调入资金"等明细科目。"从其他类型预算资金及其他渠道调入一般公共预算时,按照调入的资金金额,借记'调出资金-政府性基金预算调出资金'",贷记 4021 调入资金科目(一般公共预算调入资金)。

根据《国务院办公厅关于进一步做好盘活财政存量资金工作的通知》(国办发〔2014〕70 号),"各级政府性基金预算结转资金原则上按有关规定继续专款专用。结转资金规模较大的,应调入一般公共预算统筹使用。每一项政府性基金结转资金规模一般不超过该项基金当年收入的 30%。"

EOD 项目新增的土地出让金,可通过政府性基金预算年底余额结转(超过 30%的部分)或年初预算差额转出的方式,调入一般公共预算科目,再由市政府向城投公司增资以充实资本金,由城投公司统筹用于该项目的支出。

(3) 财政支付路径及科目

①土地出让金五大支出科目

根据财政部《国有土地使用权出让收支管理办法》(财综〔2006〕68号)的规定,土地出让收入使用范围包括征地和拆迁补偿支出、土地开发支出、支农支出、城市建设支出以及其他支出。因此,EOD项目中土地出让金可供使用的支出方向具体如下。

a. 征地和拆迁补偿支出:包括土地补偿费、安置补助费、地上附着物和青苗补偿费、拆迁补偿费,按照地方人民政府批准的征地补偿方案、拆迁补偿方案以及财政部门核定的预算执行。

b. 土地开发支出:包括道路、供水、供电、供气、排水、通信、照明、土地平整等基础设施建设支出,以及相关需要支付的银行贷款本息等支出,按照财政部门核定的预算安排。

c. 支农支出:包括保持被征地农民原有生活水平补贴支出、补助被征地农民社会保障支出、农业土地开发支出以及农村基础设施建设支出。

d. 城市建设支出:含完善国有土地使用功能的配套设施建设以及城市基础设施建设支出。具体包括:城市道路、桥涵、公共绿地、公共厕所、消防设施等基础设施建设支出。

e. 其他支出:包括土地出让业务费、缴纳新增建设用地有偿使用费、国有土地收益基金支出、城镇廉租住房保障支出以及支付破产或改制国有企业职工安置费用等。

②财政向城投公司注资

根据《关于国有资本加大对公益性行业投入的指导意见》(财建〔2017〕743号)第三条:"各地可根据发展实际,鼓励地方国有企业对城市管理基础设施等公益性行业加大投入",第四条:"按照预算管理、财政事权和支出责任划分等有限规定,中央财政与地方财政通过安排预算资金、划拨政府资产等,支持包括国有企业在内的各类主体更好地在公益性行业发挥作用",财政部门向市属国有城投公司注资,委托或授权城投公司作为公益性事业或项目的实施主体,具备必要的合规性。

市属国有城投公司接受财政注资需同时接受国有资产增值保值考核。根据《关于国有资本加大对公益性行业投入的指导意见》(财建〔2017〕743号)第十一条:"对公益类国有企业,重点考核成本控制、产品服务质量、营运效率和保障能力，根据企业不同特点有区别地考核经营业绩指标和国有资产保值增值情况，对社会效益指标引入第三方评价"，建议选择资金体量较大的市属国有城投公司合作，从而实现财政注资与城投公司自有运营收入混同，降低项目的不合规风险。

4. 项目公司融资问题

（1）融资方式

EOD项目融资工作由项目公司负责，当项目公司存在融资困难时，可通过滚动开发方式降低融资需求，亦可通过流动资金贷款融资、股东支持、引入财务投资人等方式进行融资，城投公司及社会资本应确保项目公司自主选择融资方式及金融机构，按照投资建设计划筹集各类建设资金。

项目公司的社会资本方股东（主要为施工类央企）在融资担保方面可能存在困难，通常会与合作的地方城投公司进行协商，视情况由城投提供担保；若城投公司亦无法提供担保，可以选择通过大型的担保公司给予项目公司融资提供担保。针对股东支持的融资方式，社会资本股东或城投公司可采用股东借款等措施且约定在优先级融资偿还完毕前不实施利润分配等内容，从而满足项目公司资金需求，缓解资金压力。在金融机构的选择上，优先选择项目所在地与政府关系良好、愿意支持本地发展的商业性银行等金融机构，通过政府和本地银行互相支持的方式获得融资。

（2）融资还款来源证明

对于EOD项目融资的还款来源，项目公司贷款时可以项目投资合作协议中城投公司向项目公司定期结算投资成本及投资回报的支付义务为贷款还款来源提供证明依据。根据项目所在地风险防控的警惕程度，可进一步在项目投资合作协议中作出如下约定。

①城投公司和项目公司设立共管账户，城投公司设立的项目资金池中的政府性基金留存收入部分（由项目范围内经营性用地出让收入经财政部门计提后形成）纳入共管账户。

②城投公司所支付的投资回报以共管账户资金为上限，在合作期到期且合作范围内土地全部出让完成的前提下，若共管账户资金可以覆盖投资回报，则支付投资回报完成后，共管账户剩余资金归城投公司所有并自由支配；若共管账户资金不能覆盖投资回报，则共管账户资金全部支出后，投资回报的未付部分城投公司不再支付，针对投资回报未付部分，城投公司对项目公

司不再负有支付义务。

③若因城投公司原因导致合作到期且合作区域内土地未全部完成出让且应支付项目公司费用未完全支付,则合作期限延长(最长不超过2年),待剩余土地出让后继续支付。若合作期限延长后合作区域内的土地仍未全部完成出让造成应支付项目公司费用未完全支付,则项目公司有权退出项目。

④若因项目公司原因导致合作到期且合作区域内土地未全部完成出让且应支付项目公司的费用未完全支付,则合作期限延长(最长不超过2年),待剩余土地出让后继续支付,甲方(城投公司)在延长期间不支付延期利息。若合作期限延长后合作区域内的土地仍未全部完成出让,则届时项目共管账户内资金结算完毕后双方结束项目投资合作协议。

5. 项目整体开发时序问题

(1) 规划策划先行

EOD项目中,基础设施和商业开发等项目的开发时序将在很大程度上影响项目价值的实现,因而项目整体开发需要规划先行。总体规划主要解决战略层面的问题,由地方政府组织编制,而控制性详细规划和修建性详细规划等详细规划解决战术层面和落地的问题,统一规划和策划在一定程度上决定项目成败,合理的规划有利于城市空间布局优化、土地的集约节约利用和土地价值的挖掘,合资公司需要深度参与到项目开发的详细规划中,必要时对上位规划提出调整建议。

(2) 滚动开发计划

对于投资规模巨大,综合性较强的EOD项目,项目公司本着"产城融合"的理念,将土地开发、生态环保基础设施建设、产业导入和二级开发相结合,进行滚动开发,根据收储计划和出让计划,制定初步的滚动开发计划。按照"建设一片、成熟一片、收益一片"的原则,对依托项目范围内土地出让收入原则上采取封闭运作,通过土地整理、基础设施建设等提升土地增值收益,合作区域内土地出让收入在扣除法定计提等支出后,优先支付本项目开发成本(含投资回报),借助一级开发形成的土地出让金返还和地产二级开发收益支撑下一轮土地开发和基础设施、公共服务设施的建设,以少量的自有资金撬动项目滚动开发,必要时进行一定的负债融资。

(3) 土地出让计划

土地资源如何有效用于平衡基建项目需同时考虑地块区位、地块规模及出让时序。地块区位的选择应尽量与片区开发项目中基础设施投资建设有一定关联性,地块区位条件、资源条件、用地性质及开发潜力等直接影响了土地一级开发收益在多大程度上覆盖本项目的建设投资成本。地块出让时序应尽可能满足多方利益诉求,确定出既符合投资理性又符合开发理性的土地出让时序,这对"投资+EPC+资源平衡"模式能否顺利实施至关重要。

(4) 计划匹配与动态调整机制

建议首先根据 EOD 项目的总建设投资需求测算出需要的土地资源总规模,再确定合作区域内各单独地块的区位和规模,最后根据项目实际投资情况和市场情况进行动态调整,通常会在投资合作协议中做出如下约定。

①在原投资建设计划情况下,若项目公司收到的资金不足以平衡当年投资成本与投资回报的一定比例时,城投公司与项目公司合作重新确定年度投资建设计划,项目公司加快土地整理工作,甲方协调相关单位,应保证加大以后年度土地供给面积。

②若区域内部分收益已设定用于专项资金结算,导致本项目区域内收入不足以覆盖项目投资及回报,或经过动态调整投资建设计划及土地出让计划仍未能实现项目资金平衡,则需由城投公司报请政府匹配其他资源,或者由城投公司向政府申请调整项目范围内的规划土地用途,提高经营性用地比例等,以满足项目公司的投资及回报。

③城投公司与社会资本可根据投资建设计划的资金需求,合理安排双方对项目公司的注册资本出资的回报权,并约定资金回报率、结算支付节点及延期支付等相关事宜。

6. 二级开发收益最大化问题

EOD 项目公司通过参与土地二级开发,实现二级开发收益反哺前期征拆以及其他土地开发成本和生态环保类基础设施及公共服务设施的投资。项目公司可通过公开市场化方式(土地招拍挂)取得依托项目中经营性土地使用权。基于市场化竞争存在的不确定性,且二级开发亦存在市场风险,项目公司摘地需要分情况综合考虑。

(1) 项目公司需要摘地的

若有其他市场主体参与拿地竞争,项目公司可基于其对二级开发市场的合理预估,在一定地价范围内通过竞争方式获得土地。若项目公司摘得土地,将通过自行开发、委托代建或合作开发等开发方式取得二级开发的最大收益;若竞拍价超过一定范围,且二级开发的收益实现存在不可预估的风险,项目公司可放弃该宗土地的二级开发,通过土地出让金留存返还的渠道获得回报。

二级开发的收益很大程度上受到土地成本的影响,土地成本越低越有助于二级开发收益的实现,且二级开发也存在公开竞争方式无法获取土地的风险,因此,自然资源和规划局等相关部门在部分地块上可以通过附条件招拍挂的方式助力项目公司获取土地。

(2) 项目公司不需要摘地的

若由其他市场主体摘得土地,项目公司可通过土地出让金留存返还的渠道获得回报;若无其他市场主体摘得土地,为避免土地再次流拍,项目公司可与政府方协商通过以下方式解决:①适当调整该宗土地出让条件,重新挂牌出让;②延后该宗土地出让计划,待时机合适再重新挂牌出让;③项目公司在土地评估价下浮一定比例情况下托底摘地。

7. 产业定位及导入的问题

产业定位应结合地区的资源禀赋,确保产业发展规划先行。产业发展规划应综合研究分析 EOD 项目自身的关联性需求和申报规定、产业政策和机会要素、城市战略规划和产业空间布局、产业发展结构和功能、产业链分析与整合、市场需求及产业竞争力等要素。产业发展规划及相关产业政策应由政府方与社会资本共同制定(可由社会资本编制,政府方审定)。

产业导入可由政府方或社会资本负责,根据双方的权责轻重,产业导入可分为三种模式。

(1) 政府方主导型。社会资本负责产业研究并提出产业导入建议,结合自有产业资源及优势,推荐适合的企业和政府方对接;政府方负责审核产业规划和产业导入计划及出台相关招商引资激励政策,产业导入的成果主要取决于政府方的招商政策和政商环境。此种情况下,社会资本获得的产业导入服务费有限。

(2) 社会资本主导型。社会资本负责产业导入配套基础设施的投资建设、招商引资及产业园区的综合运营管理等全套服务,提升区域总体价值,同样,政府方负责审核产业规划和产业导入计划,出台配套的产业招商政策。通常被引入的对象只愿意输出品牌和进行运营,社会资本投入较大,此种情况下,社会资本通常根据落地投资额和增量税收的一定比例收取产业导入服务费。

（3）中间型。政府方需为产业导入提供优质资源及政策优惠，社会资本在此基础上负责投资建设、招商引资及综合管理服务等。此种情况下，社会资本获得的回报也介于前两种情况之间。

项目公司负责产业导入需配套相应的绩效考核办法及奖惩机制。根据中共中央、国务院《关于全面实施预算绩效管理的意见》（中发〔2018〕34号）要求构建全方位预算绩效管理格局、建立全过程预算绩效管理体系、完善全覆盖预算绩效管理体系、覆盖全面（一般公共预算、政府性基金预算、国有资本经营预算、社保基金预算），地方政府建立招商服务奖励机制及招商引资考核机制，应严格开展绩效评价，且绩效评价结果应作为进行财政补贴的依据。根据项目实际情况制定一个公平公正、内容完善、切实可行的产业导入绩效评价办法能够有效引领项目规范运行、提升项目运作效率、吸引优质商业入驻、保障产业导入顺利进行。

8. 片区开发资源平衡的问题

片区开发通常需要匹配土地资源，土地资源的平衡能力受土地价值限制，土地价值同时受土地面积、用地性质单价、开发影响因子及出让时序因子等因素影响。当片区范围内的土地资源无法平衡项目的投资成本及投资收益时，需要考虑扩大土地面积。若土地面积受限，可从以下几方面解决不平衡问题。

（1）提升单位土地价值。城投公司可根据项目公司制定的投资建设计划、土地价值评估及出让计划的匹配结果，积极与自然资源与规划局沟通，调规提高商住占比以及优化规划方案。

（2）优化土地出让时序。如前所述，综合性强、规模大的EOD项目按照"建设一片、成熟一片、收益一片"的原则封闭运作，通过土地整理、基础设施建设等可有效提升土地增值收益。为实现土地价值最优体现，可结合开发需要及价值实现的需要，动态调整出让地块的区位及规模。

（3）税费优惠及财政补贴（货币/实物）。鼓励社会资本加大基础设施和社会事业的投资力度，对于社会资本投资的教育、医疗、养老、体育、旅游、文化、林业和市政公用等项目，符合条件的可享受税费优惠政策及财政补贴政策。项目公司可以片区开发项目中满足上述政策要求的子项目申请税费优惠及财政补贴。

（4）增加杠杆。项目公司可增加其他资金来源，包括专项债分担投资、申请上级专项资金、提高平台公司股比等,从而减少投资规模。

三、PPP/特许经营＋专项债模式

（一）基本概述

PPP模式是典型的数量＋质量型投融资工具,同时具备融资功能和提质增效功能,可以有效增加公共供给和降低全生命周期成本、提高公共产品和公共服务的产出效果。早在2014年,《国务院关于加强地方政府性债务管理的意见》(国发〔2014〕43号)就提出了"开明渠、堵暗道",要求建立规范的地方政府举债融资机制,推广使用政府与社会资本合作模式。随后五年左右时间,随着配套政策的不断出台,PPP和地方政府债券相关制度体系逐渐完善。至此,这两种模式成为我国合规性最高的两种投融资模式,受到地方政府、社会资本和金融机构的广泛认可。

仅从投融资的角度,PPP模式无疑是各类模式中融资成本最高的一种,因为社会资本方承担的风险远高于其他模式。此外PPP还受到越来越严格的监管政策限制,当前处于政策下降期。相比之下,地方政府债券则是典型的数量型投融资工具,具有融资成本低、发行速度快、使用方法直接、资金到位保障性强、资金错配周期长且到期可借新还旧实现"准永续债"等优势,近两年处于政策上升期,对PPP模式产生了明显的挤出效应。但PPP模式注重长期合作和运营,有助于优化项目风险分配、节约全生命周期成本、提高公共供给效率、转变政府职能等,在长期视角和高质量发展的国家治理机制下,仍旧拥有顽强的生命力。

一直以来,业界都有让PPP和地方政府债券这两个43号文明确提出的基础设施建设投融资"明渠"模式相结合的呼声,希望能够同时发挥地方政府债券低成本优势和PPP模式提质增效优势,以政策上升期的地方政府债券带动政策下降期的PPP。由于最新的PPP监管政策对完全政府付费类项目限制较多,而完全使用者付费项目也比较稀少,因此目前市场上的PPP项目大多为可行性缺口补助项目,适合与专项债相结合,即PPP＋专项债模式。此外,PPP和专项债模式相结合也面临诸多争议,主要包括融资主体不同、政府性基金预算不得用于PPP项目政府运营补贴的限制、专项债期限和收益的错

配问题以及债务性资金不得作为PPP资本金的限制等。

结合《关于同意开展生态环境导向的开发（EOD）模式试点的通知》（环办科财函〔2021〕201号）中提出的"国家开发银行有关分行对符合条件的试点项目，按照精准施策、市场化运作和风险可控原则，发挥开发性金融大额中长期资金优势，统筹考虑经济效益和环境效益，在资源配置上予以倾斜，加大支持力度"，以新建的EOD综合开发项目为例，单纯采用PPP模式实施很难满足财金〔2019〕10号文的要求。若采用PPP＋专项债的形式，将项目包内的项目进行合理的AB包拆分，其中A包主要以投资金额大、回收周期长、市场化程度较低的基础治理项目为主，如河湖清淤、堤防加固、土地整理等；B包则以投资金额适中、回收周期较短、市场化程度较高的项目为主，如商业开发、康养中心、游乐设施、民宿、停车场等。A包主要以当地国有企业作为主体实施投资建设，可由地方政府发行专项债进行融资，通过地方国企自行建设和运营维护、自行建设后交由B包的PPP项目公司运营维护；亦可由该国有企业通过股权合作等方式引入社会资本成立项目公司，双方共同承担项目资本金并为项目融资提供必要的支持，充分利用国开行长期低成本的大额资金，保障A包项目资金落实到位。B包内容主要以市场化PPP模式运作为主，且多数项目能够实现收益自平衡。

其交易结构图如下。

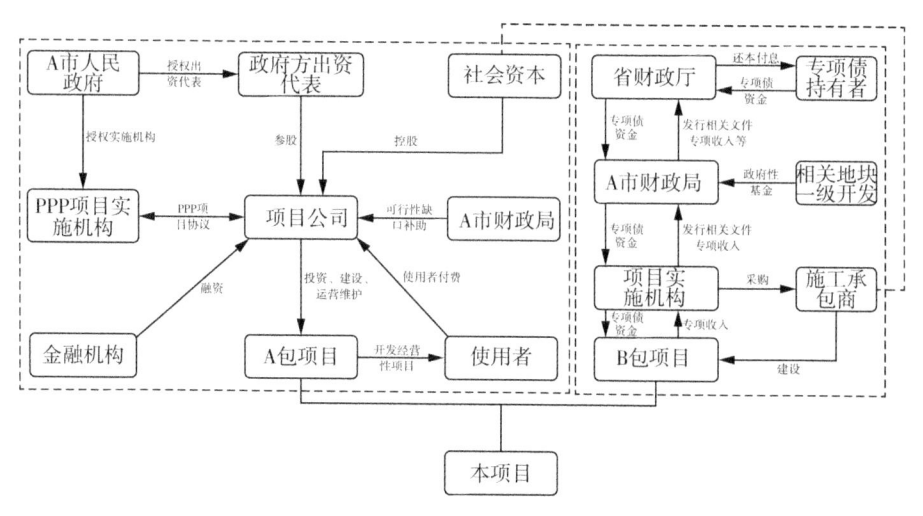

图4.2-2　PPP/特许经营＋专项债模式交易结构图

(二) 重难点分析

1. 专项债发行的不确定性

我国的地方政府债务规模实行限额管理，地方政府举债不得突破批准的限额。地方政府债务总限额由国务院根据国家宏观经济形势等因素确定，并报全国人民代表大会批准；各省、自治区、直辖市政府债务限额由财政部在全国人大或其常委会批准的总限额内，根据债务风险、财力状况等因素并统筹考虑国家宏观调控政策、各地区建设投资需求等提出方案，报国务院批准后下达各省级财政部门；省级财政部门在批准的地方政府债务限额内，统筹考虑地方政府负有偿还责任的中央转贷外债情况，合理安排地方政府债券的品种、结构、期限和时点，做好政府债券的发行兑付工作。

从实际操作层面看，地方政府债券分配上表现出"嫌贫爱富"，省级财政部门负责发行专项债项目的筛选、额度确认和代为发行等具体工作，地方申报的项目能否通过省厅审核和发行的额度等均存在较大的不确定性。在稳经济而实施积极的财政政策期间，专项债的额度较多，申报发行相对容易，需要抓住政策窗口期，拓展拟发行专项债项目的前期工作深度，还要与财政部门尤其是省财政厅进行提前沟通对接。

此外，随着对专项债"虚拟平衡"乱象的质疑越来越强烈，财政部已于2019年启动对已发行专项债相关文件的倒查工作，一些地方对于不直接产生土地出让收入的项目不再允许用土地出让收入作为专项债还本付息的资金来源。

2. 合作内容界面划分问题

根据《财政部关于政协十三届全国委员会第三次会议第 3856 号（财政金融类 287 号）提案答复意见的函》（财金函〔2020〕第 64 号），财政部认为本质上 PPP 与专项债模式"泾渭分明"，可在确保合法合规、做好程序衔接、防控融资风险的基础上，由地方探索实施。

在综合开发 EOD 项目中，如果划分 A、B 包则需要综合考虑政策要求、子项目工程的底层资产是否物理可切割、前期准备工作的充分程度、项目投资额、专项收入来源及预期收益、本级财政的承受能力等因素确定，并结合前述 A、B 两包是否一并引入社会资本等因素确定采取合并招标或分别运作方式确定企业实施主体。

由于2020年政府限制了土地储备专项债的发行，因此，EOD项目的土地一级整理工作建议纳入A包，采用PPP/特许经营模式实施。专项债适用于具有较高收益的公益性项目，财金〔2019〕10号发布之后，政府付费类PPP项目审慎上马，项目以"使用者付费＋可行性缺口补助"的形式为主。因此，需进一步重点对具有专项收入的子项目进行筛选划分。

由于专项债主要用于支持重大基础设施项目，用项目产生专项收入及政府性基金收入偿还本息，为了减少专项债筹集资金的闲置时间，建议将子项目中投资额较大，前期工作准备充分的，可以快速启动项目建设形成实务工作量，带动相关土地开发，与土地收益挂钩的经营性项目划分入B包。

PPP/特许经营模式的核心在运营，更适合于需要专业能力进行运营的子项目，如供水、污水、供气、供暖、垃圾处理、停车场、市政道路、环境治理与提升及产业配套设施和服务项目，通过市场化可以降低项目的运营成本，提高项目运营效率。PPP/特许经营模式承担了一部分无现金流、纯公益性项目的融资功能，但PPP模式整体项目中使用者付费比例不低于项目公司收入的10%，需要结合项目的初步财务测算确定具体的拆包方案，以便同时满足专项债纳入专户管理的专项收入还本付息的需要，以及归属项目公司的使用者付费占比达到10%的需要。

3. PPP/特许经营和专项债的衔接问题

对于采用划分A、B包的EOD项目而言，分别采用PPP/特许经营模式和专项债模式实施，PPP/特许经营和专项债的审核及发行属不同的系统，流程也不同，实施起来相对独立，筹资所耗费的时间长短不一。但各子项工程之间具有一定的联系，如征地拆迁和土地整理为项目提供土地，是PPP/特许经营项目及专项债的工程建设的前提，因此需要提前考虑前期准备阶段、建设期和运营过程推进的衔接问题。

在前期准备阶段，根据各子项目的不同特征，合理划分A、B包，分别挖掘项目包可以产生的使用者付费和其他专项收入，并根据PPP/特许经营模式和发行专项债所耗费的时间周期，适时安排A、B包的社会资本采购和发行工作。

在EOD项目建设期和运营期，A、B包项目具有关联性，如可能存在污水收集管网属于B包，而污水处理厂属于A包的情况，需要合理处理双方投资建设边界、工期、运营调试等方面的衔接机制，尤其对于采用PPP/特许经营模式实施的 A 包,注重绩效考核,需在项目协议中明确由于第三方责任导致的绩效考核不达标等违约事项和相应付费挂钩机制。

4. 专项债充当 PPP/特许经营项目资本金

2019 年 6 月,《中共中央办公厅　国务院办公厅关于做好地方政府专项债券发行及项目配套融资工作的通知》(厅字〔2019〕33 号)首次提出允许将专项债券作为符合条件的重大项目资本金,9 月 4 日,国务院常务会议研究确定"加快地方政府专项债券发行使用的措施,带动有效投资支持补短板扩内需",将专项债可用于资本金的支持领域扩展到交通、能源、农林、污水垃圾处理、冷链物流等基础设施和生态环保项目,职业教育和托幼、医疗、养老等民生服务领域的重大项目,并提出专项债资金用于项目资本金的规模占该省份专项债规模的比例不超过 20%(后提升至 25%),符合要求的专项债资金充当该专项债项目的资本金符合政策规范要求。

《财政部关于推进政府和社会资本合作规范发展的实施意见》(财金〔2019〕10 号)明确提到"项目资本金符合国家规定比例,项目公司股东以自有资金按时足额缴纳资本金",并未强调项目公司社会资本方股东,而是所有股东一视同仁,因此,政府方出资代表是代表政府履行出资义务,毫无疑问专项债是政府的债务,将专项债这种债务性资金用于 PPP/特许经营项目,政府方出资代表的出资存在合规性风险。

《财政部对十三届全国人大三次会议第 7295 号建议的回复》(财预函〔2020〕124 号)中提到,对于将专项债券作为 PPP/特许经营项目资本金的问题,虽有利于带动大规模投资,但容易产生财政兜底预期、层层放大杠杆等问题,风险相对较大;且操作层面存在较多挑战。同时,专项债作为 PPP/特许经营项目的债务性资金还将弱化社会资本融资责任,强化政府兜底预期,加剧社会资本重建设、轻运营倾向,影响 PPP 项目长期稳定合作。

因此,财政部对于以专项债作为 PPP/特许经营项目资本金虽无明确限制但并不鼓励,社会资本需要审慎考虑其中的风险。

5. 专项债制度有待完善

专项债目前的政策主要体现在宏观层面,且主要集中在明确发行范围、预算管理、发行工作等方面,对于专项债发行成功后的微观操作层面的监管制度缺失,如负责实施专项债对应项目的国有企业会计核算、当项目专项债和市场化融资同时存在时的分账管理及还本付息等问题。

目前专项债的监管主要由专员办负责,监督内容包括地方政府债务限额管理、预算管理、风险预警、应急处置以及地方政府和融资平台公司融资行为,对具体项目的监管有限。这些都需要政府进一步出台和完善微观层面的专项债配套制度和操作细则。

6. PPP 项目入库问题

PPP 项目根据回报机制分为完全使用者付费项目、可行性缺口补助项目和政府付费项目,针对各地的财政承受能力情况三种类型的项目在入库时面临不同的审核要求,而入库是项目纳入预算的前提条件之一,也是 PPP 类项目面临的主要难题之一。PPP 项目入库时需要着重关注以下问题。

(1) 合作内容和期限:属于公共服务领域的公益性项目,项目合作不仅包括建设还包含运营,合作期限原则上在 10 年以上。

(2) 风险分配:社会资本负责项目投资、建设、运营并承担相应风险,政府承担政策、法律等风险,不存在固定回报或保障最低收益。

(3) 绩效考核:关注是否存在绩效考核,并建立完全与项目产出绩效相挂钩的付费机制。

(4) 回报机制及财政承受能力:包括扣除使用者付费后,本级所有 PPP 项目政府年付费占一般公共预算支出比例是否达到 10% 红线,超过 5% 的其使用者付费比例是否低于 10%,是否从政府性基金预算、国有资本经营预算安排 PPP 项目运营补贴支出等问题。

四、土地出让+配建模式

(一) 基本概述

土地出让+配建模式从本质上讲是捆绑地产开发的逻辑思路。政府通过经营性土地出让市场价格与出让底价之间的差额匹配公益性基础设施和公共配套设施建设任务,按照公开出让程序选择中标单位,中标单位获得经营性土地开发权的同时,负责对配建任务进行建设投入,竣工后无偿移交给地方政府或者政府相关单位。该模式下政府方不直接承担建设投资任务,地方财政不承担支出责任,从而规避了政府隐性债务风险。

按照配建的内容可分为两种:一是采用"限地价,竞配建"的创新土地出让方式进行的配建任务,这种配建任务一般是保障性住房或人才用房;二是采用"定配建,竞地价"的出让方式,确定配建公益性基础设施、公共配套设施建设要求作为竞价前提。

该模式交易结构图如下。

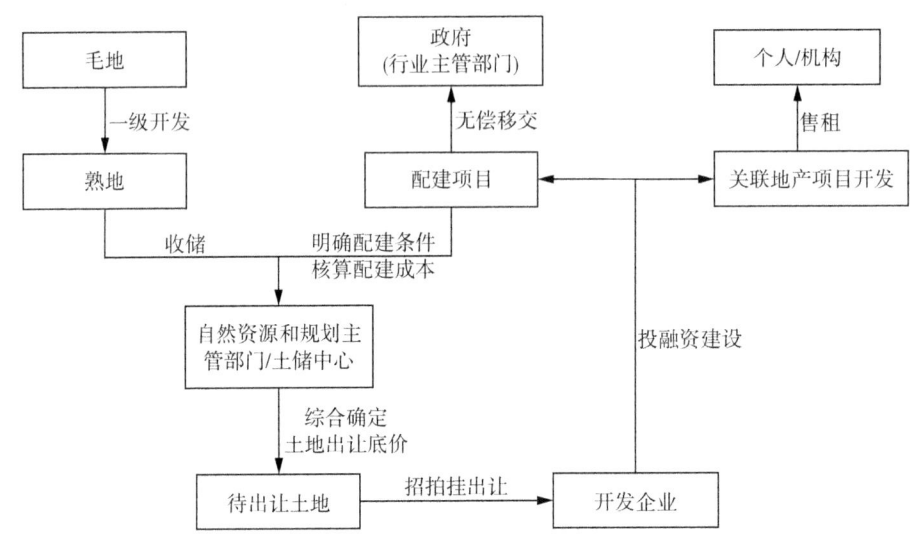

图 4.2-3　土地出让＋配建模式交易结构图

(二) 重难点分析

1. 土地附条件出让问题

根据《招标拍卖挂牌出让国有建设用地使用权规定》(国土资源部令第39号)规定,"招标、拍卖或者挂牌出让国有建设用地使用权,应当遵循公开、公平、公正和诚信的原则。""出让人在招标拍卖挂牌出让公告中不得设定影响公平、公正竞争的限制条件。"

大多数情形下,为了在资金不足的情况下支持重点项目建设,地方政府愿意尝试附条件出让的做法。但在条件的设置上,各地在实操把握中尺度不一。在实务案例操作中,土地出让＋配建这种模式在附条件出让的政策规定上有一定要求和限制,但在各地方的实操中,如何把握该模式下附条件定向出让的操作空间和发挥尺度,是这种模式成功实施的关键,需要结合项目条件具体分析。

附条件定向土地出让,常见的方式有如下几种。

(1)附带配建项目的设计方案。可考虑对配建项目的设计方案进行必要审核。

(2)附带拿地主体的自身条件。例如公司排名、注册资本金、开发资质、开发经验、运营经验、自持物业规模和等级、金融机构资信证明、资金穿透监管要求等。

(3)附带产业条件。例如前置产业引入协议、产出指标约定等。

(4)附带拟拿地方可控的地块自身条件。例如设置自行协商移除地上障碍设施协议、开发进度要求、成片出让做大出让金规模等。

(5)其他。适当压缩付款节点、提高保证金比例、单独竞买、适当提高装配式建筑占比等。

在实际操作中,结合具体项目和潜在的竞争主体,可综合运用上述方式。

2. 配建合理性问题

在具备附条件出让实操可能性的情况下,配建的内容、规模、条件是否合理是比较重要的问题。

(1)首先是设置的配建条件不能违反当地已经出台的关于配建设置要求的政策规定;

(2)其次,配建任务的成本核算要准确,如果配建任务的成本核算偏高,开发企业没有动力完成配建,将导致整个项目无人受让,反之会导致配建任务量减少,部分土地出让收益流失,政府可能会承担额外的决策风险;

(3)再次,配建的核算成本在土地出让价格的折算中要符合土地出让底价机制,根据土地出让的市场价格与出让底价的差额,合理确定配建任务量或者根据配建任务量合理确定土地出让底价;

(4)最后是配建的项目类型与出让地块是否具备合理关联条件的问题,尽可能实现出让地块和配建项目相邻或相近,避免采用飞地平衡方式。

3. 土地规模入市问题

《城市房地产管理法》中规定:土地使用权出让,必须符合土地利用总体规划、城市规划和年度建设用地计划。县级以上人民政府出让土地使用权用于房地产开发的,须根据省级以上人民政府下达的控制指标拟订年度出让土地使用权总面积方案,按照国务院规定,报国务院或者省级人民政府批准。尤其是近年来对用地指标管控越来越严格,导致用地指标获取普遍比较困难。

因此，一方面在用地指标的约束机制下，土地入市规模受到相应的限制；另一方面，如果解决了用地指标问题，土地一次性入市规模过大，尤其是综合片区大规模开发 EOD 项目中，多个项目同时采用土地出让＋配建的模式，导致大量土地短时间内集中上市，会增加项目开发策划的难度，严重影响土地和开发产品的去化和单价，进而阻碍项目整体预期收益的实现。

4. 配建移交及其涉税问题

在土地出让＋配建模式下，配建移交多为产权转移无偿移交的形式。在无偿移交的过程中，主要会涉及三大税种：增值税、所得税、土地增值税。

（1）增值税：如果企业向政府或政府指定机构无偿移交的行为不能被税务部门认定为用于公益事业，则视同企业销售，需要缴纳增值税。如果可以与政府单独签订捐赠协议进行明确并取得公益性捐赠票据，则无偿移交就可以被认定为公益事业，免征增值税。

（2）所得税：开发企业将配建无偿移交给政府或政府指定机构，因资产所有权属发生改变，不属于内部处置资产，应按规定视同销售确定收入。减除不征税收入、免税收入、各项扣除以及允许弥补的以前年度亏损后的余额，为应纳税所得额，再乘以适用税率计算应交所得税金额。

（3）土地增值税：企业除通过国家机关将房屋产权、土地使用权赠予教育、民政和其他社会福利、公益事业的，不属于土地增值税的纳税义务人以外，其余房地产赠与行为均需缴纳土地增值税。无偿移交也视同销售，收入减除各项扣除项目金额后的余额为开发项目的增值额，按规定可进行加计扣除，进而计算增值率，最后按照增值额和适用税率（根据增值率选择适用税率）计算缴纳土地增值税。

5. 地产项目和配建项目开发时序问题

在地产项目和配建项目的开发时序问题上，政府方和开发企业存在不同诉求。政府方希望在整个项目期内，配建项目提早开工建设，越早竣工移交越好，而对于开发企业来说，提早开工建设配建任务意味着提前占用大量的开发资金，回款周期延长，成本增加，因此具有延后建设的诉求。参考各地政策规定，一般要求配建任务与主体开发项目建设同步规划、同步建设、同步验收交付使用。开发企业在同步大原则的前提下，同时考虑周边配套完善房地产升值的因素，可适当协商配建任务的开发时序，享受基础设施和公共配套设施外部性红利的同时，尽可能节约成本。

6. 配建资金问题

配建项目多为公益性或者收益性较弱的基础设施和公共配套项目，单独融资的能力有限，多数情况下不能融资。目前各地的一般做法是在综合分析项目的情况下，与主体项目打包解决前期的资金来源和融资问题，在合理的建设开发时序基础上，采用滚动融资开发建设的形式。

第三节　项目投资及回报资金来源

从资金来源的角度，EOD 模式的资金来源包括建设投资和回报机制两个层面。

一、建设投资资金来源

（一）政府财政资金

1. 一般公共预算支出：一般公共预算支出的应用范围广，基础设施项目建设均属一般公共预算支出范围；对于国家支持的示范试点城市项目，亦可能获得部分中央政府的专项资金支持。

2. 政府性基金预算支出：政府性基金按照以收定支、专款专用方式进行管理，可以根据政府性基金预算收入的规模和科目分配，合理安排基础设施项目建设投资纳入政府性基金预算支出管理的项目额度。

（二）地方政府债券

1. 地方政府一般债券：对于无经营性收益的公益性基础设施项目，适合发行一般债券融资，主要依靠一般公共预算收入偿还，纳入一般公共预算管理。但根据地方政府债务限额管理要求，新增的一般地方债券额度有限，仅能支撑少量投资。

2. 地方政府专项债券：对有一定收益的公益性项目可以发行专项债券融资，以对应的政府性基金收入或专项收入偿还，纳入政府性基金预算管理。

2021年，全国发行地方政府债券74898亿元。其中，发行一般债券25669亿元，发行专项债券49229亿元。政府债券成为地方政府进行基础设施建设的主要资金来源之一。

(三) 地方国企和社会资本投资

1. 地方国企层面

①财政资金补贴

对于初始投资额比较大的项目，政府可以根据直接授权的市场化服务合同，提供必要的财政资金补助。如根据北京市交通委员会代表北京市政府于2016年与京投公司签署的《北京市轨道交通授权经营协议》，北京市政府授权京投公司履行北京市轨道交通业主职责，京投公司按照授权负责整合各类市场主体资源，提供北京市轨道交通项目的投资、建设、运营等整体服务。政府方履行规则制定、绩效考核等职责，同时支付京投公司每年295亿元的授权经营服务费。

②银行借款等负债融资

国有企业可以结合自身的资产、负债和项目预期收益等情况，通过银行贷款或者发行企业债券等方式筹集资金。

③企业层面的F+EPC

国有企业通过与施工方签署施工合同，施工方直接或间接筹措项目所需建设资金，以及承揽EPC工程总承包相关工作，待项目建设完成后移交给国有企业，在项目合作期内由国有企业按合同约定标准向合作方支付费用的融资建设模式。对于F+EPC模式，建议将非政府平台的国有企业作为项目业主。

2. 社会资本层面

①引入股权+债权融资

通过引入股权合作的方式筹措项目资本金，再结合债权融资的方式筹措项目建设所需全部资金。

②PPP/特许经营

在PPP/特许经营模式下，鼓励非本地国企、民营企业乃至外资企业与政府方出资代表（通常为地方国企）进行合作，参与公共基础设施以及EOD项目的投资建设和运营管理。

(四) 产业投资基金(含绿色基金)

一方面,对于符合绿色基金适用范围的环保类基础设施项目,可以根据项目范围内环保项目的具体情况,在合法、合规的前提下,灵活设计项目回报机制和收益来源,为参与环境保护项目投资的绿色基金提供一个合理的回报水平;另一方面,公益性的区域内环境保护类项目,需要进行项目结构设计,运用包括资源补偿在内的各种机制,对项目进行打包和捆绑,实现项目财务自平衡。对于无法实现自平衡的项目,要考虑运用政府资金。

参考国际生态保护项目投融资机制的设计经验,结合国内的政策环境,在确保合法合规的前提下,建议采用基金和平台公司结合的方式,融资结构图如下。

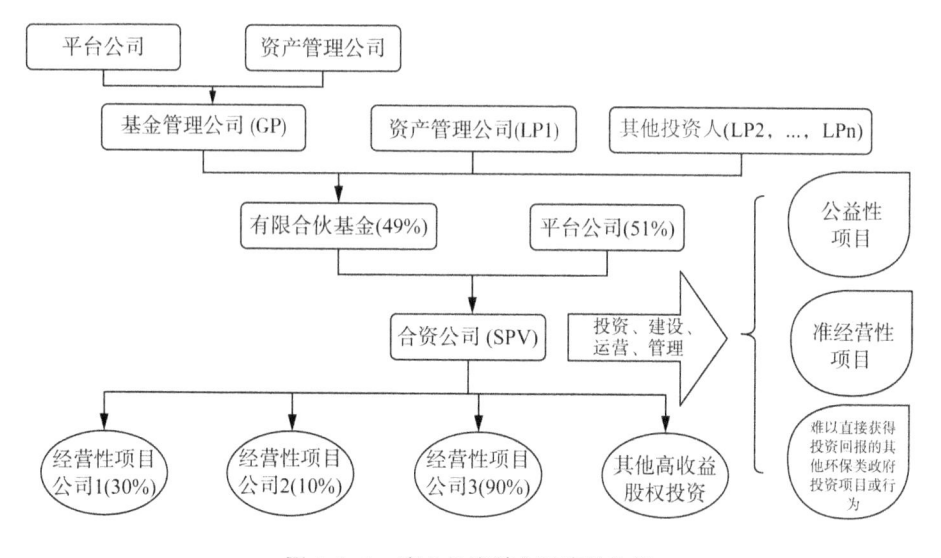

图 4.3-1 产业投资基金融资结构图

(五) 其他创新金融工具

资产证券化亦是国企投融资改革的主要路径之一,主要有图 4.3-2 所示四类业务。

地方国有企业的资产证券化业务主要为实体资产证券化及信贷资产证券化。其中除了远期备选的实体资产证券化即 IPO 上市之外,还可考虑选择

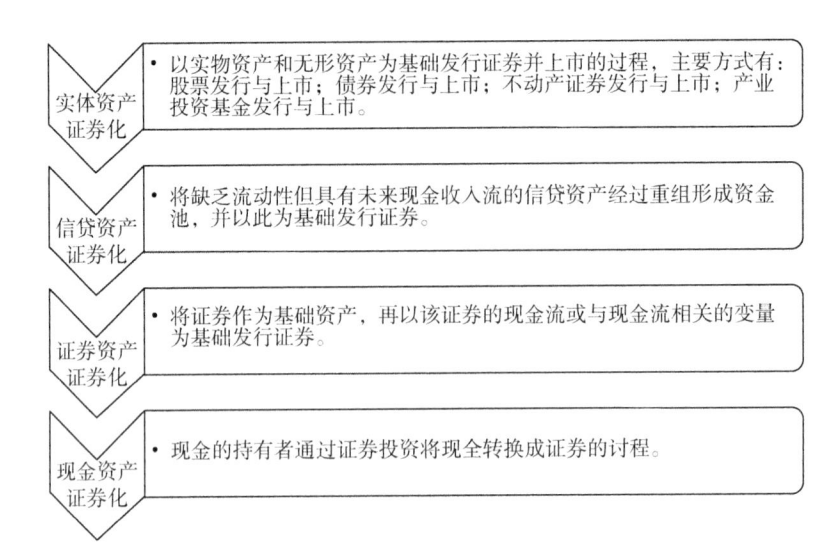

```
┌─────────┐  ┌────────────────────────────────────────────────────┐
│ 实体资产 │──│• 以实物资产和无形资产为基础发行证券并上市的过程，  │
│ 证券化   │  │  主要方式有：股票发行与上市；债券发行与上市；      │
│          │  │  不动产证券发行与上市；产业投资基金发行与上市。    │
└─────────┘  └────────────────────────────────────────────────────┘

┌─────────┐  ┌────────────────────────────────────────────────────┐
│ 信贷资产 │──│• 将缺乏流动性但具有未来现金收入流的信贷资产经过    │
│ 证券化   │  │  重组形成资金池，并以此为基础发行证券。            │
└─────────┘  └────────────────────────────────────────────────────┘

┌─────────┐  ┌────────────────────────────────────────────────────┐
│ 证券资产 │──│• 将证券作为基础资产，再以该证券的现金流或与现金流  │
│ 证券化   │  │  相关的变量为基础发行证券。                        │
└─────────┘  └────────────────────────────────────────────────────┘

┌─────────┐  ┌────────────────────────────────────────────────────┐
│ 现金资产 │──│• 现金的持有者通过证券投资将现金转换成证券的过程。  │
│ 证券化   │  │                                                    │
└─────────┘  └────────────────────────────────────────────────────┘
```

图 4.3-2　资产证券化四类业务

信贷资产证券化策略，即发行资产支持证券 ABS。

目前，我国的资产证券化业务实行备案制，基础资产是指符合法律法规规定，权属明确，可以产生独立、可预测的现金流且可以特定化的财产权利或财产，可分为债权类基础资产（如应收账款）、收益权类基础资产（如公用事业收入）和权益类基础资产（如商业物业）。

涉水类国有企业的主营业务属于公共事业领域，其资产经营性强，可以产生稳定的现金流，较为优质，适合作为发行资产支持证券的基础资产，可发行收费收益权 ABS。

二、回报机制

从项目回报机制的角度，投资主体需从项目中获得合理的回报来回收项目建设资金和运营成本。对于无收益或准收益的公益类环境保护项目，在合规操作的 EOD 模式下，整合区域和邻近范围内较为成熟的经营开发性资源（旅游资源、土地资源等）作为项目回报来源或部分来源，减轻建设投资压力和政府财政支出压力；对于无法实现自平衡的项目，要考虑运用政府财政资金。

主要资金来源渠道如下。

（一）综合开发经营性收入

一是具有向第三方使用者收费的经营性项目，如收支两条线的污水厂、取水和水资源费、广告牌收入、排污费收入和停车场（如有）收入等；二是土地开发及其增值收益；三是其他经营性项目，如旅游、矿产、康养、地产、配套商业等关联资源。

（二）生态补偿资金

生态补偿机制补偿的核心原则是"谁污染、谁治理，谁受益、谁补偿"，补偿主体包括三部分，可一定程度减轻财政压力。

若纳入 EOD 模式范围的子项目数量较多，具有显著的外部效应，项目盈利可从生态补偿原则与将外部效益内部化两方面考虑。一方面，依据"使用者付费""破坏者付费"等生态补偿原则，通过向上游和河道途经流域两岸排污居民与企业收取排污费、向下游政府收取水质治理费用、向河道途经流域两岸企业收取供水费用，来维持系统的运营。另一方面，发挥生态环境治理项目带来的生态效益的造血功能，挖掘水质改善带来的土地增值等资源经济的增值效果，提升项目盈利能力。

（三）政府财政资金

基于专业性财务测算和绩效考核的可行性缺口补助回报机制，政府财政资金来源主要包括：

1. 中央或者省级政府转移支付中可以用于生态环境保护的资金；
2. 市政府或各区政府财政资金等，包括一般公共预算收入、政府性基金预算收入、地方政府一般债券、地方政府专项债券等，其中政府性基金预算收入包括污水处理费专项基金收入、国有土地使用权出让收入、水利建设基金等；
3. 各企业和主体上缴财政部门的资金、捐赠或罚款等。

第四节 EOD 模式利弊、难点和解决建议

综上所述,EOD 模式通过前期规划、建设、运营、产业导入(更新)使得区域及周边生态环境改善,项目整体推进效率较高。

1. 政府:前期投入成本较低,降低财政投资压力,此外优良的环境带来土地以及自然资本的增值,产业引入会增加税收收入,增加了财政收入,从而实现生态建设、经济发展、社会生活三者相互促进,协调发展。

2. 企业:通过经营性资源联动项目周边的物业资产价值水涨船高,可以为企业带来有吸引力的利润及回报保障。

3. 项目投融资:

①国家开发银行等按照独立审贷、精准施策、市场化运作和风险可控原则,选择符合信贷条件的试点项目,在资源配置上予以倾斜(非绝对);

②根据项目所属行业、市场化主体资信评级、还款资金来源、信用结构等因素,给予优惠利率、延长贷款期限等信贷支持。

③优先开展尽职调查、优先进行审查审批、优先安排贷款投放等。

④EOD 理念引领下,项目可通过多种模式和资金来源渠道实施。

此外,EOD 模式的实践和落地亦面临较多难点。

1. EOD 模式下行业跨度大,且不同行业专业要求高,生态环境治理、修复和生态网络构建需要专业的环保企业完成;基础设施配套、产业配套及生活配套的建设需要综合能力较强的建筑企业;后期产业导入、物业管理需要综合能力较强的运营商进入。

2. EOD 模式的开展有较大的资金需求,项目涉及服务内容较多,还可能涉及土地前期的拆迁安置工作,对实施企业的资金实力和综合运作能力要求较高。

3. EOD 模式见效周期较长,良好的生态基底构建需要一定的时间,生态环境的优良性显现出来后,土地的增值效应才会大大增加。

4. EOD 模式下的产业培育和产业导入也需要一定的周期和时间才能显

性化,很难在较短的时间内体现出来。

综上所述,建议充分利用地方国企平台,并引入具备雄厚资金实力和综合运作实力的社会资本(如央企国企),充分实现在地方资源和"市情"以及专业实力方面的优势互补;此外,对于产业效益显性化较难解决的问题,可考虑根据 EOD 模式和项目自身特点,并结合地方实际情况在项目中合理纳入经营性较强的商业资源和项目,但需做好项目识别和筛选,且尽量避免无关项目捆绑甚至走向商业地产化,真正聚焦于项目本身生态价值提升所带来的溢价反哺。

第五章
EOD 项目财务测算模型

第一节　EOD 项目财务分析基本架构

一、投融资机制

对于包括 EOD 在内的综合开发类项目而言,通过建立专业规范的模型工具进行财务测算,是对项目经济效益指标的实现情况进行分析和评估的重要手段,而财务测算首要的框架基础则来源于项目的投融资机制,即政府和开发企业的资金和收入来源及其投资范围和内容。

典型的 EOD 项目投融资机制逻辑结构如图 5.1-1 所示。

EOD 理念注重政府项目的投资决策、融资和偿债机制,不仅要求政府强化项目前期论证、投资决策过程,更注重在融资、建设和偿债等环节的管理。因此,以图 5.1-1 的投融资机制为基础,EOD 项目须进一步打造从战略出发、全过程管理的闭环投融资管理体系,建立起"计划、实施、检查、反馈(改进)"有机衔接的理论架构和方法体系,从而实现投资项目规划、融资、建设和管理的良性循环。

根据图 5.1-1,EOD 项目的投融资管理体制通常采取"封闭运作、以收定支、项目自平衡"的方式,实现区域内项目有序推进。采用公开竞争方式引入社会资本,能够有效利用社会资本的资金,充分调动其投融资的积极性;通过将项目投融资、设计、建设、运维等统筹整合,能够减少各阶段之间的交接成本,确保项目整体的协调性与完整性,提升项目的推进效率;设置绩效考核机

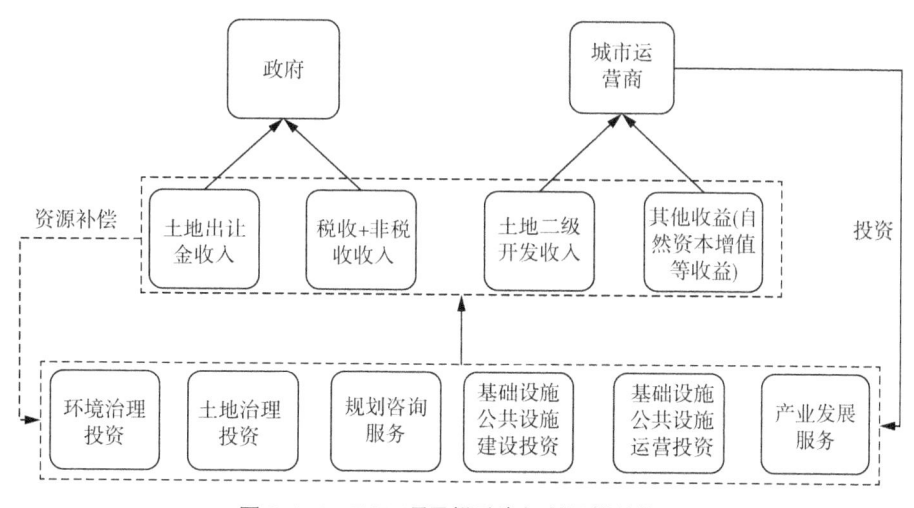

图 5.1-1 EOD 项目投融资机制逻辑结构图

制,能够有效提高政府提供基础设施或公共服务的品质;除资本金外资金,可以通过财政专项资金、政策性资金、项目贷款(包括银行贷款、信托贷款、委托贷款等)、项目专项债、融资租赁等多种融资方式解决,多样化的融资渠道,能有效降低政府在项目投资建设阶段的资金筹措压力。

二、回报机制

(一) 投资回报商业逻辑

确定了项目投融资机制,EOD 项目财务测算第二项关联的框架基础为项目的回报机制,即社会资本(项目公司)为项目实施发生的资本性投资、运维成本及其合理收益通过何种方式得以实现和保障,进而实现项目经济效益和社会效益的可持续发展。

EOD 理念的环境治理强调以生态可持续发展为导向,从"山水林田湖草"是生命共同体的系统思维角度认识资源环境的生态价值。通过探讨资源环境的价格成本形成机制,考虑生态资源的资产属性、价值判断、产权界定等重要内容,并通过挖掘生态资产的经济价值,创新项目回报机制,以实现社会效益与经济效益。EOD 项目回报机制逻辑结构如图 5.1-2 所示。

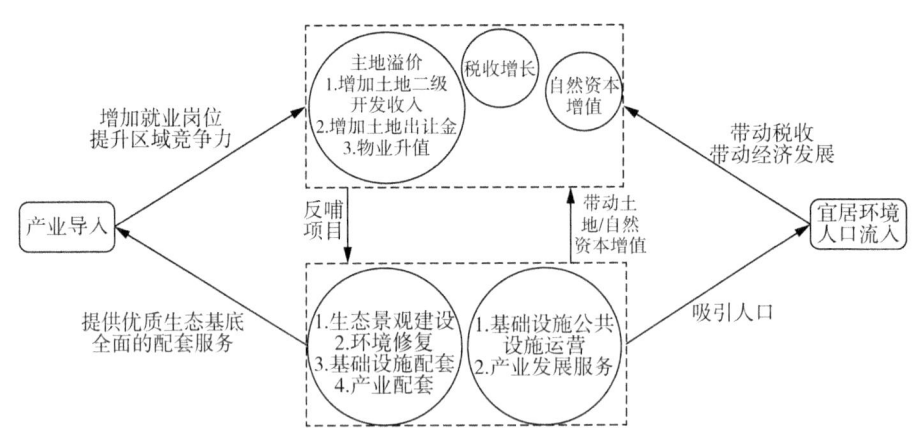

图 5.1-2　EOD 项目回报机制逻辑结构图

在项目建设和运营期内，EOD 项目主要通过项目范围内的区域价值提升所产生的新增收益作为项目公司还款来源，通过环境治理、产业引入等措施带来的土地溢价、税收增加以及自然资本增值，可以反馈参与主体前期对该区域内生态治理、基础设施建设和土地开发所投入的成本，从而构建自我强化的正反馈回报机制。

（二）项目资金平衡机制

从 EOD 项目收支层面，"投建营"的各项综合开发支出主要包括建设投资成本、运维管理成本、财务费用以及可能获得的各级政府专项资金、补助资金、奖励资金等；总收入主要包括政府可支配财政收入和经营性项目营业收入及税费等。

从资金平衡机制层面，EOD 项目在确保政府财政资金匹配、支付路径合法合规和有效降低财政资金压力的前提下，通过专业务实的财务模型测算，合理预测项目公司在项目合作期内每年的各项收支，并结合科学合理的绩效考核和收入挂钩体系，从而使其实现一定的行业合理收益指标和资金平衡，确保项目经济效益和社会效益的长期可持续发展。基于上述分析，搭建相应的财务分析模型，详见本章第三节至第六节相关内容。

三、财务测算框架

1. 财务测算的基本原则
(1) 符合国家法律法规规定；
(2) 符合地方政策规定；
(3) 边界条件界定清楚；
(4) 数据合理有据；
(5) 测算模型科学有效。
2. 财务测算逻辑思路

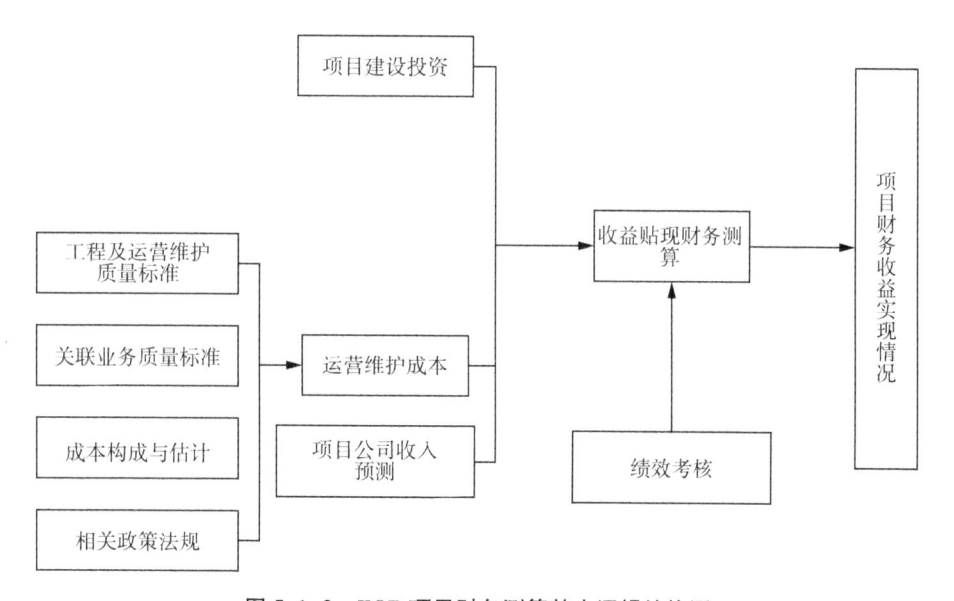

图 5.1-3　EOD 项目财务测算基本逻辑结构图

以前述投融资机制和回报机制中的资金和收益来源为基础，EOD 项目财务测算的基本思路为：根据项目公司（社会资本）承担的前期资本性投资和运营期内为了实现项目实施目标及其可持续发展的运营成本情况，在收益现值法基础上运用现金流折现（DCF）模型，在既定项目合作期、建设总投资、投融资结构、运营成本、收入预测等一系列基本参数和前提假设的基础上，合理预测项目公司及社会资本方在项目合作期内的现金流入和现金流出，并结合绩效考核机制测算和评估项目公司以及项目本身财务收益及各项经济效益指标的实现情况。

第二节　财务测算基础数据与重要假设

根据收益贴现法财务测算的基本逻辑原理和同类项目的实务经验惯例，EOD项目财务效益测算主要基础数据和前提假设如下。

（一）项目合作期限

根据EOD试点项目申报以及相关的PPP/特许经营法律政策，EOD项目的合作期限一般采用"小于等于3+N"的建设期+运营期，其中N取决于依托子项目的投资规模、经营属性、产业反哺的覆盖程度等因素。

（二）项目边界条件

根据相关行业标准、经验参数、法律政策以及项目自身和所在地的实际情况，主要对EOD项目合作期内依托子项目中经营性项目的产能规模、价格、成本、税收等要素的条件进行假设和预测。

（三）资金回报参数

根据行业经验和惯例，并结合项目自身和所在地的实际情况和现状基础，对EOD项目公司在运营期内获得收入的方式、建设投资资金回报率、运维利润率等要素进行设定。

（四）其他测算相关假设

根据相关实务经验和行业惯例，其他测算相关假设主要包括各类依托项目的工程下浮率、资本金比例、融资方式和比例、融资利率、还款方式等条件的设定。

第三节 核心财务数据测算表格

一、政府可支配财政收入

EOD项目政府审批考核的经济可行性分析主体为本级政府财政收支情况，其中本级政府通常是指项目立项和财政费用支配使用的该级政府，通常为具有财权的区县级政府或地市级政府。根据相关法律政策和实务经验惯例，EOD项目本级政府可动用的财政收入来源主要包括四大类别：

1. 合作范围内土地出让金本级政府留存部分；
2. 合作范围内土地综合整治后土地指标出让收益；
3. 合作范围内各项资源或开发权出让收入地方留存部分；
4. 合作范围内各项综合开发活动新增税费本级政府留存部分。

若合作区域部分政策处理费用或部分前期已支出费用纳入项目公司投资范围，或政府为运作本项目所需支出的其他必要成本，可根据项目资金平衡情况，在上述收入获取后考虑是否扣除。

综上考虑上述本级政府主要财政收入及纳入项目资金平衡的各项费用，政府财政可支配收入来源情况表可按表5.3-1样表模板设置。

表 5.3-1　政府财政可支配收入来源情况表

序号	项目	计算方法	备注
1	土地出让金地方留存		
	住宅用地		
	商业用地		
	产业用地		
2	土地指标出让收入		
	新增水田		
	新增旱田		
	新增旱改水		

续表

序号	项目	计算方法	备注
3	资源或开发权出让收入地方留存		
	×××资源/开发权		
	×××资源/开发权		
4	合作范围内税费留存		
	合作项目投资建设运营等环节相关税费		
	合作范围内土地及房产出让相关税费		
	合作区域内二三级开发运营相关税费		
	合作区域内导入产业开发运营相关税费		
5	政府财政收入合计		
6	合作范围内政府必要支出（如需扣除）		
	合作范围内投资范围外相关政策处理费		
	合作范围内政府运作所需必要支出		
7	政府财政可支配收入合计		

（一）土地出让金地方留存

根据与规划部门以及相关政府部门的沟通，确定EOD项目范围内住宅、商业、产业等未来可出让经营性建设用地（如有），并测算这些经营性建设用地地块面积、容积率、不同地块及用地属性对应的出让价格、不同用地类型土地出让收入本级政府留存比例及可用于本项目的比例。结合土地出让时序，测算项目合作范围内经营性建设用地土地出让收入地方留存金额。部分项目资金平衡比较困难，可以捆绑合作区域外部分经营性建设用地进行打包开发，实现项目整体的资金平衡。

表 5.3-2　合作范围内经营性建设用地地块信息表

序号	地块编号	所属区块	用地属性	土地面积（亩①）	容积率	计容面积（万平方米）
1	A-1-1	A	R			
2	A-1-2	A	M0			
3	B-2-3	B	B			
4	C-1-3	C	M0			

① 1亩≈666.67平方米。

续表

序号	地块编号	所属区块	用地属性	土地面积（亩①）	容积率	计容面积（万平方米）
5	C-1-4	C	R			
	地块合计					

表 5.3-3　合作范围内经营性建设用地新增可支配财政资金测算表

序号	地块编号	单位	合计	2022年 第1年	2023年 第2年	2024年 第3年	…… ……	20××年 第 n 年
一	土地出让价格							
1	住宅用地	元/平方米						
2	商业用地	元/平方米						
3	产业用地	万元/亩						
二	土地出让面积							
1	住宅用地	万平方米						
	住宅地块1	万平方米						
	住宅地块2	万平方米						
	住宅地块3	万平方米						
2	商业地块	万平方米						
	商业地块1	万平方米						
	商业地块2	万平方米						
	商业地块3	万平方米						
3	产业地块	亩						
	产业地块1	亩						
	产业地块2	亩						
	产业地块3	亩						
三	土地出让金	万元						
1	住宅用地	万元						
2	商业用地	万元						
3	产业用地	万元						
四	土地出让金地方留存比例							
1	住宅用地							

续表

序号	地块编号	单位	合计	2022年 第1年	2023年 第2年	2024年 第3年	……	20××年 第n年
2	商业用地							
3	产业用地							
五	土地出让金地方留存金额	万元						
1	住宅用地	万元						
2	商业用地	万元						
3	产业用地	万元						

（二）土地指标出让收入

根据自然资源和规划局制定的整治建设用地中长期规划中近期、中期和远期土地指标面积，结合 EOD 项目及其所在地的实际情况及全国土地指标交易价格，合理测算土地指标收入。

表 5.3-4　合作范围内土地指标出让地块信息表

序号	整治地块编号	指标类型	地块面积（亩）	土地整治开始时间	土地整治完成时间	土地指标出让年份
1	土地指标出让地块1	新增水田				
2	土地指标出让地块2	新增旱田				
3	土地指标出让地块3	旱改水				
4	土地指标出让地块4	新增旱田				
5	土地指标出让地块5	旱改水				
	……					
	地块合计					

表 5.3-5　合作范围内土地指标出让新增可支配财政资金测算表

序号	地块编号	单位	合计	2022年 第1年	2023年 第2年	2024年 第3年	……	20××年 第n年
一	土地指标出让价格							
1	新增水田	万元/亩						
2	新增旱田	万元/亩						

续表

序号	地块编号	单位	合计	2022年 第1年	2023年 第2年	2024年 第3年	……	20××年 第n年
3	旱改水	万元/亩						
二	土地指标出让面积							
1	新增水田	亩						
2	新增旱田	亩						
3	旱改水	亩						
三	土地指标出让收入	万元						
1	新增水田	万元						
2	新增旱田	万元						
3	旱改水	万元						

（三）资源或开发权出让收入地方留存

EOD项目或综合开发项目可作为资金平衡来源的资源或开发权主要包括长石、石英石等砂石骨料矿山，石膏矿、大理石等非金属矿，铁矿、铜矿石、贵金属矿、有色金属矿等金属矿山，尾矿，水库或供水工程的开发权，风电、光伏、抽蓄、水电等能源项目开发权，农林资源开发权，绿证交易权，碳排放权等其他特许经营权或收费权等。

EOD项目中如有涉及上述资源或开发权出让收入留存，应当明确这些资源的储量、品级、出让价格、出让规模、地方留存比例，以及未来的开发权是给项目公司还是公开出让。其中出让收入的地方留存部分，可以用作项目资金平衡的来源。在确定这些出让收入时，按照相关的法律法规和市场价格情况，合理确定出让价格，可以部分出让（若法规强制要求）通过地方留存进行平衡，部分通过合理折价给项目公司用以平衡其他无经营性收入项目和准经营性项目。

表 5.3-6　合作范围内可出让资源或开发权信息表

序号	资源/使用权名称	资源类型	品级	单位	资源储量	出让年份	出让规模
1	×××砂石骨料矿山	砂石矿山		万t			
2	×××河道砂石	河道砂石		万t			
3	×××铁矿矿山	金属矿		万t			

续表

序号	资源/使用权名称	资源类型	品级	单位	资源储量	出让年份	出让规模
4	×××有色金属矿	金属矿		万 t			
5	×××尾矿库/使用权	尾矿		万 t/年			
6	×××水库	水资源		万 t/年			
7	×××开发权	开发权					
8	×××经营权/收费权	开发权					
……							
	地块合计						

表 5.3-7　合作范围内资源或开发权出让新增可支配财政资金测算表

序号	地块编号	单位	合计	2022 年 第 1 年	2023 年 第 2 年	2024 年 第 3 年	…… ……	20××年 第 n 年
一	资源或开发权出让价格							
1	××品级××矿							
2	××新能源项目开发权							
3	××资产经营期/收费权							
二	资源或开发权出让规模							
1	××品级××矿							
2	××新能源项目开发权							
3	××资产经营期/收费权							
三	资源或开发权出让收入	万元						
1	××品级××矿	万元						
2	××新能源项目开发权	万元						
3	××资产经营期/收费权	万元						
四	资源或开发权出让收入地方留存比例							
1	××品级××矿							
2	××新能源项目开发权							
3	××资产经营期/收费权							
五	资源或开发权出让收入地方留存金额	万元						
1	××品级××矿	万元						

续表

序号	地块编号	单位	合计	2022年	2023年	2024年	……	20××年
				第1年	第2年	第3年	……	第n年
2	××新能源项目开发权	万元						
3	××资产经营期/收费权	万元						

(四) 合作范围新增税收地方留存

合作范围新增税收地方留存主要可以分为四大类：

1. 合作项目投资建设运营等环节相关税费；
2. 合作范围内土地出让环节相关税费；
3. 合作区域内房地产投资建设及物业销售出租等环节相关税费；
4. 合作区域内导入产业开发和运营等环节相关税费。

合作范围新增税收地方留存应首先考虑合作范围内有哪些新增税收类型，然后根据国家及地方的相关法律法规，与地方的财政、税务等部门进行沟通，确定不同税收类型本级政府的留存比例。

表5.3-8 合作范围内各项税收留存比例表

序号	税费科目	计税基础	税率费率	纳税地点	项目属地缴税比例	本级政府留存比例
一	税收收入					
1	土地成交环节税收					
1.1	契税	土地成交价				
1.2	印花税	土地成交价				
2	建安投资环节税收					
2.1	增值税	项目建安投资＋房地产投资额(不含税)				
2.2	城市维护建设税	建安环节实缴增值税				
2.3	印花税	项目建安投资＋房地产投资额(不含税)				
2.4	企业所得税	项目建安投资＋房地产投资额(不含税)				
3	房产销售环节税收					
3.1	增值税	房地产销售额				

续表

序号	税费科目	计税基础	税率费率	纳税地点	项目属地缴税比例	本级政府留存比例
3.2	城市维护建设税	实缴增值税				
3.3	印花税	房地产销售额				
3.4	企业所得税	利润总额				
3.5	土地增值税	房地产销售额				
	住宅	住宅销售额				
	商业	商业销售额				
3.6	城镇土地使用税（元/平方米）	住宅、商业占地面积				
3.7	契税	房地产销售额				
	住宅	住宅销售额				
	商业	商业销售额				
3.8	房产税	商业租金收入				
4	产业发展环节产生的税收					
4.1	产业投资建设税收	工业用地占地面积				
4.2	产业投产运营税收	工业用地占地面积				
5	其他税收					
5.1	个人所得税	应纳税额				
5.2	资源税	从量或从价计征				
	……					
二	非税收入					
1	基础设施配套费（元/平方米）	建筑面积				
2	教育费附加	增值税				
3	地方教育费附加	增值税				

根据项目的具体情况，对合作项目及合作范围内的经济活动进行定量化分析，计算各项税费的计算基数，并结合当前的税率和本级地方政府留存比例，估算项目合作期内各年的各项税费和地方政府留存部分，各项税费的地方留存可以作为政府财政的可支配收入用于合作项目开发的资金来源。

表 5.3-9　合作范围内各项税费留存新增可支配财政资金测算表

序号	地块编号	地方留存比例	合计	2022 年 第 1 年	2023 年 第 2 年	2024 年 第 3 年	…… ……	20××年 第 n 年
一	各项税费计算基数							
1	合作项目"投建营"环节							
	建安工程费							
	工程建设其他费用							
	运营成本							
	项目公司营业收入							
2	合作范围土地出让环节							
	土地出让金							
3	合作范围房地产开发及租售环节							
	房地产建安费用							
	房地产销售收入							
	房地产出租收入							
	房地产自持资产规模							
4	合作范围产业开发及运营环节							
	产业开发阶段投资规模							
	产业运营阶段营收规模							
5	其他相关计税基数							
	合作范围内新增就业及引入人才							
	新增就业及引入人才人均个税							
	应税资源销售收入							
	其他应税基数							
二	各项税费收入估算							
1	合作项目"投建营"环节							
	增值税							
	城市建设维护税							
	教育费附加							

续表

序号	地块编号	地方留存比例	合计	2022年第1年	2023年第2年	2024年第3年	……	20××年第n年
	地方教育费附加							
	印花税							
	企业所得税							
2	合作范围土地出让环节							
	土地出让契税							
	印花税							
3	合作范围房地产开发及租售环节							
	增值税							
	城市建设维护税							
	教育费附加							
	地方教育费附加							
	印花税							
	企业所得税							
	房产销售契税							
	土地增值税							
	房产税（出租）							
	房产税（自持）							
4	合作范围产业开发及运营环节							
	产业开发阶段综合税费							
	产业运营阶段综合税费							
5	其他相关税费							
	个税应纳税额							
	应税资源销售收入							
	其他应税基数							
三	各项税费留存金额							
1	合作项目"投建营"环节							
	增值税							

续表

序号	地块编号	地方留存比例	合计	2022年第1年	2023年第2年	2024年第3年	……	20××年第n年
	城市建设维护税							
	教育费附加							
	地方教育费附加							
	印花税							
	企业所得税							
2	合作范围土地出让环节							
	土地出让契税							
	印花税							
3	合作范围房地产开发及租售环节							
	增值税							
	城市建设维护税							
	教育费附加							
	地方教育费附加							
	印花税							
	企业所得税							
	房产销售契税							
	土地增值税							
	房产税（出租）							
	房产税（自持）							
4	合作范围产业开发及运营环节							
	产业开发阶段综合税费							
	产业运营阶段综合税费							
5	其他相关税费							
	个税应纳税额							
	应税资源销售收入							
	其他应税基数							

注：上述税收收入的实现受到销售收入、运行成本及国家税收政策等因素重要影响。

(五) 合作范围内政府必要支出(如需扣除)

在项目整体资金平衡时,可以根据实际资金情况考虑可以扣除的合作范围内政府必要支出,主要包括未纳入项目公司投资范围的部分开支,以及政府为实施本项目所需的其他必要开支。

合作范围内未纳入项目公司投资范围的部分开支,像项目征地拆迁、土地指标等相关政策处理费用占比过高,主要是根据项目实际情况,可以考虑该部分资金部分由项目公司承担,部分由政府财政直接承担或地方国资公司承担。此外,项目公司成立前已经发生的部分前期费用,已经由政府部门或国资公司支付,这部分费用可以纳入项目公司投资范围,也可以不纳入。根据合作项目的资金平衡情况,若资金能够平衡,该部分由政府或国资公司承担的政策处理费用或前期费用,可以按照投资比例,对区域内新增收入进行分配;由于EOD项目存在较大的价值外溢性,若不能完全平衡,则可以按照合作各方协商约定的比例进行分配。

政府实施本项目所需的其他必要开支,主要是考虑EOD项目中可能存在需要从上述收入来源中扣除的当地政府运转成本,即项目合作期内其每年的人员经费、农村基础设施、物业补贴、保洁等运转经费,可根据项目资金平衡情况和实施需要,选择是否在项目收入来源中予以扣除。

(六) 政府可用财政收入合计

综上分析,在项目合作期内,合作范围内政府新增可支配财政收入测算参见表5.3-10。

表 5.3-10 合作范围内新增可支配财政收入测算表　　单位:万元

序号	项目	合计	2022年 第1年	2023年 第2年	2024年 第3年	……	20××年 第n年
1	土地出让金地方留存						
	住宅用地						
	商业用地						
	产业用地						
2	土地指标出让收入						

续表

序号	项目	合计	2022年 第1年	2023年 第2年	2024年 第3年	……	20××年 第n年
	新增水田						
	新增旱田						
	新增旱改水						
3	资源或开发权出让收入地方留存						
	×××资源或开发权						
	×××资源或开发权						
4	合作范围内新增税费留存						
	合作项目"投建营"环节						
	合作范围土地出让环节						
	合作范围房地产开发及租售环节						
	合作范围产业开发及运营环节						
	其他相关税费						
5	政府财政收入合计						
6	合作范围内政府必要支出（如需扣除）						
	合作范围内投资范围外相关政策处理费						
	合作范围内政府运作所需必要支出						
7	政府财政可支配收入合计						

二、经营性项目营业收入及税费

根据项目具体情况明确EOD项目的经营性收入及其构成，分析各个主营业务及其他业务的营业收入及增值税销项税，制定相应的子项目收入预测表，见表5.3-11。同时可以根据项目建设和运营阶段所拥有的增值税进项税情况，计算项目未来需要实缴的增值税及附加。在项目交易结构搭建和商务谈判时，部分经营性资源可以在合理范围内折价给项目公司，用于对非经营性项目或准经营性项目的资金平衡。

表 5.3-11　经营性项目营业收入测算表

序号	项目	单位	合计	2022 年 第 1 年	2023 年 第 2 年	2024 年 第 3 年	……	20××年 第 n 年
1	主营业务 1 营业收入							
	主营产品 1 价格							
	主营产品 1 销量(采用)							
	主营产品 1 销量(预测)							
	增长率							
	增值税销项税							
2	主营业务 2 营业收入							
	主营产品 2 价格							
	主营产品 2 销量(采用)							
	主营产品 2 销量(预测)							
	增长率							
	增值税销项税							
3	其他收入							
	票价收入合计							
	其他收入比例							
	增值税销项税							
4	营业收入合计(含税)							
	营业收入合计(不含税)							
	增值税销项税合计							

表 5.3-12　营业税金及附加测算表　　　　　　　　　　单位:万元

序号	项目	合计	2022 年 第 1 年	2023 年 第 2 年	2024 年 第 3 年	……	20××年 第 n 年
1	营业收入						
1.1	主营业务收入(不含税)						
1.2	政府付费收入(不含税)						
	可行性缺口补助/政府付费						
2	营业税金及附加						
2.1	营业税金						

续表

序号	项目	合计	2022年 第1年	2023年 第2年	2024年 第3年	……	20××年 第n年
2.2	营业税金附加（增值税附加）						
	城市维护建设税						
	教育费附加						
3	实缴增值税						
3.1	销项税额						
	主营业务销项税						
	政府付费销项税						
3.2	进项税额						
	建设投资进项税						
	运营成本进项税						
3.3	上期留抵税额						
	建设投资留抵税额						
	运营成本留抵税额						
3.4	实际抵扣税额						
	建设投资进项税抵扣税额						
	运营成本进项税抵扣税额						
3.5	期末留抵税额						
	建设投资留抵税额						
	运营成本留抵税额						
3.6	实缴增值税						

三、"投建营"各项综合开发成本

本项目"投建营"实施所需的各项成本，扣除为实施本项目可以获得的相关外部资金，即为地方政府和项目公司要为本项目实际花费的相关综合开发成本。本项目"投建营"实施所需的各项成本主要包括固定资产建设投资成本（含工程费用、工程建设其他费用、各项政策处理费及前期费用、预备费），运营维护成本（含直接运营成本、项目公司运营管理成本等），财务费用等；为实施本项目可以获得的相关外部资金主要包括合作范围内开发项目可以获得的各级政府专项资金、补助资金、奖励资金等。

(一) 建设投资成本

固定资产建设投资成本主要包括工程费用、工程建设其他费用、各项政策处理费及前期费用、预备费等，具体应根据 EOD 依托子项目清单（纳入项目公司项目），初步确定 EOD 项目投资额及其构成，并根据设定的各类工程下浮率最终确定项目总投资。

表 5.3-13　建设投资估算表

序号	项目	初始投资组成 金额(万元)	初始投资组成 比例	下浮率	下浮后投资组成 金额(万元)	下浮后投资组成 比例
1	工程费用					
	建安工程费					
	设备购置费					
2	工程建设其他费用					
	征地拆迁与移民安置					
	其余不可竞争性其他费用					
	可竞争性工程其他费用					
3	无形资产					
4	基本预备费					
	建设投资					
5	流动资金					
	静态总投资					

表 5.3-14　项目年度投资估算表　　　　　　　　单位：万元

序号	项目	合计	2022年 第1年	2023年 第2年	2024年 第3年	…… ……	20××年 第n年
1	工程费用						
	建安工程费						
	设备购置费						
2	工程建设其他费用						

续表

序号	项目	合计	2022年	2023年	2024年	……	20××年
			第1年	第2年	第3年	……	第n年
	征地拆迁与移民安置费						
	其余工程建设其他费用						
3	无形资产						
	建设投资小计						
4	流动资金						
	静态总投资小计						
5	建设期利息(含其他融资费用)						
	动态总投资合计						
6	更新改造/大修费用						
7	设备新增/重置费用						
8	补充流动资金						
	全周期总投资合计						

(二)运维管理成本

合作期内,整个项目运营阶段所需支出包括运维内容直接运营成本,以及项目公司的运营管理成本。

运维内容直接运营成本:根据EOD项目清单中涉及基础设施及公共服务设施建设工程的内容范围和行业领域以及相关立项设计文件,结合项目及其所在地实际情况和行业经验参数,合理预测项目公司在合作期内对设施进行维护保养及其中大修和更新重置(如需)等费用。对于前期工作深度尚不充分完善、相关行业领域成熟度不够、经验参数欠缺的EOD依托子项目,亦可考虑按工程投资额(不含土地整理利用工程)的一定比例计提该子项目年运维费用。

项目公司运营管理成本:项目公司根据所运营的基础设施、公共服务设施、产业导入、城市服务等内容,构建用于直接运营服务和内外部管理服务的组织结构,并在合作项目及公司运作过程中所发生的各项费用,包括工资及福利费、开办费、办公费、差旅费、保险费、审计费、管理费等各项开支。

(三) 财务费用

在项目公司建设及运营阶段,根据项目公司建设运营内容,以及未来的经营性项目收入情况,项目公司股东方提供各项融资支持措施,为项目公司拟定并执行合适的融资方案和融资计划,以项目公司为融资主体,向相关金融机构或投资机构进行债务融资。为保障项目公司的融资可行性,通常会建立多元化融资渠道及相应的保障措施。融资方案通常包括融资渠道、融资条件、融资比例、融资利率和还款方式等。通常 EOD 项目可以积极争取一些国开行低成本的政策性优惠贷款。

在财务模型分析中,通常将建设期融资成本纳入股东资产进行折旧或摊销,运营期融资成本作为财务费用纳入项目公司的总成本费用,并在所得税前进行列支抵扣。项目公司融资方案及还本付息可以按照表 5.3-15 进行分析。

表 5.3-15 项目公司融资还本付息表　　　　　单位:万元

序号	项目	合计	2022 年 第 1 年	2023 年 第 2 年	2024 年 第 3 年	…… ……	20××年 第 n 年
1	长期借款						
1.1	期初借款本息						
1.2	本期新增借款						
1.3	本期应计利息						
	其中建设期利息						
1.4	本期还本付息						
	偿还本金						
	支付利息						
1.5	其他融资费用						
1.6	期末本息累计						
2	短期借款						
2.1	期初借款本息						
2.2	本期新增借款(期末)						
2.3	本期应计利息						
2.4	本期还本付息						

续表

序号	项目	合计	2022年 第1年	2023年 第2年	2024年 第3年	……	20××年 第n年
	偿还本金						
	支付利息						
2.5	其他融资费用						
2.6	期末本息累计						
3	流动资金借款						
3.1	期初借款本息						
3.2	本期新增借款						
3.3	本期应计利息						
3.4	本期还本付息						
	偿还本金						
	支付利息						
3.5	其他融资费用						
3.6	期末本息累计						
4	债务资金合计						
4.1	期初借款本息						
4.2	本期新增借款						
4.3	本期应计利息						
	其中建设期利息						
4.4	本期还本付息						
	偿还本金						
	支付利息						
4.5	其他融资费用						
4.6	期末本息累计						
计算指标	利息备付率 ICR(%)						
	偿债备付率 DSCR(%)						

（四）各项专项资金或奖补资金

EOD项目或其他综合开发项目中,如果有一些水利项目、生态环境项目、一些其他重大基础设施项目或符合国家相关政策文件推广的项目时，可以积极争取获得一些相关的中央财政预算内专项资金、省级政府补助资金、地市级或区县级相关补助或配套资金、各项相关试点项目奖补资金等专项资金或奖补资金。

项目公司及相关主管部门应积极申报和落实这些专项资金或奖补资金，降低项目的资金平衡难度，增加项目的经济可行性和示范作用。若项目公司获得相应的专项资金或奖补资金，既可以降低项目公司的总投资规模，也可以减少相应的政府绩效付费。

四、基于回报机制的绩效付费

一般 EOD 项目或其他综合开发项目在招标时，就会确定项目的回报机制，主要包括项目公司投资合作范围，以及相应的综合开发成本的投资回报来源。通常项目公司所需支出范围包括建设投资成本、运维管理成本、财务费用、各项税费之和扣除各专项资金和奖补资金，项目公司收益包括经营性项目营业收入及招标的国资公司提供的绩效付费，绩效付费主要来源于政府财政可支配收入。

绩效付费可按照如下公式设定：

绩效付费＝（建设投资成本＋运维管理成本＋合理投资回报－专项资金和奖补资金－经营性项目净收益）×［绩效考核比例×绩效考核系数＋（1－绩效考核比例）］

每期合理投资回报可按照如下公式设定：

每期合理投资回报＝（期初未回收投资成本及合理回报×支付周期＋当期新增投资成本×平均资金占用时间）×合理投资回报率

项目公司及社会资本方承担的风险越高，则合理投资回报率越高，具体合理投资回报率可按照如下公式设定：

合理投资回报率＝社会无风险投资回报率＋（税前综合资金成本－社会无风险投资回报率）×（1＋经营性风险溢价率＋合作期长短溢价率＋绩效考核风险溢价率＋不可抗力风险溢价率＋其他不确定性溢价率）

项目的可融性越低,融资成本越高,资本金比例越高,则税前综合资金成本越高,具体可按照如下公式设定:

税前综合资金成本＝[股权资金平均资金成本×资本金比例×股权资金占用时间/(1＋企业所得税率)＋债务资金平均资金成本×债务资金比例×债务资金占用时间]/(资本金比例×股权资金占用时间＋债务资金比例×债务资金占用时间)

第四节　政府层面资金收支平衡测算

一、政府层面收入计算

政府层面的收入主要包括如下四个方面:
1. 合作范围内土地出让金本级政府留存部分;
2. 合作范围内土地综合整治后土地指标出让收益;
3. 合作范围内各项资源或开发权出让收入地方留存部分;
4. 合作范围内各项综合开发活动新增税费本级政府留存部分。

二、政府层面支出计算

政府层面的支出主要包括如下两个方面:
1. 合作范围内政府必要支出,主要包括合作范围内未纳入项目公司投资范围的部分开支和政府实施本项目所需的其他必要开支;
2. 政府财政为本项目支付给项目公司或地方国资公司的绩效付费。

三、项目资金匹配情况

根据上述测算,可得出 EOD 项目或其他综合开发项目政府层面的资金平衡情况。每年的资金匹配情况见表 5.4-1。

表 5.4-1　政府层面项目资金匹配测算　　　　　　　　　　单位：万元

序号	项目	合计	2022年 第1年	2023年 第2年	2024年 第3年	……	20××年 第n年
一	政府层面收入合计						
1	土地出让金地方留存						
2	土地指标出让收入						
3	资源或开发权出让收入地方留存						
4	合作范围内新增税费留存						
二	政府层面支出合计						
1	合作范围内政府必要支出（如有）						
2	绩效付费（或可用性缺口补助）						
三	政府层面盈余资金						

注：年资金盈余为正值代表该年资金有盈余，为负值代表该年资金有缺口，进而得出项目总资金盈余状况。

第五节　项目公司层面财务指标测算

一、项目公司层面收入计算

项目公司层面收入主要包括以下两个方面。

1. 经营性项目营业收入。包括主营业务收入和其他收入等，详见本章第三节中"经营性项目营业收入及税费"部分。

2. 基于回报机制的绩效付费。若 EOD 项目产生的经营性收入确实不足以覆盖项目公司的投资和运维成本及其合理回报，为了弥补该不足，政府应支付项目公司相应合理的可行性缺口补助，该支付资金来源于本项目政府可支配财政收入，详见本章第三节中"政府可支配财政收入"部分。

二、项目公司层面支出计算

项目公司层面支出主要包括五个方面，详见本章第三节中"'投建营'综合开发成本"和"经营性项目营业收入及税费"部分。

1. 建设投资成本；
2. 运维管理成本；
3. 财务费用；
4. 扣除项目公司可获得的各项专项资金或奖补资金；
5. 各项税费支出。

若从项目公司股东方层面考虑，则上述第一项"建设投资成本"，应当替换为如下两项：

（1）项目资本金；
（2）项目公司债务融资还本付息。

三、项目公司利润表情况

根据上述项目公司成本及收入情况，得出项目公司合作期内的总收入、总成本、增值税、所得税、净利润及净利润率等指标，并最终得出项目公司的资本金税后内部收益率。

表 5.5-1　项目公司利润表　　　　　　　　　　　　　单位：万元

序号	项目	合计	2022 年 第 1 年	2023 年 第 2 年	2024 年 第 3 年	…… ……	20××年 第 n 年
1	项目公司总营业收入						
1.1	主营业务收入						
1.2	政府付费收入						
2	营业税金及附加						
2.1	增值税附加						
3	总成本费用						
4	利润总额						
5	弥补以前年度亏损						
6	应纳税所得额						
7	企业所得税						
8	税后利润						
9	期初未分配利润						

续表

序号	项目	合计	2022年 第1年	2023年 第2年	2024年 第3年	……	20××年 第n年
10	税后利润弥补五年以上亏损						
11	可供分配的利润						
12	法定盈余公积金						
13	提取任意盈余公积金						
14	可供投资者分配利润						
15	应付优先股股利						
16	应付普通股股利						
	社会投资人利润分配						
	政府方利润分配						
17	期末未分配利润						
18	用于还贷的未分配利润						
19	还贷后期末未分配利润						
20	息税前利润(EBIT)						
21	息税折旧及摊销前利润(EBITDA)						

四、项目公司财务指标

项目公司的财务指标主要包括全投资财务内部收益率(简称:全投资收益率)、全投资净现值、全投资回收期、资本金财务内部收益率(简称:资本金收益率)、资本金净现值、资本金投资回收期,这些财务指标主要通过全投资现金流量表、资本金现金流量表计算,表格模板可以参考表5.5-2和表5.5-3。

表 5.5-2　项目公司全投资现金流量表　　　　　单位:万元

序号	项目	合计	2022年 第1年	2023年 第2年	2024年 第3年	……	20××年 第n年
1	现金流入						
1.1	主营业务收入						
1.2	政府付费营业收入						

续表

序号	项目	合计	2022年 第1年	2023年 第2年	2024年 第3年	……	20××年 第n年
1.3	增值税销项税						
2	现金流出						
2.1	建设投资						
2.2	维持运营投资						
2.3	经营成本						
2.4	销售税金及附加						
2.5	增值税进项税						
2.6	实缴增值税						
3	所得税前净现金流量						
4	所得税前累积净现金流量						
5	调整所得税						
6	所得税后净现金流量						
7	所得税后累积净现金流量						
8	税后净现值						
9	税后累计净现值						
计算指标			所得税前		调整所得税后		
	财务内部收益率FIRR						
	财务净现值FNPV		($I_c=$%)		($I_c=$%)		
	静态投资回收期(年)						
	动态投资回收期(年)						

表 5.5-3 项目公司资本金现金流量表　　　　　　　　单位:万元

序号	项目	合计	2022年 第1年	2023年 第2年	2024年 第3年	……	20××年 第n年
1	现金流入						
1.1	主营业务收入						
1.2	政府付费营业收入						
1.3	增值税销项税						

续表

序号	项目	合计	2022年 第1年	2023年 第2年	2024年 第3年	……	20××年 第n年
1.4	回收固定资产						
1.5	回收流动资金						
1.6	回收金融资产						
1.7	短期借款年末借入本金						
2	现金流出						
2.1	项目资本金						
2.2	维持运营投资						
2.3	经营成本						
2.4	经营成本进项税						
2.5	实缴增值税						
2.6	销售税金及附加						
2.7	长期借款还本付息						
2.8	短期及流动资金借款利息						
2.9	短期借款年末支付前一年本金						
3	税前净现金流量						
4	税前累计净现金流量						
5	企业所得税						
6	税后净现金流量						
7	税后累积净现金流量						
8	税后净现值						
9	税后累计净现值						
计算指标			所得税前			所得税后	
计算指标	财务内部收益率 FIRR						
计算指标	财务净现值 FNPV		($I_c=$ %)			($I_c=$ %)	
计算指标	静态投资回收期(年)						
计算指标	动态投资回收期(年)						

第六节　社会资本层面财务指标测算

一、社会资本层面收入计算

从社会资本方投资角度考虑,社会资本方能够从项目中获得的投资收益主要来自项目公司的股东分红收入,项目过了投资峰值,进入投资回收的后期时回收的资本公积,以及社会资本方通过项目公司清算或股权退出时获得的相应股权比例的项目公司剩余所有者权益。

若合作期末,社会资本通过项目公司清算退出,资产无偿移交,则社会资本方期末能够获得的主要为项目公司清算后剩余的货币资金(包括注册资本、部分资本公积和经营利润);由于项目公司承担了经营性风险,若项目公司未来的实际经营性项目收入远不及预期,可能导致项目公司亏损,此时,项目公司清算时不仅不能获得相应的投资回收的货币资金,还需要按照股权比例支付完相应的货币资金用于项目公司清偿债务,项目公司清偿完债务后,才能实现项目公司的资产移交和清算退出。

若合作期末,社会资本通过股权转让的方式退出的,一种是对退出前项目公司的资产负债及相关权益进行统计结算,将项目公司剩余权益作为股权转让的对价,社会资本获得相应的股权对价后,将相应的股权转让给甲方或其指定机构;另一种是按照招标时约定的股权对价,即按照实际投入的自有资金金额,以及占用时间和中标投资回报率计算相应的股权转让对价。

二、社会资本层面支出计算

从社会资本方投资角度考虑,社会资本方能够为该项目支出的主要内容包括项目中按照约定的股权比例支付的注册资本金和项目资本金,以及为项目融资提供的其他支持,如融资增信担保(如有)、履约保函(如有)、股东借款(如有)等。

通常履约保函金额不大时，在测算时可以不考虑。股东借款利率与企业平均投资收益或综合资金成本相差不大时，在测算时也可以不用考虑；若股东借款利率低于企业平均投资收益或综合资金成本一定程度（如50BP）时，则应考虑股东借款导致的社会资本方产生的利益损失。

三、社会资本层面财务指标

社会资本层面的财务指标主要包括社会资本方投资内部收益率、财务净现值、投资回收期，这些财务指标主要通过社会资本方投资现金流量表计算，表格模板可以参考表5.6-1。

表5.6-1 社会资本方投资现金流量表　　　　单位：万元

序号	项目	合计	2022年 第1年	2023年 第2年	2024年 第3年	…… ……	20××年 第n年
1	现金流入						
	项目公司利润分配						
	资本公积回收						
	注册资本回收						
	其他收入（或有）						
2	现金流出						
	注册资本金						
	资本公积						
	履约保函费用（或有）						
	其他支出（或有）						
3	净现金流						
	财务内部收益率FIRR						
	财务净现值FNPV						(I_c=　　%)

第六章
EOD项目"投建营"一体化实施路径

第一节　EOD实施方案编制要点

根据相关政策文件并结合相关项目实践经验,EOD项目实施方案的内容要点及其简析如下。

一、项目区域总体情况

（一）项目区域概况

包括项目区域范围、经济社会发展概况。

（二）生态环境现状与突出问题

主要指EOD项目区域范围内以及与项目所在地相关的生态环境现状和存在的突出问题,从而将现状问题与EOD项目的实施目标进行有效衔接并予以提升和解决。

（三）生态环境保护与产业融合发展思路

根据项目内容和区域范围内及项目所在地的社会经济发展实际情况,制定EOD项目在生态环境保护与关联产业引进、可持续融合发展方面的总体原则和实施思路。

（四）项目实施目标

指 EOD 项目的生态环境效益目标，包括近期目标和远期目标，应明确项目实施前后生态环境质量改善的定量、定性目标。

二、项目建设内容

（一）生态环境保护与产业融合发展思路

梳理和概述 EOD 项目生态环境保护与产业开发之间融合发展的指导原则和总体思路，可通过思维导图予以体现。

（二）依托项目名称与建设内容

根据前期规划和相关政府审批文件，明确 EOD 项目依托子项目名称、范围和建设内容，工程措施及其与生态环境治理和关联产业开发之间的对应关系等。

（三）项目建设内容之间的关联性

在指导原则和总体思路的基础上，进一步明确 EOD 项目生态环境治理与关联产业开发之间的关联关系，从而实现两者融合共生。

三、项目实施方式与计划

（一）项目组织实施方式

项目组织实施方式指生态环境治理与关联产业实现一体化实施，依法依规确定 EOD 项目实施主体的方式，引入社会资本。其主要包括实施理念和原则、实施主体和方式、运作流程、资金来源、绩效评价等。

（二）实施期限

根据相关法规政策，结合 EOD 依托项目的范围、内容、规模体量、经营属性构成、合理项目回报及其投资回收期等因素,明确项目建设期、运维期等。

(三) 项目实施进展

根据 EOD 项目的实际进展、合理预期规划及相关法规政策,明确项目立项、项目实施进度等情况。

(四) 年度计划

以项目实施进度为基础,进一步制定和明确项目实施年度计划,并根据项目实际进展进行动态滚动调整。

四、投资估算与资金筹措

(一) 投资估算

根据前期相关规划审批、项目建设范围和内容以及立项可研(如有),明确 EOD 项目投资估算及其编制依据。

(二) 资金筹措

根据相关法律政策、项目投资规模和内容构成、项目所在地政府及相关机构平台的实际情况和研判决策以及前期融资意向沟通,说明 EOD 项目建设的主要资金来源,包括资本金筹集方式和比例、项目融资来源及渠道。

五、项目财务分析

(一) 财务测算边界条件

根据收益贴现法财务测算的基本逻辑原理和同类项目的实务经验惯例,EOD 项目财务效益测算主要边界条件包括项目合作期限,经营性项目产能规模、价格、成本、税收等要素条件,EOD 项目公司在运营期内获得收入的方式、建设投资资金回报率、运维利润率等资金回报要素条件,各类依托子项目的工程下浮率、资本金比例、融资方式和比例、融资利率、还款方式等其他条件。

（二）预期收益、支出测算

1. 明确项目层面的成本、收益及其测算依据，增强项目收益、支出测算的科学性与合理性；

2. 不将土地出让收益、税收、预期新增财政收入等返还补助作为项目收益；

3. 项目建设、运维成本均包括生态环境治理与产业开发等内容。

（三）财务效益分析与项目资金平衡方案

1. 以 EOD 项目为整体开展财务测算，并对项目预期收益支出进行评价分析；

2. 建设和运营期间，需政府资金投入的项目须明确政府资金投入的额度和方式；

3. 除规范的 PPP 项目外，不涉及运营期间政府付费；

4. 优化项目内容，力争在不依靠政府投入的情况下实现项目整体收益与成本平衡。

六、与传统实施方式的差异性分析

主要包括投融资机制、环境治理成效、项目推进路径、组织管理方式等方面的差异性。

七、实施保障

主要包括 EOD 项目工作在政策机制创新、推进领域与路径以及长效机制建立等方面对项目顺利实施和成功实现目标所提供的综合保障。

八、相关附件

主要包括 EOD 项目基本情况表、EOD 项目实施承诺函、前期立项和相关政府批文、财务测算主要表格、绩效考核机制等。

第二节 "投建营"一体化实施过程

一、实施理念

EOD项目实施理念以生态保护和环境治理为基础,以特色产业运营为支撑,以区域综合开发为载体,采取产业链延伸、联合经营、组合开发等方式,推动公益性较强、收益性差的生态环境治理项目与收益较好的关联产业有效融合,统筹推进,一体化实施,将生态环境治理带来的经济价值内部化。如图6.2-1所示。

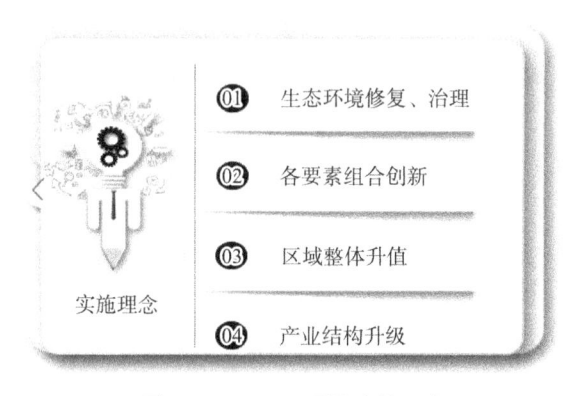

图 6.2-1　EOD项目实施理念

二、实施原则

EOD项目以"政府主控、企业主导、市场运作"为实施原则,明确社会资本方获取合理回报的基本路径,畅通社会资本方投入和退出的多元通道,实现实施主体与社会资本方规范合作、互利共赢。如图6.2-2所示。

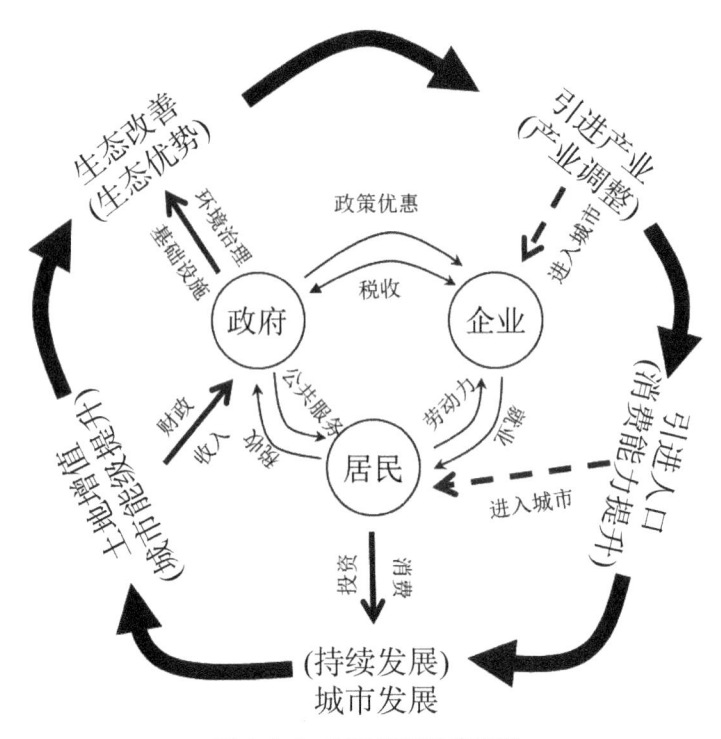

图 6.2-2　EOD 项目实施原则

三、运作流程

作为以引进社会资本实现生态环保项目的投融资和管理专业化目标的 EOD 模式，其运作模式大同小异。以典型的"ABO＋投资人＋EPC 模式"为例，EOD 项目的主要运作流程如下。

1. 县级以上人民政府授权项目实施机构（通常为主管部门），实施机构明确授权地方国企平台以 EOD 方式实施项目，并负责依托项目区域内的投资、建设及运营。

2. 设计、咨询机构开展 EOD 项目前期相关规划设计、实施方案、物有所值和财政承受能力报告（PPP 模式）编制，分阶段动态开展项目财务效益和政府税收效益测算，并根据项目实际情况和业主需求开展 EOD 项目试点申报（如需，非必须）以及 PPP 项目入库申报。

3. 咨询机构编制 EOD 项目相关的招标采购程序文件及项目合同，根据项目选择的具体运作模式,实施机构/地方国企平台进行竞争性招标采购以及评审和谈判,具备相应资质的中标社会资本同时获得项目投资、建设和运维权,地方国企平台与社会资本共同组建项目公司,承接平台公司在该项目中的权、责、利。

4. 为加快推进项目落地实施,对已具备招标条件的依托子项目,政府实施机构或地方国企平台可在早期采用和启动 EPC 或 EPC+O 模式,后续作为存量项目移交项目公司,已实施或正在实施的子项目亦可移交项目公司统一管理。项目公司依据现有批复规划,对 EOD 依托子项目分批实施,合作区域内新增收益均可作为项目公司还款来源;若收益不足,由地方国企平台以自有资金予以平衡。社会资本也适当参与区域地块的投资开发(由社会资本或项目公司举牌拿地),助力城市区域开发。

5. 地方国企平台与中标社会资本签署《项目投资协议》和《股东合资协议》,依法成立项目公司,在《项目投资协议》中约定由项目公司作为投资开发主体实施本项目所涉及的投融资、项目策划、土地整理、生态修复、污染源整治、城镇更新改造、路网提升改造、基础设施配套建设等内容。项目公司向国开行等金融机构申请项目中长期贷款,并积极争取各类符合条件的资金,以创新性资本运作手段获取项目融资。

6. 地方国企平台可对项目工程建设、资产运营状况及规划范围内土地价值提升情况等设定相应绩效考核标准,并约定基准回报率及增值收益的分享机制。

7. 在产业招商阶段,继续借助咨询机构的专业力量,政府及项目公司开展产业集群的谋划、突破与落地,并统筹落实区域产业定位和发展规划,选取产业价值链的核心环节作为招商方向;进而结合产业链核心环节,锁定具体招商目标,充分对接市场上合适的且对区域产业感兴趣的企业并筛选优质的产业投资运营商。

8. 在产业导入阶段,专业咨询机构协助政府起草编制相关的框架协议或合作协议,并与潜在产业投资运营商进行深度商务谈判,直至达成共识签署相关协议及其他法律文件。

9. 项目合同约定的合作期满后,项目公司履约完成 EOD 项目的投资、建设、开发、运维职责,项目公司将项目资产及其运维权整体移交给政府指定机构,或者社会资本方通过股权转让退出项目公司。

四、退出机制

根据以 PPP/特许经营为主的生态环保项目市场化运作的经验惯例,除期满终止外,EOD 项目可以在主协议《特许经营协议》及其附件《投资合作协议》中约定,在满足一定期限和不影响项目持续正常实施等条件的前提下,社会资本可采用股权转让、股东回购、非正常提前终止以及资产证券化等方式,实现其在特许经营期内退出项目。

第三节　项目合同体系及商务谈判要点

一、项目合同结构

EOD 项目合同分为两个层次。

第一层次为由实施机构、社会资本方、项目公司等主体之间签署的《投资合作协议》《特许经营协议》《公司章程》等协议。在项目招标采购完成后,首先由社会资本与实施机构签署《投资合作协议》;社会资本编制《项目公司章程》;项目公司成立后,由实施机构与项目公司签订《特许经营协议》。《特许经营协议》作为第一层次合同体系的主合同,与《投资合作协议》及其他文件共同构成一个完整的合同体系。

第二层次是由项目公司和项目推进过程中的各相关主体签署的合同体系,例如由项目公司与金融机构签署的融资合同、与其他社会投资人签署的联合开发协议等。

二、主要合同内容

(一)《投资合作协议》

项目公司本身不具备相应的资质或者资源能力,设置《投资合作协议》主要为确认政府方与社会资本方就本项目的合作意向,及与社会资本方在出资成立项目公司、为项目公司提供融资支持、股权变更限制、为 EOD 项目区域产业发展提供资源支持及项目公司设立的安排等方面达成一致意见,并作为制定 EOD 项目公司章程的基础和依据。

(二)《特许经营协议》

《特许经营协议》重点是阐述 EOD 项目就合作目标、合作基本原则、运作架构、合作范围和内容以及双方基本权利义务等作出约定,明确各方的权利义务关系,确保项目能在全生命周期内顺利运行,至少包括以下主要条款:

1. 项目名称、内容;
2. 特许经营方式、区域、范围和期限;
3. 项目公司的经营范围、注册资本、股东出资方式、出资比例、股权转让等;
4. 所提供产品或者服务的数量、质量和标准;
5. 项目前期工作及政府承诺和保障;
6. 项目用地及设施权属,以及相应的维护和更新改造;
7. 投融资期限和方式、融资限制;
8. 建设期监管(招投标采购与分包、资金、工期、质量、安全生产等);
9. 收益取得方式,价格和收费标准的确定方法以及调整程序;
10. 绩效考核与中期评估;
11. 履约担保(建设期、运营期、移交);
12. 特许经营期内的风险分担(政府、项目公司、不可抗力及其他);
13. 应急预案和临时接管预案;
14. 特许经营期限届满后,项目及资产移交方式、程序和要求等;
15. 变更、提前终止及补偿;
16. 违约责任(政府、项目公司);
17. 争议解决方式(协商、仲裁、诉讼);
18. 需要明确的其他事项(联系方式、签署生效、未尽事宜等)。

三、商务谈判要点简析

(一)《投资合作协议》

1. 出资比例、方式和到位进度

出资比例与方式符合现实条件且与双方权利义务相匹配;资金到位进度与资金筹措方案相匹配并预留必要的变更调整机制。

2. 项目公司管理层构成及其职责权限

根据各方出资比例、责任定位、派驻人员、专业优势以及相关职位实际需求等因素综合谈判确定。

3. 项目公司议事规则

根据各方出资比例、责任定位、专业优势以及项目公司组织架构和相关决策事项的重要性等因素综合谈判确定。

4. 财务事项和利润分配

在符合相关财务会计管理制度的基础上,根据各方出资比例以及政府财政投入限制条件与付费压力、项目公司内部管理实际情况等因素综合谈判确定。

5. 违约责任和提前终止

作为各方关注的重要事项之一,根据 EOD 项目的实施目标、项目公司内部管理目标、各方权利义务及相关经验惯例谈判确定。

(二)《特许经营协议》

1. 特许经营权相关

主要包括特许经营范围、特许经营期(建设期和运营期)以及特许经营和融资限制等,根据相关法律政策、EOD 依托项目内容范围、项目各项边界条件和相关经验惯例等综合权衡和谈判确定。

2. 项目用地和资产权属

主要包括前期土地征拆和资金来源责任主体、土地使用权获取方式、项目资产所有权和经营权等,根据相关法律政策、土地征拆进展现状、项目公司资金筹措方案、融资担保方式和需求、投资回收、移交方式相关因素综合确定。

3. 项目建设期监管

关注重点主要包括资金到位、工期、质量管理与验收标准和程序等，根据项目建设和运营内容、规模体量、融资方案、行业标准和项目实施目标以及相关行业经验惯例综合谈判确定。

4. 项目回报相关

主要包括项目财务效益测算、建设总投资确定、回报资金来源与支付方式、收费价格标准制定与调整机制等。作为各方最为关注的核心边界条件，需根据相关法律政策、政府财政资金预算和缺口压力、专项资金补贴（如有）、依托项目的经营性资源挖掘、项目财务效益测算及其资金平衡状况以及其他各项边界条件等因素综合谈判确定。

5. 绩效考核与激励挂钩机制

主要包括考核内容与要素构成、占比权重、考核方式和周期、考核评分依据和标准及其与收入挂钩激励机制、动态调整和争议解决等。根据 EOD 依托项目内容构成、产出目标、行业标准、合理投资回报及相关经验惯例综合谈判确定。

6. 履约担保

主要包括履约担保方式（履约保函）、担保事项、担保期限、担保金额、提取事项、金额恢复与保函退还等。根据 EOD 依托项目投资规模、担保阶段、违约事项及其发生概率和影响程度等，并参考相关法规政策和同类项目经验惯例综合谈判确定。

7. 提前终止情形及其补偿机制

作为各方关注的重要事项，提前终止情形主要包括一方违约、法律变更、不可抗力、双方合意等；提前终止补偿金额计算和机制根据相关经验惯例谈判确定。

8. 违约责任及争议解决

包括违约事项以及违约金和其他法律责任、争议解决方式等，根据项目建设和运营产出指标、行业标准制度以及相关法律政策和经验惯例综合谈判确定。

第四节　项目公司运营管理模式

一、项目公司治理

项目公司治理内容主要包括项目公司的股权结构、注册资金及其实缴到位、注册地址、公司名称、治理结构等（参见本章第三节"项目合同体系及商务谈判"中《投资合作协议》相关内容）。

关于组织和治理结构，项目公司应按照《公司法》成立股东会、董事会、监事会及其经营管理机构。

1. 项目公司股东按照实际出资比例行使表决权等法定权益。对修改公司章程，增加或减少注册资本，公司分立、合并、变更形式、解散和清算等事项做出决议，须经代表三分之二以上表决权的股东通过方为有效；就其他事项做出决定时，须经代表半数以上表决权的股东同意方为有效。

2. 项目公司董事会人员配置数量基本与股权比例匹配，董事会决议实行一人一票制，所有决议均需全体董事三分之二以上表决通过方视为有效。政府方派遣的董事，对于影响公共利益或公共安全的事项拥有一票否决权。

3. 设立监事会。监事由股东代表各推荐 1 名，如为偶数则增加 1 名职工监事。

4. 经营管理机构设总经理 1 人，由董事会提名、聘任；副总经理视项目规模和需求合理设置，财务总监、总工程师各 1 人，由总经理提名，经董事会同意由公司聘任；另设财务部负责人 1 人。

5. 经营范围：包括 EOD 依托项目的规划、设计、投融资、建设、运营等，负责合作区域内相关产业的导入。

二、项目公司的运维管理激励机制

EOD 项目根据前期方案确定的运作模式及相关的招投标采购文件成立项目公司后，由项目公司负责项目的融资、建设和约定期限的后续运维。项目公司对 EOD 项目运维的整体统筹协调和计划及其动态持续落实的水平和效果,对 EOD 项目达成目标的成败具有重要意义。因此,对项目公司在运维期除了绩效考核挂钩激励机制之外,通常主要从以下方面予以配套鼓励和支持。

(一) 项目融资

1. 根据《基础设施和公用事业特许经营管理办法》第二十三条:"国家鼓励金融机构为特许经营项目提供财务顾问、融资顾问、银团贷款等金融服务。政策性、开发性金融机构可以给予特许经营项目差异化信贷支持,对符合条件的项目,贷款期限最长可达 30 年。探索利用特许经营项目预期收益质押贷款,支持利用相关收益作为还款来源",项目公司可以为 EOD 项目融资为目的,将其在项目合同中约定的未来收益权采取质押的方式向金融机构进行融资;中标社会资本方亦应积极利用自身资源和优势,协助支持项目公司开展融资。

2. 根据《关于同意开展生态环境导向的开发(EOD)模式试点的通知》(环办科财函〔2021〕201 号):"国家开发银行有关分行对符合条件的试点项目,按照精准施策、市场化运作和风险可控原则,发挥开发性金融大额中长期资金优势,统筹考虑经济效益和环境效益,在资源配置上予以倾斜,加大支持力度",EOD 项目政府方应积极支持项目公司通过国开行等金融机构进行融资。

(二) 市场化运作

为了更好地推进 EOD 项目的实施,亦应积极鼓励项目公司进行市场化运作,充分利用市场资源中资金、规划设计、建设、运营以及产业发展服务等各方面的优势,允许项目公司通过市场化手段对项目需求进行整合运作,但项目公司仍为项目实施的责任主体,政府方只对项目公司进行管理和考核。

(三) 回报机制

在 EOD 项目回报机制的设计中,一方面应充分考虑项目所在地生态环境的承受能力,坚决不以牺牲环境为代价换取经济增长,明确项目生态环保目标的基本要求;另一方面通过引入社会资本开展片区环境综合治理,改善当地的人居环境,推动区域产业绿色转型发展,让经济发展和生态文明相辅相成、相得益彰,让绿水青山变为金山银山。

因此，为了保护项目所在地的生态环境，EOD 项目在项目设计时应充分挖掘项目所在地的关联经营性资源产出，支持项目公司通过提供生态治理和产业发展服务，推动区域产业转型发展，可以通过符合相关规定的关联性商业开发与运营等经营活动获得使用者付费收入，最大限度实现项目收益自平衡，有效降低政府财政支出。

《基础设施和公用事业特许经营管理办法》第十九条提到："特许经营协议根据有关法律、行政法规和国家规定，可以约定特许经营者通过向用户收费等方式取得收益。向用户收费不足以覆盖特许经营建设、运营成本及合理收益的，可由政府提供可行性缺口补助，包括政府授予特许经营项目相关的其他开发经营权益。"根据上述规定，若由于规划、政策等非项目公司原因，项目公司经营性收入发生较大变更，经双方协商一致应由市政府统筹配置同等经济规模的经营性资源。

此外，鉴于 EOD 项目的公益性特征，对项目公司非自身管理原因获取的额外收益，通常建立超额收益分享机制。若经政府审计项目公司在某一运营年的项目内部收益率达到行业合理水平及以上，则自下一运营年起启动政府对项目公司运营收入合理比例的分享机制。

（四）相关配套安排

除项目边界内的各项建设、运营、维护工作外，EOD 项目应同时明确相应的配套安排支持措施，以利于项目的顺利稳妥推进。

通常，政府方主要负责相关新建工程前期手续的协调或审批工作，完成项目的征拆工作，以及项目建设期间所需项目建设红线外的道路、水、电等基础设施的开通平整等配套安排。

第五节　项目实施绩效考核保障机制

根据 EOD 项目依托子项目内容，设定项目绩效目标和考核评价体系，分为建设期和运营期绩效考核，通用性主要考核指标设计和结果应用等内容如下。

一、建设期绩效考核

根据政策要求和 EOD 项目实际情况,建设期主要对项目公司从项目产出、效果和管理方面进行考核。EOD 项目中包含不同依托子项目,在制定和遵循项目总体实施目标的基础上,原则上每个项目根据下列指标进行单独考核和结算,主要考核指标如表 6.5-1 所示。

表 6.5-1 项目建设期绩效考核指标(仅供参考)

一级	二级	三级	评价标准/方法	指标解释/数据来源
产出	规划立项(如需)	规划编制	是否具备,科学规范	来源依据:前期资料及相关政策、专业标准等
		可研	是否具备,科学规范	来源依据:前期资料及相关政策、专业标准等
		立项	是否具备,程序规范	来源依据:前期资料及相关政策
		环评	是否具备,科学规范	来源依据:前期资料及相关政策、专业标准等
	工程管理	竣工验收	因社会资本或项目公司原因出现质量问题或验收未通过	指标解释:符合＊＊＊＊等相关规范(根据不同工程而定)。数据来源:信息填报、监理报告、跟踪审计、工程验收报告等
		项目工期	因社会资本或项目公司原因延误工期	指标解释/数据来源:项目合同中对工期的相关约定
		施工准备	因社会资本或项目公司原因影响项目开工	指标解释:评价项目公司是否做好项目施工准备工作
		施工管理	因施工管理违反相关标准遭群众投诉	指标解释:需符合相关文件规定。数据来源:监理报告,实地调研,地方关于施工管理政策文件、相关规定和项目公司日常绩效监控等
		安全管理	因施工或项目公司原因发生一般安全生产事故	指标解释:符合与建设项目安全生产相关规定。数据来源:监理报告、安全主管部门提供的信息和项目公司日常绩效监控等
		采购管理	采购的工程、设备、原材料等不符合质量标准	指标解释:采购的工程、设备、原材料等质量与项目建设标准一致,无以次充好等现象。数据来源:监理报告、信息填报、实地调研和问卷调查等
		合同管理	合同签订违法违规,履约不力	指标解释:合同签订合法合规,按照签订的相关合同履约。数据来源:信息填报或实地调研或问卷调查等

续表

一级	二级	三级	评价标准/方法	指标解释/数据来源
效果	社会影响	法律纠纷	因社会资本或项目公司原因产生与项目相关的法律纠纷	指标解释:评价项目建设活动对社会发展所带来的直接或间接的正负面影响情况。数据来源:信息填报或实地调研或问卷调查或裁判文书网站查询等
		群体性事件	因社会资本或项目公司原因发生与项目相关的群体性事件	指标解释:评价项目建设活动对社会发展所带来的直接或间接的正负面影响情况。数据来源:信息填报、相关主管部门提供的信息、项目公司日常绩效监控和实地调研等
	生态影响	环境保护	因社会资本或项目公司原因受到环保部门处罚	指标解释:评价项目公司有无造成环境污染和受到环保处罚等。数据来源:信息填报、相关主管部门提供信息和问卷调查等
	满意度	政府部门	根据问卷调查结果评分	指标解释:评价政府相关部门、项目实施机构、社会公众(服务对象)对项目公司或社会资本建设期间相关工作的满意程度。数据来源:问卷调查、主管部门提供信息等
		实施机构	根据问卷调查结果评分	
		社会公众	根据政府或其他相关部门收到的公众投诉,若核实产生投诉的原因是施工方或项目公司违反项目施工相关的标准、流程或制度	
管理	组织管理	部门设置	未根据项目实际建设管理需求设立相关部门或岗位	指标解释:评价项目公司架构是否健全、人员配置是否合理,能否满足项目日常运作需求。数据来源:资料收集和实地调研
		人员配备	虽设立相关部门或岗位,但人员配备未到位或资质不满足	
	资金管理	资本金到位	未能按照合同约定及时足额到位	数据来源:资料收集和实地调研。指标解释:评价社会资本项目资本金及项目公司融资资金的到位率和及时性。数据来源:资料收集、信息填报和项目合同等
		融资到位	未能按照合同约定及时足额到位	
	档案管理	制度建立	未建立档案管理制度或制度内容明显缺失	指标解释:评价项目建设相关资料的完整性、真实性及归集整理的及时性。数据来源:资料收集和实地调研
		人员配备	未配备专职档案管理人员	
		资料完整性	档案资料明显不完整	

续表

一级	二级	三级	评价标准/方法	指标解释/数据来源
管理	信息公开	及时性	因项目公司或社会资本原因未按照相关部门规定及时公开信息	指标解释：评价项目公司履行信息公开义务的及时性与准确性。数据来源：资料收集、实地调研、信息填报、座谈会和问卷调查等
		准确性	信息公开不准确或明显错误	
		完整性	信息公开明显不完整	

二、运营期绩效考核

以建设期绩效考核评分和挂钩机制为基础，根据 EOD 项目拟建设各类子项目的前期规划设计进展及相关运营维护标准，制定各子项目具体运营维护绩效考核指标，总体原则如下：项目建成后相关建筑物/构筑物及其附属设施设备，以满足日常可用性为运营服务标准，结合项目的生态环境治理社会效益各项指标（主要包括水环境治理、景观绿化、居民出行交通和使用、企业和政府增效、企业和居民评价以及项目社会效益的可持续性等），具体参照各子项目的设计标准与规范、当地各行业主管部门制定的标准以及相关的访谈调研和问卷调查等执行。举例如下。

表 6.5-2　项目运营期绩效考核指标（仅供参考）

考核指标	考核子项	权重	扣分标准
设备设施维养			
道路、污水管网市政设施			
水体管理与生态修复			
绿化养护			
居民出行交通使用			
企业和政府增收			
企业和居民评价			
经济效益目标实现情况			
社会效益目标可持续性			
安全运营			
制度建设			

在以上总体原则和考核框架的基础上,待项目前期规划设计及相关运营维护标准进一步明确后,参考项目建设期绩效考核指标及其评分原理,制定各子项目具体的运营维护绩效考核体系。

三、产业发展考核指标

根据产业发展的特点,设置产业发展考核指标并明确其计算方式。考虑到产业发展有一定的培育期,因此 EOD 项目的产业发展指标一般从运营期开始考核。以典型的 EOD 项目为例,考核表格参考格式如表 6.5-3 所示(合作期 10 年)。

表 6.5-3 项目产业发展绩效考核指标(仅供参考)

类别	序号	指标	单位	分值	指标计算方式	合作期第 5 年末	合作期第 10 年末
A 产业发展类(＊＊%)	A1	工业亩均投资	万元/亩				
	A2	工业亩均税收	万元/亩				
	A3	产业开发进度	%				
B 增值创新类(＊＊%)	B1	科技创新能力	个				
	B2	服务业增加值占地区生产总值的比重	%				
	B3	旅游业发展水平	%				

表中通用的主要考核指标及其计算公式如下:
1. 亩均投资＝考核周期末已引入工业企业完成全部投资并投产的累计完成投资额/已建成投产工业土地面积;
2. 亩均税收＝考核周期末已完成全部投资并投产的工业企业实现当年工业税收/已建成投产工业土地面积;
3. 产业开发进度＝产业用地期末累计已建成投产产业建成区用地面积占比;
4. 科技创新能力＝考核期末当年落地工业企业 R&D 经费支出规模;
5. 服务业增加值占地区生产总值的比重＝当年服务业增加值/当年地区生产总值;
6. 旅游业发展水平＝当年项目区域范围内旅游景区内酒店的平均入住率。

四、考核结果应用

各类绩效考核满分 100 分或设置一定幅度的激励分值,考核挂钩的基数为每个子项目相应的保函或项目公司相应周期的收入总额,政府方根据考核实际得分予以相应挂钩管理。参考格式如表 6.5-4 所示。

表 6.5-4　考核结果与保函/收入挂钩比例设置(仅供参考)

考核结果	挂钩比例
80~100 分	0%
70~80 分	20%~40%
60~70 分	40%~60%
60 分以下	若年度绩效考核得分低于 60 分时,政府方有权扣取保函金额(或考核当期收入)的 60%~100%,同时政府方责令项目公司限期整改,整改合格后,项目公司继续运营本项目。整改后依然不能达到合格标准的,政府方扣取本项目全部运营期保函,双方协商是否就该子项目继续合作,不能达成继续合作意向的,按项目公司违约事件导致项目合同终止处理

五、考核组织

(一) 考核主体

EOD 项目设立绩效考核小组,一般由市(区)人民政府、建设和运维主管机构以及财政局等相关部门组成项目绩效考核小组,负责 EOD 项目合作期间的绩效考核工作,若涉及不同子项目或其他责任主体,届时应将该责任主体纳入绩效考核小组,共同参与该子项目的绩效考核工作。

(二) 考核方式

包括常规考核和临时考核。

(三) 绩效目标或指标体系调整

因项目实施内容、相关政策、行业标准发生变化,或突发事件、不可抗力等无法预见的重大变化影响绩效目标实现而确需调整的,由实施机构和项目公司协商确定,经财政部门及相关主管部门审核通过后报本级人民政府批准。

第七章
EOD 典型项目案例分析

EOD 项目是以生态保护和环境治理为基础,以特色产业运营为支持,以区域综合开发为载体,采取产业链延伸、联合经营、组合开发等方式,推动公益性较强、收益性差的生态环境治理项目与收益较好的关联产业有效融合,统筹推进,一体化实施,将生态环境治理带来的经济价值内部化的项目,是一种创新性的项目组织实施方式。

EOD 项目包含三个核心要点。一是"融合":肥瘦搭配,推进公益性生态环境治理与关联产业开发项目有效融合。二是"一体":一个市场主体统筹实施,将生态环境治理作为整体项目一体化推进,建设运维一体化实施。三是"反哺":在项目边界范围内力争实现项目整体收益与成本平衡,减少政府资金投入。

采用 EOD 模式或者利用 EOD 理念开发的项目均为 EOD 项目,本章结合第一、二次国家层面试点 EOD 项目,以及其他典型 EOD 项目的案例分析,在 EOD 项目实践操作过程中分析 EOD 的相关实战要点。

第一节 某市向山地区生态环境导向的开发项目

一、项目背景

本项目位于安徽省东部长江中下游位置,是长江两大支流发源地,作为全国七大铁矿区之一,该地区是马钢的主要原料基地之一,具有特殊区位和全国典型资源型城镇的产业结构。

经过多年的开采,该地区目前面临着资源枯竭、污染严重、基础设施配套落后等问题,地质破坏严重,生态环境亟待恢复,在矿区居民避险安置、接续替代产业培育等方面面临多重困难,作为长江两大支流的源头,水环境更是承载巨大的压力。

针对以上问题,市政府委托市住建局组织实施"长江支流××河源头环境综合整治及生态修复工程",并委托本地某央企编制《×××市×××区×××地区生态环境现状调查报告》。2020年4月,市委市政府印发《×××地区生态环境综合治理实施方案》的通知,明确要求利用三年时间,围绕生态环境修复、土地整理开发、资源综合利用、基础设施提升四大方面,拟将该市打造成全国矿区生态修复示范区、长江支流源头水环境综合整治示范区。随后,市委书记、市长担任领导小组组长,由住建牵头,国土、财政、发改、生态环境等相关单位负责人担任小组成员,统筹推进该地区生态环境综合整治项目。

2020年9月16日,生态环境部办公厅、发展改革委办公厅、国家开发银行办公厅印发《关于推荐生态环境导向的开发模式试点项目的通知》。

二、项目概况

(一) 工作目标

近期目标:完成×××河源头环境综合整治,打造现代农业生态休闲观光带,改善城市人居环境;完善×××市公共基础设施布局,打通交通瓶颈,为区域经济发展提供基础保障;加快×××市城区产城融合,推动绿色产业发展,建设优质产业园区,实现产业聚焦与多元化,打造×××市山水林田湖草一体化保护和修复示范样板。

远期目标:构筑×××市"城镇集聚美丽、环境宜居宜业、矿区生态修复、产业融合发展"的生态文明新格局,将该市大生态带打造成"山青、水绿、林郁、田沃、湖美"的生命共同体,把"生态伤疤"打造成"城市花园"。实现生态环境资源化,产业经济绿色化,将×××市建设成全国矿区生态修复示范区、长江支流源头水环境综合整治示范区、经济社会发展绿色转型示范区。

（二）预期产出

近期产出：紧紧围绕省委、省政府"全面打造水清岸绿产业优美丽长江（安徽）经济带"的决策部署，在以下方面完成大幅度改善：(1) 水环境治理；(2) 空气治理；(3) 矿区整治；(4) 耕地复垦；(5) 交通状况；(6) 人居环境。

远期产出：以生态可持续发展为导向，建立山水林田湖草一体化发展的生态发展体系。(1) 生态效益。实现源头精准管理，提升生态环境综合治理水平，对山水林田湖草进行系统治理和综合治理，构建山水林田湖草生命共同体。(2) 社会效益。有效提高城市化水平，拉动内需，改善城市生活环境和投资环境。(3) 经济效益。发展循环经济，促进产业升级，推进生态产业化、产业生态化。

（三）发展思路

生态环境保护。坚持"三个导向"：目标导向、问题导向、考核导向，全力推进国家 EOD 试点建设。生态环境保护从以下几个方面重点入手：

(1) 大力加强矿山治理，积极提升生态环境，结合土地增减挂钩和耕地占补平衡，复垦高标准农田；

(2) 统筹矿山及居民污水处理，确保考核过关；

(3) 强化排污口整治，提升水环境质量；

(4) 规避扬尘污染、噪音污染，提升人居环境；

(5) 落实环保督察整改，切实解决突出环境问题；

(6) 围绕实用目标，提升环境信息化水平，消除安全隐患。

产业融合发展。项目所在地区产业发展面临三大问题，即：历史欠账多，治理难度大；产业高度分散单一，空间集聚较为困难；基础设施配套建设极度匮乏，产业协同不强。因此，其产业发展面临环境治理、产业结构调整和基础设施配套三大挑战。

针对上述问题和挑战，本项目的解决思路如下：

(1) 首先要进行本底优化，提升生态环境，解决矿山生态环境污染问题，为居民及企业创造良好的人居自然环境及产业发展空间；

(2) 完善基础设施配套、加强路网建设，实现道路工民分离，建设成熟的文、教、体、卫配套设施；

(3) 依托于丰富的矿产资源及现有龙头企业,积极进行产业导入,加速产业升级,深度融入长三角优势企业转型;

(4) 重塑地区形象,形成生态氛围,遵循市场规律来推进转型和发展新兴产业。

生态环境治理和产业导入实施。总体而言,本项目重点围绕城市流域,集中展现城市文明、生态特色、产业升级和科技创新,打造国家级城市产业文明景观带以及城市交通轴、产业轴、文化轴、生态轴;进而提出二年、三年、五年的规划愿景,全力实现两年出亮点、三年升能级、五年成集群。

具体来说,本项目产业发展体系建设依赖于多维度、多产业协同发展,进一步打造生产制造基地、生态文旅基地、现代高效农业发展基地、现代物流运输基地等"四位一体"的产业发展基地。在此基础上,遵循城市整体功能区位安排,结合国家及当地产业发展政策,提出切合实际、行之有效的产业发展规划。

产业落地举措方面,该项目的经验思路如下:

(1) 市场先行,引入智能制造技术与生态环境基础设施建设相结合,做优配套,建设智慧生态城市样板区。

(2) 龙头企业引领,做大增量,打造智能制造技术产业聚集区。

(3) 打造生态环保产业集群,建设绿色生态城市,形成绿色科技产业链。

(4) 建设产业生态圈,构建圈层,打造智能制造与绿色科技的产业生态圈。

(四) 开发内容

为解决该地区资源枯竭、生态失衡、环境污染、基础设施配套落后等问题,开展矿山生态修复、环境污染源头治理、人居环境改善、基础设施配套提升以及产业导入升级等工作,统筹建设九大工程,即:矿山生态修复工程、绿色矿山建设工程、重点污染源治理工程、两河源头水环境整治工程、土地整理工程、人居环境提升工程、产业升级提升工程、基础设施提升工程、城市生态屏障修复工程。

表 7.1-1 依托项目名称与建设内容表

项目类别	依托子项目
一、矿山生态修复工程	1. 矿区环境综合整治工程
	2. 铁矿环境综合整治工程
	3. 铁矿采场环境综合整治工程
	4. 矿库生态环境综合整治工程
	5. 尾矿废石堆存点环境综合整治工程
	6. 历史遗留采石宕口生态修复工程
	7. 历史复垦尾矿库及排土场污染防治措施完善工程
二、绿色矿山建设工程	1. 铁矿绿色矿山提升工程
	2. 铁矿矿产资源高效利用工程
三、重点污染源治理工程	1. 垃圾填埋场封场及渗滤液处理工程
四、两河源头水环境整治工程	1. 湿地改造工程
	2. 支流水系整治工程
	3. 上游水系整治工程
	4. 上游补水连通工程
	5. 农村水环境整治工程
五、土地整理工程	1. 尾矿库土地整理项目
	2. 尾矿库滩面生态修复工程
	3. 农村地块整体搬迁及土地整理项目
六、人居环境提升工程	1. 镇区人居环境改善工程
七、产业升级提升工程	1. 排土场资源综合利用与生态修复工程
	2. 选矿厂尾矿综合利用工程
	3. 河流土地整治及现代农业发展园建设工程
	4. 新型材料产业园建设工程
八、基础设施提升工程	1. 配套道路建设工程
	2. 道路硬化及车辆分流建设工程
	3. 省道拓宽改造工程
	4. 农村道路完善工程
	5. 配套消防救援站
九、城市生态屏障修复工程	1. 重点污染企业与交通干线周边防护林带建设工程
	2. 在产矿山周边防护林带建设工程

(五) 投资估算

本项目包含 34 个子项目,总标的额 477 950 万元。分成两个标段分别实施。

一标段招标范围内标的额为 237 381 万元(含建安投资费、勘察设计费、预备费等)。一标段(生态修复类),共包含 21 个子项目:①寨山整治项目;②罗卜山、霍里铁矿区生态环境综合整治工程;③孙村金矿生态环境综合整治项目;④马山排土场环境综合整治项目;⑤向山地区在册小尾矿库生态环境综合治理工程;⑥完善已复垦尾矿库及排土场污染防治措施工程(历史复垦尾矿库及排土场污染防治措施完善工程);⑦交通干线周边防护林带建设项目(交通干线周边防护林带建设工程);⑧向山绿色产业发展集聚区项目;⑨小王村生态修复+工程(种植经济林并发展林下经济),推动三产融合;⑩向山地区历史宕口生态修复+项目(矿山遗址公园)(历史遗留采石宕口生态修复工程);⑪大黄山周边生态修复+项目(地质公园);⑫矿山矿坑生态修复+项目(矿冶公园);⑬雨山东路改造项目(伟星蓝山—泰山大道段);⑭向山垃圾填埋场封场及渗滤液处理项目;⑮采石河上游水系整治项目(采石河源头水环境治理工程);⑯洋河水系整治项目(慈湖河源头水环境治理工程);⑰农村人居环境治理提升项目;⑱郎甸嘉苑安置房项目;⑲葛羊路(跃进桥—泰山大道)道路大修改造项目;⑳片区综合便民服务中心和向山地区历史展示馆项目;㉑向山消防救援站应急救援能力提升项目。

二标段招标范围内标的额为 240 569 万元(含建安投资费、勘察设计费、预备费等)。二标段(产业配套类),共包含 13 个子项目:①老 313 省道连通项目;②老 313 省道改造提升项目;③湖南东路延伸(泰山大道—S205 围乌路)建设项目;④泰山大道(银杏大道—向濮路)新改建项目;⑤慈湖河路北延项目(天然河桥北—205 国道);⑥镇区主干道周边环境整治项目;⑦桥头二期安置房项目;⑧向濮路(泰山大道至 S205 围乌路)建设项目;⑨雨山东路拓宽改造项目(泰山大道—南山大道);⑩向山地区路网贯通项目;⑪向山地区县道改造项目;⑫基础设施配套项目;⑬老旧小区及周边环境改造项目。

三、运作模式

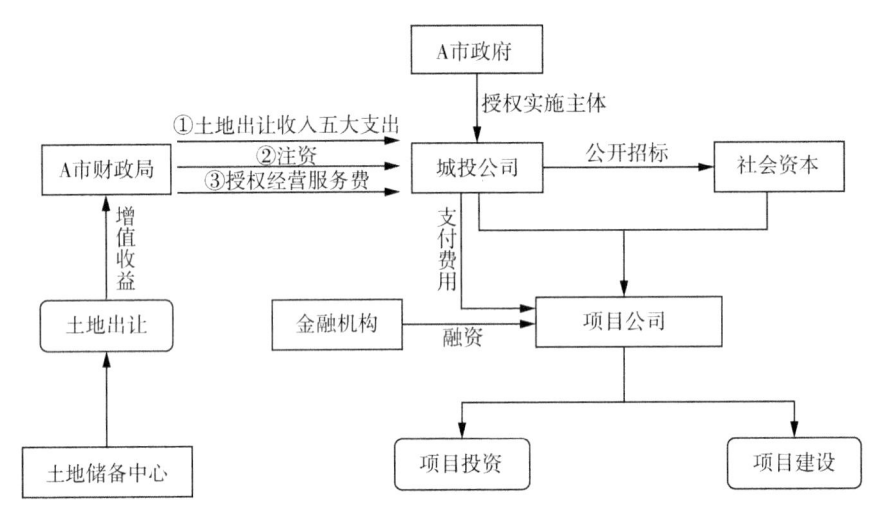

图 7.1-1 项目交易结构图

整体而言,本项目采用"EOD+ABO"模式实施,政府授权政府平台公司作为本项目实施主体,由实施主体公开招标社会资本方,社会资本方具体负责项目规划、设计建设、运营等相关任务。

具体来说,对具备招标条件、资金落实到位的项目,政府实施主体先期启动"EPC或EPC+O(施工总承包+委托运营)"方式的招标。对合作期较长,需经营性收益或合作区新增收益予以资金平衡的项目,政府实施主体以"投资人+EPC"方式招标,选择与社会资本方组建项目公司,由项目公司全权负责实施项目投融资、建设、运营等相关任务。

四、回报机制

从狭义财务回报角度,本项目主要的回报收入来源如下。

(1) 政府性基金留存收入——土地收益

a. 复垦耕地指标交易收益:通过矿坑复垦修复,将采矿用地变为水田、水浇地、旱地等耕地。

b. 土地出让收益：土地出让收入将按 17% 由上级政府留存，设立项目专项基金账户，将本项目片区土地收益中对应的政府性基金留存收入（主要为经营性用地出让、复垦耕地指标交易收益），注入本账户作为项目资金来源。

（2）项目经营性收入

a. 废石销售收入：废石开采销售 33% 作为资源使用费纳入本项目收入。

b. 尾矿回收收入：尾矿开采回收 33% 作为资源使用费纳入本项目收入。

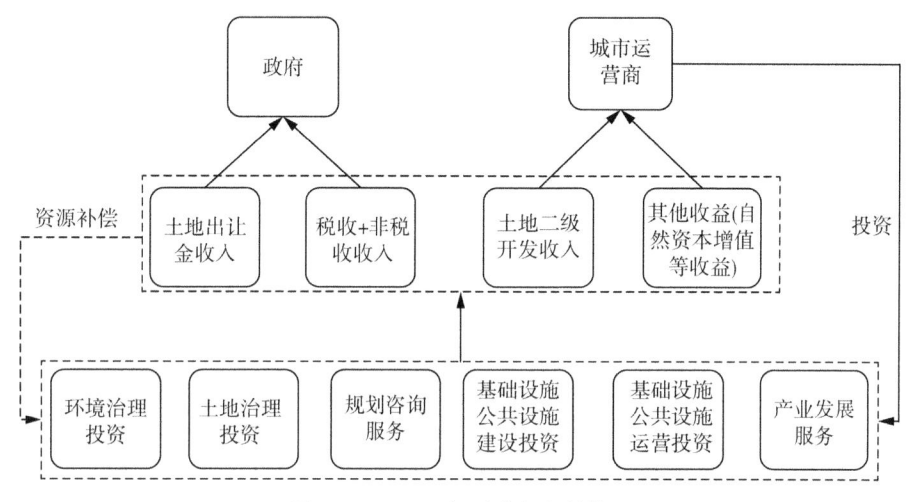

图 7.1-2　项目投融资机制结构图

c. 生态旅游收入：主要为农业观光游、民宿度假、康体休闲等现代农业发展园旅游收入。

d. 生态农业收入：依托现代农业发展园，获取包括区域内苗木花卉、特色蔬果等现代生态农业收入。

e. 静脉产业园收入：实施新型材料产业园建设工程，获取包括厂房租金、公寓出租及物业收入、停车位收入等。

（3）税收收入

合作区内税收收入、行政事业性收费将作为本项目回款来源，作为专项债及利息偿还、项目公司投资成本及收益的支付保障。

（4）政府专项资金投入

a. 财政投入：通过预算安排、发行地方政府债券等方式筹集资金，加大财政支持力度。

b. 奖补资金：项目包含公益性子项目，属于环保领域，考虑尝试申请"重点流域水环境综合治理专项资金""全国中小河流治理项目资金"等奖补资金，纳入专项资金；也可将水资源税收、环境保护税收和地方国有企业利润计提进行一定比例组合作为补偿资金，纳入专项资金。

c. 争取示范项目资金或国开行优惠贷款政策。对项目进行包装策划，积极争取示范项目资金，同时积极联系金融机构，寻求实现多渠道筹资。

（5）其他收入

其他收入主要包括垃圾处理收入、停车位收入、广告收入等多元化产业增加收益等。

五、资金平衡

以上述第四部分"回报机制"为基础，从资金平衡机制层面，本 EOD 项目在确保政府财政资金匹配、支付路径合法合规和有效降低财政资金压力的前提下，通过专业务实的财务模型测算，合理预测项目公司在项目合作期内每年的各项收支，并结合科学合理的绩效考核和收入挂钩体系，使其实现一定的行业合理收益指标和资金平衡，确保项目经济效益和社会效益的长期可持续发展。

六、综合效益

该项目的综合效益主要体现在：
（1）通过产业导入，增加了就业岗位，提升了区域竞争力；
（2）通过产业导入，提供优质生态基地和全面的配套服务，大大提升区域营商环境；
（3）通过项目产城融合发展理念的实施，打造宜居环境，促进人口流入；
（4）带动区域土地和自然资本增值，进而带动财税税收和经济发展。

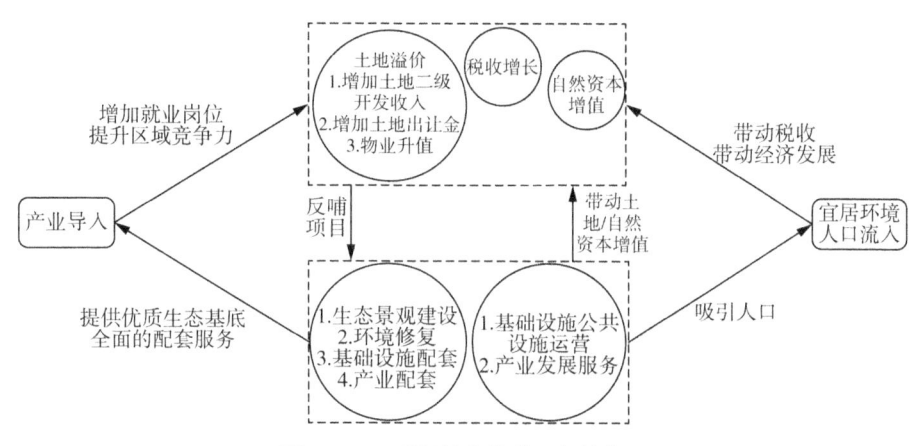

图 7.1-3　项目综合效益回报结构图

七、经验总结

(一) 试点工作政策机制创新

1. 创新规划机制

按照该区"全域规划、全域设计、全域整治"的顶层设计蓝本,本项目紧密结合长江大保护、矿区生态修复、棚户区改造、美丽乡村建设等专项行动,分期、分步骤统筹推进生态修复、基础配套及产业发展等各项工作;制定三年滚动计划,编制近期重点项目设计方案,按法定程序和要求组织项目实施,健全规划实施的监管和考核制度,确保规划按时有序有效落地。

2. 创新回报机制

(1) 用活土地资源收益

本项目创新土地供应政策,建立健全多元化土地利用和土地供应模式;支持流域投资公司开展土地整治,按比例分享土地指标交易收益,支持流域投资公司参与区域内土地一级开发,获得一定比例的土地出让收益;提前收储流域范围内及毗邻区域可开发地块,流域投资公司可分享土地出让收益和开发运营收益。

(2) 盘活经营性资产

本项目鼓励流域投资公司按照市政公用事业特许经营有关规定,积极参与流域内水库、供水、污水处理、垃圾处理等项目的投资建设和运营管理。

(3) 导入多元产业增加收益

本项目结合区域产业转型、脱贫攻坚、乡村振兴战略实际,促进流域投资公司优先发展三产融合产业。沿线乡镇、园区授予流域投资公司产业招商职能,双方合作采取以企引企、以商招商等方式,做大做强区域产业增量。

3. 创新责任机制

(1) 明确区政府是本项目的责任主体

本项目明确区政府是本项目的责任主体,各乡镇和行业主管部门是项目实施的第一责任人,全面负责辖区内流域污染防治和综合治理工作。

(2) 建立以工作规则、绩效考核、责任追究为主体的工作制度

本项目逐级分解任务,层层压实责任,构建横向到边、纵向到底的责任体系。主管部门负责组织推动相应生态保护和修复工作,协调解决方案落实中的重大问题,做好部门间协调联动、项目落地实施、资金资源整合等工作,对实施效果负责,做好协调配合工作。

4. 强化部门行业管理职责

本项目成立生态环境综合治理工作领导小组,由市委、市政府主要领导任双组长,市委副书记、常务副市长、分管城建副市长任副组长,市政府有关副秘书长,区、市直相关部门等单位主要负责人为成员。区住建局统筹项目生态修复和综合治理工作;区水务局负责水资源配置、河流水系整治及水环境治理和水生态修复等工作;区生态环境局负责污染防治和生态保护监督管理等工作;区政务服务办负责工程项目审批立项等工作;公安分局负责落实河(湖)警长制的相关机制建立和落实等工作;各流域区域主管部门和各乡镇配合做好水系综合治理和生态修复等工作。

(二) 长效机制建立

1. 政策保障

本项目以政策释放资源价值。流域投资公司充分挖掘可利用资源,取得资源开发运营收益;通过生态修复提升沿线资源价值,分享增值收益;优先参与生态修复过程中新增经营性项目,用好用足中央、市有关生态保护修复政策。

2. 政策研究

本项目精准把握、用足用活中央和省出台的矿山综合整治、矿山生态修复、绿色矿山建设、大宗建材产品开发利用、循环经济发展、建设用地增减挂

钩、耕地占补平衡、集体土地入市、棚户区改造等各项支持政策,及时掌握和对接国家独立工矿区接替政策等。加强矿权整合、固废资源市场化运作政策研究,充分挖掘该地区经济持续发展潜力。坚持"谁受益谁补偿"、生态共建、共同发展原则,研究出台本地生态治理补偿政策。

3. 管理保障

以体制释放机制的灵活性。本项目创新建立"以投资主体一体化带动流域治理一体化"运作机制,流域投资公司统筹干、支流生态修复项目实施;建立流域综合治理与生态修复工作联席会议制度,解决流域治理中存在的难点与问题;建立问责追究机制,理出责任清单,明确部门行业管理职责,强化责任落实,以生态文明建设促进经济转型发展。

4. 实施保障

本项目综合考虑干、支流的管理权限和项目经营属性,建立项目公司与区政府间的协商机制,采取统规共建和统规自建等方式推进。根据项目公益性的属性,确立商业模式。

5. 绩效管理

围绕该地区生态环境综合治理目标任务,本项目责任单位制定相应绩效考核标准,完善考核机制,制定绩效考评指标体系框架。对项目产出、实际效果、成本收益、可持续性等方面进行绩效评价,注重简单实用,有奖有罚,可操作性强,考核与激励结合,挂钩风险分配方案,一方面对项目公司进行考核监督,另一方面对项目公司进行适度激励。同时,本项目将绩效考核与违约责任、争议解决、提前终止、兑取履约保函进行独立区别(即使有重复但不影响绩效考核),在绩效考核指标及考核结果处理方式中独立体现。

第二节 衢州市柯城区"两溪"流域生态环境导向的开发项目

一、项目背景

"十三五"以来,柯城经济实现较快发展,综合实力明显增强。柯城区不断深化产业转型升级,通过大力推进化工、建材、制造、包装印刷等重点行业整治提升,有效解决重点行业存在的突出环境问题,实现产业布局明显优化,工艺装备、污染防治和清洁生产水平明显提高,污染物排放总量和单位产值能耗大幅下降,绿色产业发展成效显著。近些年衢州市柯城区深入贯彻践行"绿水青山就是金山银山"理论,在河湖治理和管理保护上做了众多创新探索和实践,率先在全省实现"清三河"和"剿灭劣Ⅴ类水体",深入推进"污水零直排区"创建、全面开展河道"清四乱"和美丽河湖建设等工作,全区河湖经历了"净""清""美"的华丽升级。

"两溪"流域所在地主要以农业、休闲旅游业为主导产业,其综合治理成为全省全流域生态化治理样板工程,打造出了"绿水青山就是金山银山"的柯城样板,成为全省唯一获得河湖长制工作激励资金奖励的县域。经历了由"净"到"清"再到"美"的华丽蜕变,出境水断面水质连续3年达到Ⅱ类水标准。

通过"一村万树""一米菜园"等新型环境绿化和提升模式,目前"两溪"流域已经成为"衢州有礼"诗画风光带的重要节点,各大产业纷纷落地,柯城区大力引进"萱草小镇""花彩小镇""农法自然""智多张西"等产业项目及"奥陶纪""汽车运动城"等龙头项目,对"两溪"流域产业转型产生深远影响。

柯城区整体生态环境现状较好,"两溪"流域水环境和水生态治理成效显著,流域内水体水质常年保持Ⅱ类以上,已全面消除Ⅴ类水。但对标国家和省级层面对水资源、水环境、水生态"三水统筹"治理的新要求来看,还有很大的差距。因此,柯城区"十四五"时期水生态环境保护工作应由"十三五"时期的以水质改善为主逐步转向水质改善与水生态健康保护并重的工作格局,逐步实现水环境由"净"到"美"的提升。

二、项目概况

(一)试点申报

2020年9月,生态环境部会同国家发改委、国家开发银行联合印发《关于推荐生态环境导向的开发模式试点项目的通知》,向各地征集生态环境导向的开发模式备选项目。衢州市柯城区抓住契机,在上级单位的大力支持下,主动对接省生态环境厅,了解项目申报相关要求,并邀请省生态环境厅有关专家、领导赴柯城指导。同时，区政府牵头成立申报工作领导小组，多次组织召开协调会，省环境科学院专家全程指导，明确了项目申报主体，对项目进行筛选，编制了《浙江省衢州市柯城区"两溪"流域生态环境导向的开发(EOD)模式试点实施方案》。

2021年4月，国家生态环境部印发《关于同意开展生态环境导向的开发(EOD)模式试点的通知》，柯城区"两溪"流域生态环境导向的开发项目成功作为全国36个试点项目、全省3个试点项目之一获生态环境部审议通过，位居浙江省第一位，是衢州市唯一入选项目。

(二) 发展思路

柯城区是全省大花园核心区衢州市的主城区和主平台，资源禀赋优越，在大花园典型建设中具有扎实的基础和优势，具有"教科书式"生态环境治理优势、花园式的人居环境优势、乡村运动产业大发展的特色优势以及丰富的文化资源带来的文旅融合发展优势。

衢州市深入实施治水巩固战，统筹推进治水工作。以"双溪"片区为重点，实施全流域禁养、全流域治理，"五水共治"工作走在前列，在全市率先完成"清三河"整治任务，通过"清四乱"行动、"无违建河道"创建、"污水零直排区"建设、"衢州有礼"诗画风光带建设打造最美河流，"最美溪流"改造模式成为全省治水样板。

接下来，柯城区将在国开行大额度、低利息的项目贷款支持下，按照实施方案有序推进试点工作建设，发挥政策、区位优势，围绕"活力新衢州、美丽大花园总目标"，开展以运动振兴乡村为特色的大花园典型建设，打造"诗画浙江"鲜活样板，为全国"两山"转化与生态价值实现提供衢州样板。通过开展EOD模式试点，形成一套可参观、可学习、可复制的运行机制。

(三) 开发内容

衢州市柯城区生态环境治理以农田土壤污染治理为试点工作，以点带面推动全区土壤污染防治，选择石梁镇、华墅乡开展农田土壤污染治理试点，探索农田土壤污染治理措施。

通过截污纳管、禁止河道采砂等水岸同治工程，开展水生态修复，系统开展水系联通工程，合理建设防洪安全工程，精心配套亲水便民工程，挖掘建设水文化工程。

柯城区"两溪"流域生态环境导向的开发项目由柯城区政府、柯城区国有资产经营有限责任公司牵头实施,试点区域范围为柯城区"两溪"(石梁溪、庙源溪)流域范围,主要涉及的乡镇包括:石梁镇、九华乡、万田乡,依托两大类5项13个子项,分阶段实施,涉及资金总额约56亿元。项目试点期限为2021—2023年。

三、项目组织实施方式

生态环境治理与产业运营是区域综合开发EOD项目的两个重要组成部分,其中,生态环境治理项目具有强外部性的特点,通过生态治理和环境提升可以实现周边的土地溢价,发展优势产业。而实现生态环境治理项目经济价值的内部化需要将二者进行一体规划、统筹实施,而非简单组合,经济价值内部化最直接的目标为在区域内实现关联产业收益反哺生态环境治理投入。

柯城区人民政府与衢州市柯城区国有资产经营有限责任公司组成联合体实施柯城EOD项目,柯城区人民政府为项目牵头方,国资公司为依托项目承担单位。国资公司下属衢州市绿创文旅体育发展有限公司、衢州市乡村振兴发展有限公司、衢州市柯城区建设投资发展有限公司、衢州市寺桥水库开发建设有限公司分别负责具体项目设施。

(一) 增强组织领导

建立EOD试点推进工作领导小组,由区政府牵头成立,一把手区长担任组长,成员主要由区发改、区财政、区农业农村、区水利、区文旅体、区交通运输、区国资服务中心、区资源与规划、区环保等有关部门组成,统筹协调规划、政策、项目、资金等重大问题,确保EOD试点建设目标、任务落实到位。领导小组下设办公室,办公室设在区国资服务中心,负责协调督查具体工作和日常事务,促进各部门的联动。

项目推进过程中需分解目标任务、细化工作举措,列出项目清单,落实路线图、时间表和责任人。各相关部门单位各司其职,密切协作,形成工作合力。

（二）加大政策扶持

加大对 EOD 试点项目的政策扶持，鼓励支持生态环境质量提升、全域旅游推进、基础设施提升等项目。加大金融政策扶持力度。设立银行专项绿色信贷资金，对符合条件的绿色项目提供低息贷款和部分资金扶持。加大财政扶持力度，重大项目和示范工程给予资金补助或贷款贴息等支持。积极争取省市政府财政专项支持，保持与省市各部门的沟通，关注国家相关政策并积极争取。

（三）强化要素保障

创新多元化融资方式，加强"政金合作""银企合作"，引导金融机构加大对项目金融信贷的支持力度，鼓励利用 PPP、EPC、"互联网＋"、发行债券等新型融资模式，积极引进社会资本参与建设管理。加大人才引进和培养力度，组织生态环境保护、全域旅游发展、产业转型升级领域的国内外研究人员、专家学者等参与指导重点项目实施。

（四）严格督查考核

由领导小组办公室会同相关部门以目标为导向，每年制定年度工作计划，实行每季一督查，半年一总结，全年一考核。严格考核考评结果运用，将考核结果与部门（区块）年度综合考核绑定，建立与干部履职评定、职务晋升、奖励惩处挂钩的奖优罚劣制度。

（五）适时总结评估

按照生态环境部、国家发展改革委有关要求开展项目中期评估，及时对照目标完成好阶段性任务。并在实施三年后开展经验总结，总结做法、成效、问题并提出改进举措，为国家推进 EOD 模式提供建设性的意见建议。

四、建设年度安排

表 7.2-1　项目建设年度安排和责任主体表

序号	项目名称	子项	建设期限（年）	投资估算	实施主体
1	"两溪"流域三水统筹治理项目	衢州市柯城区寺桥水库项目	2021—2025	25.48亿	区国资公司下属寺桥公司
2		庙源溪流域生态修复工程（桥头至上蒋段、箬溪桥头段）	2020—2021	3 006万	区国资公司下属乡村振兴公司
3		衢州市柯城区棕仁溪流域综合治理工程	2021—2023	4 252万	
4		衢州市柯城区箬溪流域综合治理工程	2021—2023	2 030万	
5	水、土资源优化调配项目	柯城区全域土地综合整治项目（一期）	2020—2022	6.16亿	区国资公司下属乡村振兴公司
6	灵鹫山景区整体开发项目	大荫山森林旅游综合体项目	2016—2021	8 658万	区国资公司下属建投公司
7		洞坞经玉泉寺至徐莫森林穿越小道项目	2020—2021	1 680万	
8		千里岗森林营道建设项目	2019—2021	5 373万	区国资公司下属绿创公司
9		柯城区灵鹫山景区	2020—2024	14.9亿	
10	万田乡乡村振兴项目	柯城区万田乡忘忧田园建设工程	2020—2021	5 136万	区国资公司下属绿创公司
11		衢州市柯城区万田乡萱草未来村项目	2021—2023	2.36亿	
12		柯城区村播产业基地项目	2021—2023	1.30亿	区国资公司下属乡村振兴公司
13	奥陶纪景区项目	奥陶纪景区项目	2021—2025	3亿	区国资公司下属绿创公司

注：实施主体公司名称已用简称。

五、资金平衡

(一)投融资周期

项目投融资周期从 2021—2040 年,共 20 年。

(二)投资规模

本项目(含 5 个依托项目,13 个子项)总投资 56.2 亿元,资金来源组成见表 7.2-2。

表 7.2-2　项目投资金额及资金来源表　　　　单位:亿元

序号	项目	投资总额	自行筹措	省级补助资金	银行融资	发行专项债
1	衢州市柯城区寺桥水库项目	25.48	4.48	6	15	/
2	庙源溪流域生态修复工程(桥头至上蒋段、箬溪桥头段)	0.300 6	0.15	/	0.15	/
3	衢州市柯城区棕仁溪流域综合治理工程	0.425 2	0.4	/	/	/
4	衢州市柯城区箬溪流域综合治理工程	0.203	0.2	/	/	/
5	柯城区全域土地综合整治项目(一期)	6.16	1.27	/	4.9	/
6	大荫山森林旅游综合体项目	0.865 8	0.25	/	0.61	/
7	洞坞经玉泉寺至徐莫森林穿越小道项目	0.168	0.06	/	0.11	/
8	千里岗森林营建设项目	0.537 3	0.18	/	0.36	/
9	柯城区灵鹫山景区	14.9	4.9	/	10	/
10	柯城区万田乡忘忧田园建设工程	0.513 6	0.1	/	0.41	/
11	万田乡萱草未来村项目	2.36	0.7	/	1.66	/
12	柯城区村播产业基地项目	1.30	0.5	/	/	0.8
13	奥陶纪景区项目	3	0.9	/	2.1	/
	总计	56.2	14.09	6	35.3	0.8

(三)投资计划

表 7.2-3　试点项目投资计划表　　　　单位:亿元

年度	2020	2021	2022	2023	2024	2025
投资额	6.4	18.5	11.7	7.3	7.5	4.8

(四) 投融资结构

试点项目资本金比例为 25%,融资比例为银行贷款 62.8%(20 年)、专项债 1.4%(20 年),政府补助资金 10.8%,融资利率按 4% 计。

六、经验总结

本项目通过"治水""治土""产业导入"三步走,不仅提升整个流域水系环境品质,开展山水林田湖路村全方位治理,更围绕"运动柯城"总定位,采用"生态+N"产业导入方式,实现了生态建设的价值增值。

(一) 主动对接,积极组织

如前所述,在上级单位的大力支持下,柯城区主动对接省生态环境厅,了解 EOD 试点项目申报相关要求,并邀请省生态环境厅有关专家、领导赴柯城指导。同时,区政府牵头成立申报工作领导小组,多次组织召开协调会,省环境科学院专家全程指导,明确了项目申报主体,对项目进行筛选,编制了项目实施方案。

(二) 生态导向,理念创新

以 EOD 模式为起点,柯城区坚持通过生态环境建设,充分发掘地区生态环境与资源优势,利用良好生态环境和产业特色产生强大品牌效应,发展生态、旅游、文化特色产业,围绕寺桥水库项目、"两溪"治理工程项目打造生态环境导向产业集群,将生态引领、生态优先理念贯穿于实现"文明有礼的首善之区""治理有效的幸福之区""运动健康的活力之区""担当作为的奋斗之区"的"四个区"目标全过程。

(三) 造福于民,价值创新

柯城区充分发挥绿水青山的生态优势,抢抓消费升级和运动休闲产业发展风口,持续打响"运动柯城"品牌。在灵鹫山旅游度假区创建中,柯城区创新性提出"运动振兴乡村"理念,让富裕的乡村成为农民居有所、工有业、情有寄的理想幸福家园。此外,柯城区引入阿里巴巴村播学院培训中心、新农人创业直播间进入村播基地项目,创建 B2B 电子商务平台,建设集有形的基地、无形的商务平台以及产品生产为一体的综合性商务中心。

(四) 长效运营,机制创新

为推动建立多元化生态环境治理投融资机制,柯城区"两山银行"与柯城区农商银行合作,建立投资收益分红机制。

一是主动储存到"两山银行"的生态资源,自开发经营之日起换算成"两山银行"股权,享受固定"利息"收入,也可以耕地资源入股,且每年参与"两山银行"年度利润分红。

二是柯城农商银行作为第一批合作金融机构,对"两山银行"进行综合授信 20 亿元,用于生态资源经营、开发和乡村振兴。同时针对"土地银行"开发农垦贷、农耕贷、种粮贷等特色产品,农户也可凭"两山银行"储蓄凭证,获得相应授信或增信,真正打通资源变资产,资产变资金的通道。

截至目前,柯城区"两山银行"共收储耕地 15 000 亩,通过"两山银行"平台,解决乡村振兴投入不足的问题,加快推进农村产业发展,助力乡村振兴、富民增收、共同富裕。

第三节　南宁市竹排江上游植物园段(那考河)流域治理项目

一、项目背景

竹排江作为南宁市城区主要内河之一,担负着排洪、景观等多种功能,是南宁市"中国水城"建设的重要组成部分。而竹排江的上游植物园段河道位于南湖-竹排江水系的上游,具有重要的城市水系生态价值以及城市休闲功能。此前,竹排江上游植物园段水质为劣 V 类,污染严重,基本上成为纳污河。主要的污染源为上游的养殖企业和沿线的村庄、企业和村民的生产生活污水,严重影响了完成的南湖-竹排江水系一期工程的整体效果。在财政部推行基础设施及公用事业领域政府和社会资本合作模式的大背景下,南宁市政府启动了南宁市竹排江上游植物园段(那考河)流域治理 PPP 项目。

二、项目概况

(一) 治理目标

为达到《南宁市"中国水城"建设规划目标》和《南湖-竹排冲水系环境综合整治总体规划》的建设目标,恢复此河道两岸的生态景观,满足人们休闲生活的需要,提升城市环境景观,有必要对竹排江上游进行综合治理,从而彻底改善整个流域的生态环境。

(二) 开发内容

建设内容主要包括:

(1) 河道整治工程,主要包括堤防和护岸工程、清淤工程、溢流坝工程和水闸工程等;

(2) 河道截污工程,沿河流两侧铺设截污管网收集污水,需保证治理流域范围内污水及初期雨水不直排河道;

(3) 河道生态工程,主要包括曝气增氧工程、生态浮岛工程、水生植物工程等一系列河道生态工程措施;

(4) 沿岸景观工程,根据河道功能分区的不同,植物景观规划分为滨水香花植物观赏区、科普植物观赏区、湿地植物观赏区等三大区域,同时打造沿河两岸亲水步道;

(5) 污水厂建设工程,分别在工程区上游和下游河岸选址建设两座污水处理厂;

(6) 海绵城市示范工程,结合海绵城市理念,于河流沿线设置初期雨水调蓄净化设施以及湿地花园、草沟等低影响开发设施;

(7) 信息监控工程,于河流监测断面建设水环境监控系统,加强那考河的水质水量监管。

(三) 投资估算

本项目估算总投资约 10.01 亿元。

三、交易结构

本项目由政府方出资代表南宁建宁水务投资集团有限责任公司与社会资本合资组建项目公司。其中建宁水务出资 2 000 万元,占股 10%;社会资本出资 18 000 万元,占股 90%;资本金的总额为 20 000 万元,约占项目总投资的 20%。

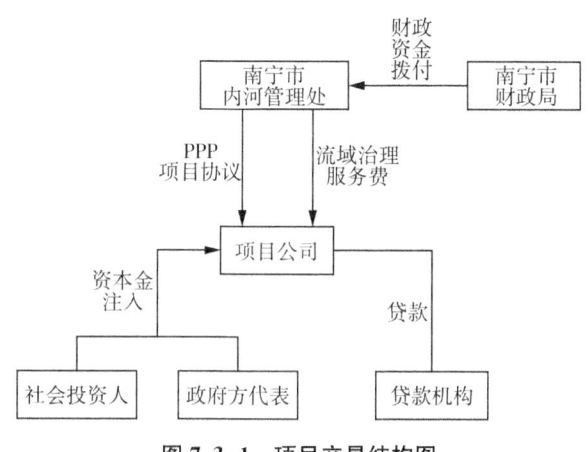

图 7.3-1 项目交易结构图

四、回报机制

本项目的资金回报途径如下。

河道项目物业租赁、广告等产出收益(如有)。通过对河道两岸进行旅游、无污染的简单商业开发,可以一定程度上增加项目收益,降低政府支付压力。

政府支付的流域治理服务费。政府在项目运营期内采用购买服务的方式按效付费(含本项目所有工程的初始投资成本、资金占用成本及运营成本)。

五、治理成效

南宁内河那考河曾是一条水质为劣五类的"纳污河"。通过那考河流域综合治理项目引入流域治理和"海绵城市"建设理念,从无人问津的臭水沟,到鸟语花香、清澈见底的湿地公园,南宁的那考河实现了奇迹般的逆袭。2017年4月20日,习近平总书记来到南宁,考察了那考河生态综合整治项目,对南宁市整治城市内河河道,形成水畅水清、岸绿景美的休闲滨水景观带的做法表示高度肯定。

六、经验总结

本项目是国内首个集流域治理、"海绵城市"于一体的PPP项目,对于创新环境治理模式具有重要的示范意义。项目成功经验包括全面统筹＋纳入污水厂提标改造＋发挥社会资本优势,成功要素有以下三点。

一是以往采取单一河道部分河段治理,现对流域内多条主河道及支流展开治理,实现全面统筹。

二是除传统截污清淤、生态补水、堤防稳固等河道治理工程外,那考河PPP项目纳入统筹范围的还有污水处理及市政排水管网工程建设,对已建污水处理厂实施提标改造、促进中水回用;此外对城区排水管网的雨污分流管道进行改造,提高污水收集率及处理率。

三是该项目中政府主要负责解决工业点源污水和农业面源污染问题,从源头控制污染产生,而河道治理、污水处理及市政排水管网工程投资建设及运营管理交由社会资本负责,政府根据社会资本服务质量付费。

此外,该项目的主要注意事项如下。

流域综合治理适用于具备实力的企业操作。一是具备雄厚背景及资源优势的企业在流域综合治理中能够获得谈判地位,在跨流域综合治理中更加具备协调各省水利厅(或环保厅乃至更高层)的实力(尽管协调工作非常之难,跨流域存在移民等诸多壁垒,但未来水环境综合治理是大势所趋);二是实力企业更加容易获得财政状况良好的地方的流域水环境咨询项目以及后续治理项目。

第四节 永定河流域综合治理与生态修复工程

一、项目背景

永定河在京、津、冀、晋四省（直辖市）范围内，现有入河排污口 116 个，每年排入河道的废污水达 3.19 亿吨，主要污染物 COD、氨氮远超纳污能力。全年干涸的河段达到 10%，主要河段年平均干涸 121 天，年均断流 316 天。永定河上游有 1.5 万平方千米水土流失面积需治理；2000 年后河口入海水量较多年平均值锐减了 97.5%。

2016 年 12 月，国家发改委、水利部、国家林业局印发了《永定河综合治理与生态修复总体方案》（以下简称《方案》），要求创新流域协同治理机制，成立永定河综合治理与生态修复部省协调领导小组，同时研究组建流域公司。根据《方案》，永定河流域综合治理与生态修复工程治理范围为永定河京津冀晋四省（直辖市）涉及的相关区域，全流域重点建设项目 78 个，项目估算总投资 396.8 亿元。

二、项目概况

（一）治理目标

原则上，推动建立"流域统筹、源头控制、分类实施、横向补偿、市场运作"流域农业节水项目实施与运行管理长效机制；规范河道治理设计条件，统一防洪体系、统一桩号、统一高程、统一水面线，推进卢沟桥以下重要卡口河段治理工程开工建设；提升流域现代化管理能力，实施永定河水资源实时监控与调度系统建设，提高流域水资源调控能力，为永定河流域水资源的精细化、智慧化管理提供支撑服务。

具体而言，项目包括"两个阶段性目标"和"一个总体目标"。"两个阶段性目标"是到 2020 年,初步形成永定河绿色生态河流廊道;到 2025 年,流域基本建成永定河绿色生态河流廊道。"一个总体目标"是通过治理修复,将永定河恢复成为"流动的河、绿色的河、清洁的河、安全的河"。

(二) 建设内容

从流域资源整体开发角度,结合资源分布,本项目在建设内容方面提出"两屏、三带、四集群"的总体资源统筹开发格局,其中"两屏"指北部防沙林地生态屏障和南部水源涵养生态屏障;"三带"指北部新型城镇与绿色产业发展带、中部桑干河现代农业发展带及南部山前旅游发展带;"四集群"指沿永定河及主要支流建设四处重要滨水功能和产业集聚地区,包括京南(含廊坊)大都市滨水休闲功能集群、环官厅湖文旅康养功能集群、张(张家口)宣(宣化)万(万全)城市滨水游憩功能集群、大(同)朔(州)文旅和特色农林功能集群。

(三) 投资估算

根据方案,永定河流域综合治理与生态修复工程治理范围为永定河京津冀晋四省(直辖市)涉及的相关区域。初步匡算,重点项目总投资为 396.8 亿元,包括重点建设项目 78 个。

三、运作模式

根据国家发展改革委印发指导意见,明确由京、津、冀、晋四省(直辖市)人民政府和战略投资方中国交通建设集团有限公司共同出资,组建永定河流域投资有限公司,负责永定河流域综合治理与生态修复项目的总体实施和投融资运作,并由永定河流域投资有限公司、项目所在地政府、社会资本方等共同组建分(子)公司,具体负责项目建设和运营工作。

永定河流域投资有限公司("项目公司")注册资本 80 亿元,其中北京水务投资中心认缴出资 28 亿元;中交疏浚(集团)有限公司认缴出资 24 亿元;山西水务投资集团有限公司认缴出资 12 亿元;河北水务集团认缴出资 12 亿元;天津水务投资集团有限公司认缴出资 4 亿元。剩余资金由永定河流域投资有限公司通过寻求金融机构支持、共同成立投资基金等方式筹措解决。项目公司的组织架构与主要职责(交易结构)如图 7.4-1 所示。

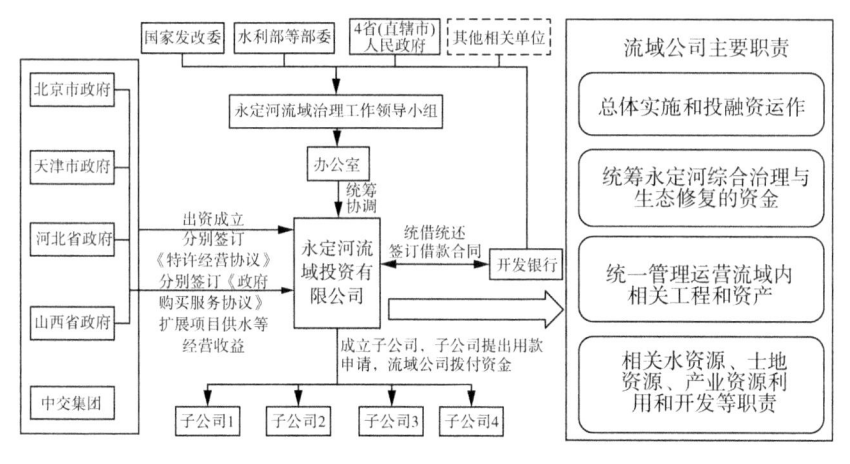

图 7.4-1　项目交易结构图

四、回报机制

永定河流域投资有限公司通过政策保障，采用"一地一策"模式，实现资金平衡，具体收入主要有以下几类。

一是合理利用土地资源。在符合相关法律法规和规划、保持河势稳定、保障防洪安全和水生态安全的前提下，可对河道管理范围及毗邻地区的水域和土地进行合理利用，允许永定河流域投资有限公司分享相关沿线以及因区域生态环境改善带来的土地收益。

二是资源配置优先倾斜。同等条件下，永定河流域范围内的特色小镇建设、健康养老服务、文化旅游、休闲体育产业开发等优先由永定河流域投资有限公司负责实施。流域治理项目的耕地占补平衡实行与铁路项目同等政策。

三是稳定单一来源采购模式。京、津、冀、晋四省（直辖市）人民政府及相关部门与永定河流域投资有限公司签订单一来源采购合同，购买永定河流域治理与生态修复服务，永定河流域投资有限公司相应获取合理收益。

四是拓展项目供水、林业资源开发等经营性收益。根据流域治理特点，流域投资有限公司可加强综合经营开发，实施区域供水、林业资源开发、碳汇等经营性服务。

五、项目经验

1. 多元资金回报来源,保障项目资金平衡

一方面,根据方案,项目公司采用"一地一策"模式,其回报机制包括土地资源收益和产业开发资源的优先倾斜,但是现行土地政策和政府采购程序增加了上述回报机制的不确定性,政策能否有效实施,能否产生经济效益还有待商榷。

另一方面,国家对于环保产业的政策支持,如税收优惠、资金补偿等,可解决部分环境治理资金问题,促进环保产业的快速发展,推动环保项目建设;国家鼓励环保领域的创新机制为环保项目,如水权和林权制度改革、小流域治理机制等收益模式增加新的探索。

2. 区域协调,统一管理

永定河流域综合治理与生态修复工程中,由京、津、冀、晋四省(直辖市)和有关方面积极整合各自资源和优势,共同组建、运行、管理流域投资公司,建立以公司为平台的新型流域治理政府间协作关系,由统一的投资主体统筹推进永定河流域治理开发与生态修复,科学安排各类项目建设时序和节奏,受托经营管理流域内有关工程和资产,负责区域内相关水资源、土地、生态资源综合开发与利用。上下游、干支流、左右岸治理协同有序推进,坚持目标同向、措施一体,实现流域整体治理效果最大化。在制定实施计划后,由公司分头去向各政府部门申请、报批,秩序性更强,可有效解决项目跨区域问题。

高效的协调机制在跨行政区域项目中至关重要,由共同的地市级主管部门负责牵头,更利于促进项目高效推进与落地。

3. 区域全面发展,提高企业运营能力

永定河项目实行公司化治理,公司为了解决持续发展和赚取利润的压力,会主动开发土地增值、体育休闲、健康养老服务、文化旅游产业、拓展项目、供水服务和林业资源综合开发经营等各类商业机会。但是必须进行区域谨慎评估,对当地可开发的土地、旅游、康养、农、林、渔等资源进行摸排,并对开发可能带来的资源价值的提升进行谨慎预判,或设置超额收益分享机制,使得开发主体盈利而不暴利,同时需要完善市场化操作,维持区域内各领域投资吸引力和整体经济活力。

4. 项目模式难以复制

永定河流域综合治理与生态修复工程项目虽然开启了一种流域治理的新模式,但是此模式在国内其他区域较难复制。永定河项目由国家部门专门牵头印发指导文件,流域内各省(直辖市)人民政府直接参与。采购模式和运作机制也一定程度上突破现行法律障碍。此外,永定河项目属于大范围的流域治理项目,相比于城市水环境治理项目而言,可作为补偿的资源更加丰富。

第五节　松阳水环境综合治理及生态价值转换特许经营项目

一、背景介绍

松阳县位于浙江省西南部,为浙南重要的粮食产区,素有"处州粮仓"的美誉。浙江省委十四届八次全会指出,"十四五"时期需率先推进省域治理现代化,率先推动全省人民走向共同富裕,实现更高质量、更有效率、更加公平、更可持续、更为安全的发展,更加彰显生态之美、人文之美、和谐之美、清廉之美,全面提升人民群众获得感、幸福感、安全感。"十四五"是松阳充分打开"两山"通道的机遇期,围绕"全国乡村振兴示范县"发展定位实现"松阳振兴"。

水安全是国家安全的重要组成部分,关系到资源安全、生态安全、经济安全和社会安全。党的十八大以来,党中央高度重视水安全工作,习近平总书记就水安全战略发表重要讲话,明确提出"节水优先、空间均衡、系统治理、两手发力"的治水思路,要求全党大力增强水忧患意识、水危机意识,从全面建成小康社会、实现中华民族永续发展的战略高度,重视解决好水安全问题。

2021年松阳县政府提出高质量打造山区水利现代化先行县的目标,浙江省水利厅表示支持,并以《浙江省水利厅关于支持松阳县开展全省山区水利现代化先行县试点的函》(浙水函〔2021〕389号)告知:松阳县需加快构建契合山区特点的"松阳水网",立足山区自然资源禀赋和水利改革发展实际情况,努力以现代化建设构建水利新发展格局,服务和支撑松阳县高质量跨越式发展,并且省厅将做好先行县试点建设的指导服务,协同打造山区水利现代化松阳样板,及时向全省乃至全国进行推广。

通过项目实施,打造集防洪保安网、资源配置网、幸福河湖网和智慧水利网于一体的"松阳水网"。项目工程任务以防洪、排涝、供水、灌溉为主,结合改善水生态环境,兼顾发电等综合利用。

其中,资源配置网主要是以松古平原水系连通及农村水系综合整治为依托,充分挖掘黄南水库的供水能力,对整个松古平原的供水系统进行整体提升,既要护美绿水青山,推进水生态保护、修复和涵养提升,确立合理生态走廊,形成科学合理的生产空间、生活空间和生态空间,又要做大金山银山,以"水利+"拓宽发展路径,打开"两山"转化新通道,彰显"千年古县、田园松阳"文化;打造秀水美景,与新型城镇化、美丽宜居城市、旅游区等相结合。

松古平原目前以黄南水库和东坞水库为优质供水水源,水源出水端口为东坞水库。一旦由于自然灾害、水污染及其他突发意外事件导致东坞水库无法正常供水,整个松古平原内的生活、工业供水系统将瘫痪,从而危及松古平原供水安全,影响社会安全稳定。

通过建立区域多水源联网联调、资源共享、余缺互济、应急互助的水资源优化配置格局,提高水资源利用效率,提升区域应急供水安全保障能力。

本项目的建设,一方面可以优化水资源配置,保障城乡供水安全,解决耕地灌溉用水不足的问题,有利于农业产业发展,促进乡村振兴。另一方面本项目的实施,改善了项目范围及周边生态环境,进而使得园地、滩涂等未利用地具备了垦造成为水田的条件,形成可供交易的耕地指标,实现了生态价值转换。

二、项目概况

项目估算总投资约 315 129 万元,建设内容主要包括如下几方面。

(一) 松古平原水系综合治理

松阳县松古平原水系综合治理工程位于浙江省丽水市松阳县境内。通过开展水系连通工程、中小河流生态修复及治理工程、城区防洪排涝工程、景观提升工程、专项工程等,打造集防洪保安网、资源配置网、幸福河湖网和智慧水利网于一体的"松阳水网"。工程任务以防洪、排涝、供水、灌溉为主,结合改善水生态环境,兼顾发电等综合利用。松阳县松古平原水系综合治理工程主要建设内容由水系连通工程、中小河流生态修复及治理工程、城区防洪排涝工程等三部分组成。

(二) 第二水厂一期工程

松阳县第二水厂位于松阳县新兴镇谢村源三级电站东侧。为满足松阳县远期、远景的用水需求新建第二水厂,规模8万立方米/天。为减少近期投资第二水厂一期工程规模取4万立方米/天。主要建设内容包括:4万立方米/天水厂一座,用地面积7.525 4公顷,原水输水管道DN1000管道3.8千米;净水输水管道DN1000管道约2.9千米。

(三) 四都流域农田生态修复与提升工程

四都流域农田生态修复与提升工程通过上四都水库拦洪削峰控制水库下泄流量,与河道堤防相配合,下游河道的防洪能力将由现状的不足20年一遇提高到50年一遇,满足江北平原五都源—关溪区域内高程在190至220米之间的0.3万亩耕地开发所需的灌溉水量。工程向下游泄放生态流量,改善四都源河道水生态。

三、交易结构

本项目总投资额人民币315 129万元。项目资本金约占总投资的20%,为63 025万元,其中,中标社会资本以货币形式无息出资40 966万元,持有项目公司65%的股权;松阳水投以货币形式出资22 059万元,持有项目公司35%的股权。本项目暂定项目公司注册资本金为10 000万元人民币,除项目资本金之外,项目所需的剩余资金252 104万元由项目公司通过外部融资进行筹措。

四、运作模式

项目拟采用特许经营模式,即由县政府授权县水利局作为项目实施机构;项目实施机构公开招标采购特许经营者,中标特许经营者与政府方出资代表成立的项目公司在特许经营期内负责项目设计、投融资、建设和运营管理，并有权根据特许经营协议获得投资回报，项目在特许经营范围内自求平衡；特许经营期满，项目公司将约定的项目设施完好无偿移交给项目实施机构或政府指定其他机构。项目操作流程如图 7.5-1 所示。

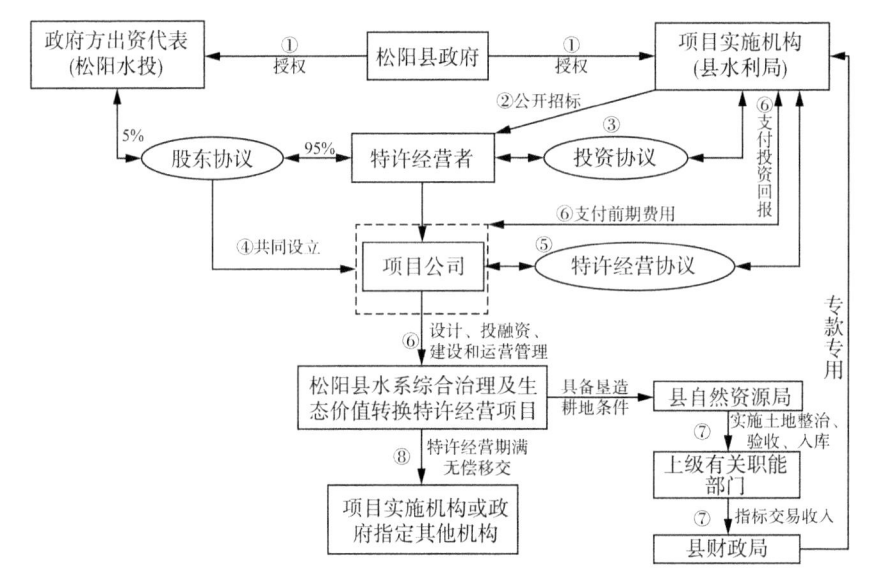

图 7.5-1 项目操作流程

（1）确定项目实施机构和政府方出资代表。县政府授权县水利局为项目实施机构，授权松阳水投为本项目的政府方出资代表。

（2）引进特许经营者。县水利局作为招标人通过公开招标的方式选择特许经营者。

（3）签订投资协议。确定中标特许经营者后，中标特许经营者与项目实施机构签订投资协议。

（4）签订股东协议。松阳水投和中标特许经营者签订股东协议及公司章程，根据公司章程的约定成立项目公司。

（5）签订特许经营协议。项目公司成立后，由县水利局代表县政府与项目公司签订特许经营协议，授予项目公司在特许经营期内设计、投融资、建设和运营本项目的权利。

（6）项目实施。特许经营期内，项目公司提供设计、投融资、建设和运营管理服务，县水利局根据特许经营协议的约定支付投资回报。

（7）形成土地指标。特许经营期内,通过项目实施,具备垦造耕地条件的,由县自然资源局具体实施土地整治并形成土地指标,县财政局将收到的指标交易收入作为项目实施机构的支付资金来源。

（8）项目移交。特许经营期满,项目公司将约定的项目设施完好无偿移交给县水利局或政府指定其他机构。

五、回报机制

本项目的资金回报途径为:土地指标收储费收入＋净水水费收入。

土地指标收储费收入为项目公司针对本项目特许经营范围内土地整治产生的土地指标由县自然资源和规划局进行收储而支付的费用。

土地指标收储费分为水田收储费、旱地收储费以及旱改水收储费,土地指标收储单价以社会资本中标价为准。本项目管护期为五年,土地垦造期两年,验收期一年。

项目的净水水费为第二水厂一期工程自运营开始日起20年,供排水公司每年支付给项目公司的净水水费。

六、资金平衡

(一) 项目总支出情况

本项目估算总投资30.04亿元,其中工程费用19.16亿元,工程建设其他费7.82亿元,预备费用1.62亿元,建设期利息1.38亿元,铺底流动资金0.06亿元。考虑建安工程下浮率5%,则下浮后工程费用18.20亿元,项目总投资预计为29.08亿元。

(二) 项目总收入情况

1. 土地指标收储费收入

按照政府方出资代表分红测算,土地指标收储价按照垦造水田41.89万元/亩,垦造旱地20.945万元/亩,旱改水20.945万元/亩进行测算。因此,本项目预期产生土地指标收益合计512 603万元。

2. 净水水费收入

本项目的净水水费为第二水厂一期工程自运营开始日起20年,供排水公司每年支付给项目公司的净水水费,按照松阳第二水厂供水基本水量乘以净水水价1.56元/m^3计算。其中,运营期第1—5年基本水量为2.24万立方米/日,运营期第6—10年为2.4万立方米/日,运营期第11—20年为3.2万立方米/日。

(三) 项目收支平衡情况

表7.5-1　本项目主要财务指标汇总表　　　　　　　　单位:万元

项目	净收益	资本金收益率	投资回收期(年)
财务指标	1 500	7.47%	11.52

七、经验总结

本项目通过采用特许经营模式,项目实施机构公开招标采购特许经营者,中标特许经营者与政府方出资代表成立的项目公司在特许经营期内负责本项目设计、投融资、建设和运营管理,并可根据特许经营协议获得投资回报来维持项目在特许经营范围内的资金平衡。

特许经营期满,项目公司将约定的项目设施完好无偿移交给项目实施机构或政府指定其他机构。本项目符合集团发展战略和主营业务的需要,有利于战略性新业务、新技术、新市场的培育,有利于形成规模效益和增强核心竞争力。

附件1：EOD相关政策索引之"EOD模式"

时间	部门	文件	主要相关内容
2016.11	国务院	《国务院关于印发"十三五"生态环境保护规划的通知》（国发〔2016〕65号）	探索环境治理项目与经营开发项目组合开发模式
2018.08	生态环境部	《生态环境部关于生态环境领域进一步深化"放管服"改革，推动经济高质量发展的指导意见》（环规财〔2018〕86号）	探索开展生态环境导向的城市开发（EOD）模式，推进生态环境治理与生态旅游、城镇开发等产业融合发展，在不同领域打造标杆示范项目。推进与以生态环境质量改善为核心相适应的工程项目实施模式，强化建设与运营统筹，开展按效付费的生态环境绩效合同服务，提升整体生态环境改善绩效
2019.01	生态环境部、全国工商联	《生态环境部 全国工商联关于支持服务民营企业绿色发展的意见》（环综合〔2019〕6号）	探索生态环境导向的城市开发（EOD）模式和工业园区、小城镇环境综合治理托管服务模式
2019.12	自然资源部	《自然资源部关于探索利用市场化方式推进矿山生态修复的意见》	通过制定自然资源产权激励政策，为社会资本投入生态保护修复增加动力、激发活力、释放潜力，努力探索绿水青山转化为金山银山的途径
2020.03	中共中央办公厅、国务院办公厅	《关于构建现代环境治理体系的指导意见》	创新环境治理模式，对工业污染地块，鼓励采用"环境修复＋开发建设"模式
2020.09	发改委、科技部、财政部、工信部	《关于扩大战略性新兴产业投资 培育壮大新增长点增长极的指导意见》（发改高技〔2020〕1409号）	探索将生态环境治理项目与资源、产业开发项目有效融合，解决生态环境治理缺乏资金来源渠道、总体投入不足、环境效益难以转化为经济收益等瓶颈问题，推动实现生态环境资源化、产业经济绿色化

续表

时间	部门	文件	主要相关内容
2020.09	生态环境部、发改委、国开行	《关于推荐生态环境导向的开发模式试点项目的通知》(环办科财函〔2020〕498号)	要求大力开展EOD模式试点,分批向各地征集EOD模式备选项目,为未来普及推广打基础。生态环境治理与关联产业一体化实施。公益性较强、收益性差的生态环境治理项目与收益较好的关联产业一体化实施,肥瘦搭配组合开发,实现关联产业收益补贴生态环境治理投入,创新生态环境治理投融资渠道
2021.02	国务院	《国务院关于加快建立健全绿色低碳循环经济体系的指导意见》	加快"推动生态产业化和产业生态化","坚持市场导向",在绿色发展中充分发挥"市场的导向性作用"和"各类市场交易机制作用"
2021.04	生态环境部、发改委、国开行	《关于同意开展生态环境导向的开发(EOD)模式试点的通知》(环办科财函〔2021〕201号)	通过审核36个生态环境导向的开发(EOD)模式试点项目
2021.09	中共中央办公厅、国务院办公厅	《关于深化生态保护补偿制度改革的意见》	探索多样化补偿方式,推进生态环境导向的开发模式项目试点
2021.10	国务院办公厅	《国务院办公厅关于鼓励和支持社会资本参与生态保护修复的意见》(国办发〔2021〕40号)	提出社会资本可采取"生态保护修复+产业导入"方式,利用获得的自然资源资产使用权或特许经营权发展适宜产业
2021.10	生态环境部、发改委、国开行	《关于推荐第二批生态环境导向的开发模式试点项目的通知》(环办科财函〔2021〕468号)	向各地征集第二批EOD开发模式备选项目。5个申报条件(需同时满足),每省原则不超过3个,重点支持实施基础好、投资规模适中、项目边界清晰、反哺特征明显、环境效益显著的项目
2021.10	财政部	关于印发《重点生态保护修复治理资金管理办法》的通知(财资环〔2021〕100号)	山水林田湖草沙冰一体化保护和修复工程的奖补资金采用项目法分配,工程总投资10亿~20亿项目奖补5亿元,20亿~50亿元奖补10亿元;50亿元以上奖补20亿元。用于历史遗留废弃工矿土地整治的奖补资金采用项目法(5亿以上奖补3亿元)或因素法分配
2022.03	生态环境部	关于印发《生态环保金融支持项目储备库入库指南(试行)》的通知(环办科财〔2022〕6号)	标志着"生态环保金融支持项目管理系统"已上线并正式运行,同时继《关于推荐第二批生态环境导向的开发模式试点项目的通知》(环办科财函〔2021〕468号)以后,不再每年发文通知推荐一次试点项目,改为常态化的申报入库,即按照"成熟一个,申报一个"原则,由县级及以上生态环境部门通过该系统线上申报,省级生态环境部门论证评估同意后由线上提交生态环境部

续表

时间	部门	文件	主要相关内容
2022.04	生态环境部、发改委、国开行	《关于同意开展第二批生态环境导向的开发（EOD）模式试点的通知》（环办科财函〔2022〕72号）	同意58个项目开展第二批EOD试点工作（2022—2024年）
2022.05	中共中央办公厅、国务院办公厅	《关于推进以县城为重要载体的城镇化建设的意见》	提出有序发展重点生态功能区的县城

附件 2：EOD 相关政策索引之 "ABO＋股权合作/投资＋EPC＋资源平衡模式"

一、地方国有企业承接政府公益性项目

序号	问题	政策文件名称	主要内容	核心条款
1	整体授权	《关于国有资本加大对公益性行业投入的指导意见》（财建〔2017〕43号）	提出了国有资本加大对公益性行业投入的总体要求，主要形式和保障措施，包括支持国有企业在公益性行业内的各类主体更好地在公益性行业发挥作用	第二条 国有资本加大对公益性行业投入的主要形式 第（四）款、第（五）款
2		《国务院办公厅关于保持基础设施领域补短板力度的指导意见》（国办发〔2018〕101号）	提出为补齐基础设施短板提供有力融资支持，包括支持转型中的融资平台公司和转型后市场化运作的国有企业承接政府公益性项目	第三条 配套政策措施 第（六）款
3	项目立项	《政府投资条例》（国令第712号）	规定政府投资资金的安排方式及政府投资项目的认定标准	第六条、第九条
4		《企业投资项目核准和备案管理条例》（国令第673号）	规定企业投资项目认定标准及实行核准备案制	第二条、第三条

续表

一、地方国有企业承接政府公益性项目

序号	问题	政策文件名称	主要内容	核心条款
5		《国务院关于加强地方政府性债务管理的意见》（国发〔2014〕43号）	要求切实防范化解财政金融风险，包括剥离融资平台公司政府融资职能，融资平台公司不得新增政府债务	第二条 加快建立规范的地方政府举债融资机制 第（四）款 加强政府债务监管
6	项目立项	国务院办公厅关于印发《地方政府性债务风险应急处置预案》的通知（国办函〔2016〕88号）	界定地方政府性债务风险事件的范围，风险应急处置的组织指挥体系及职责，预警和预防机制等	1.4 适用范围；3.2 信息报告；3.3 分类处置
7		《关于进一步规范地方政府举债融资行为的通知》（财预〔2017〕50号）	要求切实加强融资平台公司融资管理，包括不得承诺将储备土地预期出让收入作为融资平台公司偿债资金来源等	第二条 切实加强融资平台公司融资管理；第四条 进一步健全规范的地方政府举债融资机制

二、土地一级开发

序号	问题	政策文件名称	主要内容	核心条款
1	土地储备主体资格	《关于规范土地储备和资金管理等相关问题的通知》（财综〔2016〕4号）	土地储备工作只能由纳入名录管理的土地储备机构承担，各类地方国企仍可以承接项目参与土地一级开发	第二条 进一步规范土地储备行为；第七条 推动土地收储政府采购工作
2		《中华人民共和国政府采购法》（主席令第14号）	对政府采购方式作出规定，并要求公开招标应作为政府采购的主要方式	第二十六条、第二十七条
3	政府采购方式及筹资	《政府购买服务管理办法》（财政部令102号）	对政府购买服务合同履行期限作出规定，应要求需要先有预算、后购买服务	第十六条、第二十四条
4		《关于坚决制止地方以政府购买服务名义违法违规融资的通知》（财预〔2017〕87号）	政府购买服务内容需纳入指导性目录，所需资金应当在既有年度预算中统筹考虑	第二条 严格按照规定实施政府购买服务；第三条 严格政府购买服务预算管理

续表

二、土地一级开发

序号	问题	政策文件名称	主要内容	核心条款
5	社会资本参与方式	《关于规范土地储备和资金管理等相关问题的通知》（财综〔2016〕4号）	支持政府购买土地征收、收回涉及的拆迁安置补偿服务，储备土地的前期开发工程不列入政府采购服务范围	第七条 推动土地收储政府采购工作
		《关于坚决制止地方政府以政府购买服务名义违法违规融资的通知》（财预〔2017〕87号）	建设工程不可与服务打包作为政府购买服务项目	第二条 严格按照规定范围实施政府购买服务
6	土地储备资金财务管理	《土地储备资金财务管理办法》（财综〔2018〕8号）	对土地储备资金的来源渠道和使用范围作出规定	第五条、第八条

三、土地出让收入管理

序号	问题	政策文件名称	主要内容	核心条款
1	预算管理	《中华人民共和国预算法》（主席令〔2018〕第22号）	政府的全部收入和支出都应当纳入预算	第四条、第十三条
2		《国有土地使用权出让收支管理办法》（财综〔2006〕68号）	土地出让收入实行彻底的"收支两条线"	第四条、第二十九条
3	支出管理	《国有土地使用权出让收支管理办法》（财综〔2006〕68号）	土地出让收入使用范围包括征地和拆迁补偿支出、前期土地开发支出、支农支出、城市建设支出、其他支出	第十三条、第十四条、第十五条、第十六条、第十七条、第十八条
4		《国务院办公厅关于进一步做好盘活财政存量资金工作的通知》（国办发〔2014〕70号）	各级政府性基金预算资金可调入一般公共预算统筹使用	第三条 盘活财政存量资金的主要措施第（二）款 清理政府性基金预算结转结余资金
5	决算管理	《财政总预算会计制度》（财库〔2015〕192号）	对政府性基金预算资金调入一般公共预算的会计记账方式作出规定	第四十二条

附件3：EOD相关政策索引之"PPP+专项债模式"

一、PPP模式

序号	问题	政策文件名称	主要内容	核心条款
1	项目是否属于PPP模式适用范围	《国家发展改革委关于开展政府和社会资本合作的指导意见》(发改投资[2014]2724号)	PPP模式主要适用于政府负有提供责任又适宜市场化运作的公共服务、基础设施类项目。各地的新建市政工程以及新型城镇化试点项目，应优先考虑采用PPP模式建设	第三条
2		《国务院关于创新重点领域投融资机制鼓励社会投资的指导意见》(国发[2014]60号)	在公共服务、资源环境、生态保护、基础设施等领域，积极推广PPP模式	第九条
3		《财政部关于推广运用政府和社会资本合作模式有关问题的通知》(财金[2014]76号)	适宜采用政府和社会资本合作模式的项目，具有价格调整机制相对灵活、市场化程度相对较高、投资规模相对较大、需求长期稳定等特点	第二条
4		《关于在公共服务领域推广政府和社会资本合作模式的指导意见》(国办发[2015]42号)	在能源、交通运输、水利、环境保护、农业、林业、科技、保障性安居工程、医疗、卫生、养老、教育、文化等公共服务领域，鼓励采用政府和社会资本合作模式	第四条
5		《国家发展改革委关于切实做好传统基础设施领域政府和社会资本合作有关工作的通知》(发改投资[2016]1744号)	切实做好能源、交通运输、水利、环境保护、农业、林业以及重大市政工程等基础设施领域PPP推进工作	附件
6		《关于在公共服务领域深入推进政府和社会资本合作工作的通知》(财金[2016]90号)	在能源、交通运输、市政工程、农业、林业、水利、环境保护、医疗卫生、养老、教育、科技、文化、体育、旅游等公共服务领域、保障性安居工程PPP改革工作	第四条
7		《政府和社会资本合作项目财政管理暂行办法》(财金[2016]92号)	提出PPP模式可用于能源、交通运输、市政公用、农业、林业、水利、环境保护、保障性安居工程、教育、文化、医疗卫生、养老、旅游等公共服务领域	第二条
8		《关于规范政府和社会资本合作(PPP)综合信息平台项目库管理的通知》(财办金[2017]92号)	提出了PPP模式的负面清单，包括不属于公共服务的、如商业地产开发、招商引资项目等，涉及国家安全或重大公共利益等、不适宜由社会资本承担的，仅涉及工程建设、无运营内容的，其他不适宜采用PPP模式实施的情形	第二条
9		《关于推进政府和社会资本合作规范发展的实施意见》(财金[2019]10号)	提出PPP模式的正、负面清单	第二、三条

续表

一、PPP 模式

序号	问题	政策文件名称	主要内容	核心条款
1	PPP项目操作流程	财政部关于印发政府和社会资本合作模式操作指南（试行）的通知（财金〔2014〕113号）(已失效)	将 PPP 模式操作流程分为 5 个阶段 19 个步骤	第二、三、四、五、六条
2		国家发展改革委关于印发《传统基础设施领域实施政府和社会资本合作项目工作导则》的通知（发改投资〔2016〕2231号）	将 PPP 项目流程分为项目储备、项目论证、社会资本方选择、项目执行四个阶段	第二、三、四、五章
3		《国家发展改革委关于依法依规加强 PPP 项目投资和建设管理的通知》（发改投资规〔2019〕1098号	提出拟以 PPP 模式实施的项目需要进行 PPP 项目可行性论证和审查，未依法依规履行审批、核准、备案及可行性论证和审查程序的 PPP 项目，为不规范项目，不得开工建设	第一、二条
4		《政府和社会资本合作模式操作指南（修订稿）》（财办金〔2019〕94号）	将 PPP 项目流程合并简化项目准备、项目采购、项目执行三个阶段	第二、三、四章
1	PPP项目入库和预算和支付	财政部关于规范政府和社会资本合作（PPP）综合信息平台运行的通知（财金〔2015〕166号）	提出未纳入综合信息平台项目库的项目，不得列入各地 PPP 项目目录，原则上不得通过预算安排支出责任	第三条（七）款
2		《关于印发政府和社会资本合作项目财政管理暂行办法的通知》（财金〔2016〕92号）	明确了行业主管部门、财政部门等相关主体在 PPP 项目编制、将跨年度财政支出责任纳入中期财政规划、全生命周期成本监测、PPP 项目绩效运行监控和按效付费等方面的职责	第四章第十八、十九、二十、二十一、二十二、二十三条
3		《关于推进政府和社会资本合作规范发展的实施意见》（财金〔2019〕10号）	坚守 10% 的红线，明确新签约项目不得从政府性基金预算、国有资本经营预算安排 PPP 项目运营补贴支出	第二条
1	PPP项目信息公开	《政府和社会资本合作（PPP）综合信息平台信息公开管理暂行办法》（财金〔2017〕1号）	对于 PPP 项目各阶段需要信息公开的内容、公开方式和监督管理等方面进行了规范	第二章第五、六、七、八、九条 第三章第十、十一、十二、十三条

第七章 EOD 典型项目案例分析 213

续表

二、地方政府专项债

序号	问题	政策文件名称	主要内容	核心条款
1	地方政府专项债券支持领域	《地方政府专项债券发行管理暂行办法》（财库〔2015〕83号）	地方政府专项债券是指省、自治区、直辖市政府（含经省级政府批准自办债券发行的计划单列市政府，含经省级政府批准自办债券发行的）为有一定收益的公益性项目发行的，约定一定期限内以公益性项目对应的政府性基金或专项收入还本付息的政府债券	第二条
2		《关于试点发展项目收益与融资自求平衡的地方政府专项债券品种的通知》（财预〔2017〕89号）	提出了在土地储备、政府收费公路两个领域标准化的项目收益与融资自求平衡专项债	第三条、附件1
3		《关于做好地方政府专项债券发行及项目配套融资工作的通知》（厅字〔2019〕33号）	通知在进一步扩大专项债的适用范围、债券作为符合条件的重大项目资本金、积极鼓励金融机构提供配套融资支持、允许将专项债券投资投资群体和合理提高长期专项债券期限比例等、丰富地方政府债券发行定价市场化程度等方面进行了创新	第二条第（二）、（四）款
4		2019年9月4日，国务院常务会议精神	扩大使用范围，重点用于铁路、轨道交通、城市停车场等交通基础设施，医疗、养老等民生服务，农林水利、城镇污水垃圾处理等生态环保项目，水电气热等市政和产业园区基础设施。专项债资金不得用于土地储备和房地产相关领域、置换债务以及可完全商业化运作的产业项目	
5		2020年4月3日，国务院联防联控机制举办的新闻发布会	专项债使用范围再增加城镇老旧小区改造领域、应急医疗救治、职业教育、城市供热供气等市政设施项目，5G网络、数据中心、人工智能等新型基础设施三个领域。此外，有条件放开了已开工、非货币安置目纳入年度棚改计划的棚户区改造项目申请专项债	第十一条
1	专项债申报和发行流程	《地方政府专项债务预算管理办法》（财预〔2016〕155号）	地方政府专项债务的限额管理，由中央和上面上报，由上而下分配限额	第十、十一条
2		《地方政府专项债券发行管理暂行办法》（财库〔2015〕83号）	地方政府是专项债券的发行主体。专项债券发行需要信用评级，并通过承销或招标方式发行	第六、七、十五条

续表

二、地方政府专项债

序号	问题	政策文件名称	主要内容	核心条款
1	专项债的预算管理	《地方政府专项债务预算管理办法》(财预〔2016〕155号)	地方债纳入政府性基金预算管理	第三、六条
2	专项债的预算管理	《财政部关于地方政府专项债券会计核算问题的通知》(财库〔2015〕91号)	明确了专项债纳入预算管理时收支科目和相关会计核算的问题	第一、二、三、四、五、六、七、八条
1	专项债券信息公开	《地方政府专项债券发行管理暂行办法》(财库〔2015〕83号)	各地应当在专项债券发行定价结束后,通过中国债券信息网和本地区门户网站等媒体,及时公布债券发行结果	第十九条
2	专项债券信息公开	《关于启用地方政府新增专项债券项目信息披露模板的通知》(财办库〔2019〕364号)	提出了新增专项债券项目信息披露的模板	附件

附件4：EOD相关政策索引之"土地出让+配建模式"

序号	问题	政策文件名称	主要内容	核心条款
1	保障住房配建	《国务院关于坚决遏制部分城市房价过快上涨的通知》（国发〔2010〕10号）	城乡规划、房地产主管部门要积极配合国土资源部门，将住房销售价位、套数、套型面积、保障性住房配建比例以及开竣工时间、违约处罚条款等纳入土地出让合同，确保中小套型住房供应结构及供应比例按照严格规定落实到位	（六）调整住房供应结构
2		《国土资源部关于坚持和完善土地招标拍卖挂牌出让制度的意见》（国土资发〔2011〕63号）	调整完善土地招拍挂出让政策，以商品住房用地中配建保障性住房方式出让土地使用权的，写入出让公告及文件，组织实施招牌、拍卖	三、调整完善土地招拍挂出让政策
3	居住配套设施配建	《城市居住区规划设计标准》（GB50180—2018）	居住区配套设施分级设置应符合本标准的要求；配套设施用地及建筑面积控制指标，应按照居住区分级对应的居住人口规模进行控制	5 配套设施、附录B 居住区配套设施设置规定、附录C 居住区配套设施规划建设控制要求

续表

序号	问题	政策文件名称	主要内容	核心条款
4	出让方案条件设置	《招标拍卖挂牌出让国有建设用地使用权规定》（国土资源部令第39号）	招标拍卖挂牌公告应当包括下列内容：出让宗地的面积、界址、空间范围、现状、使用年期、用途、规划指标要求	第六条 拟定出让方案 第九条 挂牌公告内容
5		《协议出让国有土地使用权规定》（国土资源部令第21号）	对符合协议出让条件的，市、县人民政府国土资源主管部门会同同级城市规划等有关部门，依据国有土地使用权出让计划、城市规划和意向用地者申请的用地项目类型、规模等，制定协议出让土地方案。协议出让土地方案应当包括拟出让地块的具体位置、界址、面积、年期、土地使用条件、规划设计条件、供地时间等	第十条 协议出让土地方案
6	配建成本计算	《国土资源部办公厅关于印发〈国有建设用地使用权出让地价评估技术规范〉的通知》（国土资厅发〔2018〕4号）	采用"限地价、竞配建"方式出让的，土地估价报告中应评估出正常市场条件下的土地出让底价建议，以及根据市场情况建议采用的地价上限，并提出建议的起始价或起始拍价。一般情况下应符合：起始价≤出让底价≤地价上限。当起始价=地价上限时，地价上限与出让底价之间的差额，应按配建方式和配建成本，折算最低应配建的建筑面积，并在土地估价报告中明示	6.2 特定条件的招拍挂出让方式

附件5:第一批(2021)生态环境导向的开发(EOD)模式试点项目清单

序号	省(区、市)	试点名称	试点实施单位
1	天津	静海区生态修复治理与健康产业城市主动健康综合体项目	天津健康产业国际合作示范区管理委员会、天津蔚蓝健康产业发展有限公司
2	河北	怀来永定河沿岸及官厅水库周边生态环境导向的开发项目	怀来县人民政府、永定河怀来生态发展有限公司
3	内蒙古	宁城县蚂蚁山生态环境治理建设项目	宁城县人民政府、赤峰市利奥生态科技有限公司
4		内蒙古杭锦旗库布其沙漠治理项目	杭锦旗人民政府、内蒙古库布其生态资源科技有限公司
5		乌梁素海全流域综合治理项目	巴彦淖尔市人民政府、内蒙古淖尔开源实业有限公司
6	辽宁	阜新市百年国际赛道城废弃矿区综合治理项目	阜新市新邱区人民政府
7	吉林	吉林市中新食品区黑土地保护治理与蓝靛果产业开发项目	吉林(中国-新加坡)食品区管理委员会
8	上海	金山区枫泾镇郊野村庄田园综合体项目	上海市金山区枫泾镇人民政府、上海太和水环境科技发展股份有限公司、上海开太鱼文化发展有限公司
9	江苏	泰兴高新技术产业开发区生态环境导向的开发项目	江苏省泰兴高新技术产业开发区管理委员会、泰兴市智光环保科技有限公司
10		徐州市丰县生态环境导向的开发项目	徐州市丰县人民政府、江苏振丰环保集团有限公司
11	浙江	衢州市柯城区"两溪"流域生态环境导向的开发项目	衢州市柯城区人民政府、衢州市柯城区国有资产经营有限责任公司
12		遂昌县仙侠湖流域生态环境导向的开发项目	遂昌县人民政府、遂昌县两山投资发展集团
13		湘湖片区生态环境导向的开发项目	浙江省萧山湘湖国家旅游度假区管理委员会、浙江湘旅控股集团有限公司

续表

序号	省(区、市)	试点名称	试点实施单位
14	安徽	马鞍山市向山地区生态环境导向的开发项目	马鞍山市雨山区人民政府、江东控股集团有限责任公司
15		宿州30万亩农田残膜污染治理和生态塑料产业化项目	宿州马鞍山现代产业园区管理委员会、宿州妙顺环保科技有限公司
16		芜湖市湾沚区"两江四圩"区域生态环境导向的开发项目	芜湖市湾沚区人民政府、安徽水韵环保股份有限公司
17	福建	翠屏湖水生态修复与水生态资源绿色开发运营一体化项目	古田县人民政府、华川技术有限公司
18	江西	昌抚态何源田园综合体项目	抚州市昌抚合作示范区管理委员会、上海太和水环境科技发展股份有限公司、江西态何源农业发展有限公司
19	山东	日照水库流域生态保护与产业开发项目	日照市东港区人民政府、日照市水务集团有限公司
20		滨州市博兴经济开发区绿色融合发展项目	滨州市博兴经济开发区管理委员会、山东京博控股集团有限公司
21	河南	许昌市魏都区"无废城市"建设项目	许昌市魏都区人民政府、河南一起分类环保科技有限公司
22		漯河市城乡一体化示范区都市生态农业科技产业园综合开发项目	漯河市城乡一体化示范区管理委员会、漯河亿利政融生态农业科技有限公司
23	湖北	武汉东湖高新区生态环境导向的开发项目	武汉东湖新技术开发区管理委员会、中国(湖北)自由贸易试验区武汉片区管理委员会、长江生态环保集团有限公司
24		宜昌市长江宜都段生态环境导向的开发项目	宜都高新技术产业园区管理委员会
25		荆门市汉江流域钟祥段生态环境导向的开发项目	钟祥市人民政府
26	湖南	耒阳市(中国)油茶博览园生态环境导向的开发项目	耒阳市人民政府、湖南神农国油生态农业发展有限公司
27		湖南城陵矶临港产业新区水系综合整治(二期)项目	湖南城陵矶新港区管理委员会、湖南临港开发投资集团有限公司
28		长沙市望城区滨水新城核心区综合开发项目	长沙市望城区人民政府
29	广西	凌云县生态环境导向的开发项目	凌云县人民政府、百色北部新区发展有限公司

续表

序号	省(区、市)	试点名称	试点实施单位
30	重庆	重庆市经济开发区生态环境导向的开发项目	重庆经济技术开发区管理委员会
31		重庆江津团结湖大数据智能产业园开发项目	重庆市江津区人民政府
32	四川	邛崃市白沫江水美乡村生态综合体开发项目	邛崃市人民政府
33		泸州市纳溪区永宁河流域生态综合治理项目	泸州纳溪区人民政府
34		涪江遂宁主城区段环境综合整治与城乡一体化融合开发项目	遂宁市人民政府
35	陕西	西安高新技术产业开发区生态环境导向的开发项目	西安高新技术产业开发区管理委员会、西安高科集团有限公司
36	新疆生产建设兵团	新疆生产建设兵团第九师161团生态环境导向的开发项目	新疆生产建设兵团第九师161团、新疆绿翔旅游发展有限责任公司

附件6:第二批(2022)生态环境导向的开发(EOD)模式试点项目清单

序号	省(区、市)	试点名称	试点实施单位
1	河北	潮河流域(滦平段)生态治理与乡村振兴产业融合发展项目	滦平县人民政府、河北金山岭文化旅游发展集团有限公司
2		唐山市东部开平采煤沉陷区生态环境导向的开发项目	唐山市开平区人民政府、唐山市开平区城镇建设开发有限公司
3		武安市玉带河流域综合整治与开发一体化项目	武安市人民政府、武安市城镇建设发展集团有限公司
4	山西	阳泉市郊区"三生"融合公园城市示范区生态环境导向的开发项目	阳泉市郊区人民政府、山西大地民基生态环境股份有限公司
5	内蒙古	呼和浩特未来水生态环境导向的开发项目	呼和浩特市人民政府、呼和浩特春华再生水发展有限责任公司
6		内蒙古阿拉善黄河西岸阻沙入黄与治沙产业融合发展项目	内蒙古阿拉善高新技术产业开发区管委会(阿拉善盟乌兰布和生态沙产业示范区管理委员会)、阿拉善滨河金沙发展有限责任公司
7	辽宁	盘锦辽河新城起步区生态环境导向的开发项目	盘锦市双台子区人民政府、盘锦富祥实业有限公司
8	吉林	辽源市北部采煤沉陷区生态环境导向的开发项目	辽源市人民政府、辽源绿色生态建设投资集团有限公司
9		白山市江源区松湾废弃老工业基地再利用生态环境导向的开发项目	白山市江源区人民政府、白山市江源区隆源投资管理集团有限公司
10		吉林省长白山池西区南山生态环境导向的开发项目	长白山保护开发区池西区管委会、长白山保护开发区松东城镇投资开发建设有限公司
11	江苏	苏州太湖生态岛农文旅绿色低碳融合发展示范项目	苏州太湖国家旅游度假区管理委员会、苏州太湖城市投资发展有限公司
12		南京金牛湖周边地区生态环境导向的开发项目	江苏省南京金牛湖旅游度假区管理办公室、南京金牛湖文化旅游发展有限公司

续表

序号	省（区、市）	试点名称	试点实施单位
13	浙江	开化县国家公园城市生态环境导向的开发项目	开化县人民政府、开化县国有资产经营有限责任公司
14		青田县"侨乡大花园"生态环境导向的开发项目	青田县人民政府、青田县城市发展投资有限公司
15	安徽	安庆市岳西县生态环境导向的开发项目	岳西县人民政府、安徽皖岳投资集团有限公司
16		金寨史河老城区段水生态修复与水生态资源开发运营一体化项目	金寨县人民政府、金寨汇金投资有限公司
17		安徽省蚌埠市禹会区天河湖生态环境治理与乡村振兴融合发展项目	蚌埠市禹会区人民政府、蚌埠水利建设投资有限公司
18	福建	莆田市木兰溪绶溪片区生态环境导向的开发项目	莆田市人民政府、莆田城市园林发展集团有限公司
19		三明市沙溪流域生态治理及资源化一体产业开发项目	三明市三元区人民政府
20		南靖县生态环境导向的开发项目	南靖县人民政府
21	江西	九江市湖口县"长江、鄱阳湖"生态环境导向的开发项目	湖口县人民政府
22	山东	潍坊峡山生态经济开发区生态环境导向的开发项目	潍坊峡山生态经济开发区管理委员会、潍坊水务投资集团有限公司
23		乐陵市生态环境导向的开发项目	乐陵市人民政府、乐陵市城市资产经营建设投资有限公司
24		龙口市北河生态环境导向的开发项目	龙口市人民政府、龙口市城乡建设投资发展有限公司
25	河南	河南省安阳市内黄县生态环境导向的开发项目	内黄县人民政府、内黄县城市投资开发集团有限公司
26		河南省信阳市上天梯非金属矿山生态修复与绿色矿业开发项目	信阳市上天梯非金属矿管理区、河南上天梯非金属科技有限公司
27		南阳市白河流域生态环境导向的开发项目	南阳市人民政府、南阳投资集团有限公司

续表

序号	省(区、市)	试点名称	试点实施单位
28	湖北	襄阳市汉江绿心两岸协同生态环境导向的开发项目	襄阳市人民政府、襄阳东津国有资本投资集团有限公司
29		长江黄石段生态环境导向的开发项目	黄石市人民政府、黄石市城市发展投资集团有限公司
30		武汉市江夏区环鲁湖生态环境导向的开发项目	武汉市江夏区人民政府、武汉市江夏文化旅游发展集团有限公司
31	湖南	永州市滨江新城生态环境治理与产业融合发展项目	永州市人民政府、永州市经济建设投资发展集团有限责任公司
32		湘西州花垣县十八洞紫霞湖美乡村振兴生态环境导向的开发项目	花垣县人民政府、花垣县十八洞国有资产资源投资运营有限公司
33		娄底经济技术开发区生态环境导向的开发项目	娄底经济技术开发区管理委员会、娄底市娄开实业发展有限公司
34	广东	韶关市曲江区生态环境导向的煤矸石综合利用项目	韶关市曲江区人民政府、圣清科技控股集团有限公司
35	广西	宾阳县农村环境治理与产业融合发展项目	宾阳县人民政府、广西宾阳县昆仑投资集团有限公司
36		桂林经开区罗汉果小镇生态环境治理与产业发展项目	桂林经济技术开发区管理委员会、桂林经开投资控股有限责任公司
37	重庆	北碚区环缙云山生态建设及生态产业化项目	西部(重庆)科学城北碚片区管理委员会、西部(重庆)科学城北碚园区开发建设有限公司
38		重庆国际物流城大成湖滨水融合示范区生态环境导向的开发项目	重庆国际物流枢纽园区管理委员会、重庆国际物流枢纽园区建设有限责任公司
39	四川	峨眉山市生态环境质量提升与绿色产业融合发展项目	峨眉山市人民政府、峨眉山发展(控股)有限责任公司
40		嘉陵江(顺庆段)流域综合治理生态环境导向的开发项目	南充市顺庆区人民政府、南充市顺投发展集团有限公司
41	贵州	安顺市中心城区生态环境综合整治与旅游开发一体化融合发展项目	安顺市人民政府、安顺市黔中投资有限公司
42		以绿色发展引领乡村振兴—大方"中国天麻之乡"农牧业绿色生态发展项目	大方县人民政府
43	云南	云南滇中新区小哨国际新城水生态环境建设及综合开发利用项目	云南滇中新区管理委员会
44		个旧市有色金属矿区生态环境导向的开发项目	个旧市人民政府

续表

序号	省（区、市）	试点名称	试点实施单位
45	陕西	汉江流域汉中市中心城区生态环境导向的开发项目	汉中市人民政府、汉中市城市建设投资开发有限公司
46		嘉陵江略阳县城段生态环境导向的开发项目	略阳县人民政府、略阳县锦园城乡建设投资有限责任公司
47		陕西省西咸新区沣西新城生态环境导向的开发项目	陕西省西咸新区沣西新城管理委员会、陕西省西咸新区沣西新城开发建设(集团)有限公司
48	甘肃	临泽县农业生态修复与低碳产业综合开发项目	临泽县人民政府、临泽县富民产业投资开发有限责任公司
49		黄河流域兰州段白塔山生态环境导向的开发项目	兰州市人民政府、兰州黄河生态旅游开发集团有限公司
50		黑河流域甘州段生态环境导向的开发项目	张掖市甘州区人民政府、张掖市甘州区国有资产经营(集团)有限公司
51	青海	青海省海西州大柴旦行委矿山综合治理生态环境导向的开发项目	大柴旦行政委员会、协和风电投资有限公司
52	宁夏	宁夏农垦大沙湖区域生态环境导向的开发项目	平罗县人民政府、宁夏农垦集团有限公司
53	新疆	新疆阿勒泰市克兰河流域水生态环境治理与综合开发项目	阿勒泰市人民政府、新疆阿勒泰市铸金投资有限公司
54		博乐市博尔塔拉河流域生态环境导向的开发项目	博乐市人民政府、博乐市阳光城乡投资建设有限责任公司
55		新疆巴音郭楞蒙古自治州塔克拉玛干群克沙漠生态环境导向的开发项目	新疆库尔勒经济技术开发区管理委员会、库尔勒中泰纺织科技有限公司
56	新疆兵团	新疆生产建设兵团第十三师新星市生态环境导向的开发项目	新疆生产建设兵团第十三师、新疆新星国有资本投资有限公司
57		新疆生产建设兵团第十二师西山新区生态环境导向的开发项目	新疆生产建设兵团第十二师一〇四团、新疆生产建设兵团第十二师国有资产经营(集团)有限责任公司
58		新疆生产建设兵团第三师图木舒克市四十一团草湖镇生态环境导向的开发项目	新疆生产建设兵团第三师四十一团、喀什经济技术开发区兵团分区前海投资有限责任公司

附件7：生态环保金融支持项目储备库入库指南（试行）

为积极引导金融资金投入，加强金融对深入打好污染防治攻坚战的精准支撑，推进适宜金融支持的重大生态环保项目谋划，建设生态环保金融支持项目储备库（以下简称项目储备库），制定本指南。

一、总体要求

建设项目储备库是引导金融资金投向、实现供需有效结合的重要措施，对改善生态环境质量、解决突出生态环境问题、推动减污降碳协同增效、促进经济社会发展全面绿色转型发挥重要作用。

要贯彻落实党中央、国务院决策部署，与国家及地方生态环境保护规划重点任务相衔接。各级生态环境部门按照《中共中央 国务院关于深入打好污染防治攻坚战的意见》，结合本地区"十四五"生态环境保护重点任务，重点对支撑污染防治攻坚战的精准性、实施的必要性、内容的真实性进行把关，储备对污染防治攻坚战支撑作用大、实施必要性强、实施基础好、环境效益显著的重大工程项目，聚焦重点，避免泛化，提高项目储备质量。

要明确金融支持项目储备库与中央生态环境资金项目储备库的差异。入库项目应适宜金融资金支持，包括治理责任主体为企业的项目，采用生态环境导向的开发（EOD）模式、政府和社会资本合作（PPP）模式及其他市场化方式运作的项目。项目实施必须严格依法依规，严禁新增地方政府隐性债务。

二、入库范围

（一）大气污染防治。包括北方地区冬季清洁取暖、挥发性有机物综合治理、工业企业深度治理、工业企业燃煤设施清洁能源替代、重点行业超低排放改造、重点行业清洁生产改造、锅炉综合治理、涉气产业园区和集群大气环境综合整治、高排放机动车淘汰换新、船及非道路移动源排放治理、典型行业恶臭治理、重污染天气应对能力建设等。

（二）水生态环境保护。包括黑臭水体治理、污水处理设施与配套管网建设改造、污水处理厂污泥处理处置、污水再生及资源化利用、工矿企业和医疗机构水污染治理、工业园区水污染治理、船舶港口水污染治理、水体内源污染治理、流域水生态保护修复、流域水环境综合治理、河湖生态流量保障、重点湖库富营养化控制、河湖生态缓冲带修复、天然（人工）湿地生态系统保护与建设、水源涵养区保护、饮用水水源地保护、入河排污口整治及规范化建设等。

（三）重点海域综合治理。以渤海、长江口-杭州湾、珠江口邻近海域为重点，包括海水养殖环境整治、入海排污口及直排海污染源整治、船舶港口污染防治、亲海岸滩环境整治、海洋生态系统保护修复、美丽海湾示范建设等。

（四）土壤污染防治。包括建设用地土壤污染风险管控、建设用地土壤污染修复、农用地工矿污染源整治、工矿企业重金属治理、历史遗留重金属污染区域治理、化学品生产企业及工业集聚区地下水污染风险管控、矿山开采区及尾矿库地下水污染综合治理、危险废物处置场及垃圾填埋场地下水污染防治、依赖地下水的生态系统保护、地下水型饮用水水源地保护、重点污染源防渗改造、废弃井封井回填等。

（五）农业农村污染治理。包括农村污水处理和资源化利用、农村垃圾治理、农村黑臭水体整治、废弃农膜回收利用、秸秆综合利用、畜禽与水产养殖污染治理和粪污资源化利用、种植业面源污染治理、农村生态环境综合整治等。

（六）固废处理处置及资源综合利用。以"无废城市"建设项目为重点，包括城乡生活垃圾收集与处理处置、餐厨垃圾收集与资源化利用、危险废物及医疗废物收集与处理处置、矿产资源（含尾矿）综合利用、废旧资源再生利用、农业固体废物资源化利用、工业固体废物环境风险管控、工业固体废物无害化处理处置及综合利用、建筑垃圾和道路沥青资源化利用、包装废弃物回收处理等。

（七）生态保护修复。重要生态系统保护和修复、山水林田湖草沙冰一体化保护和修复、矿区生态保护修复、采煤沉陷区综合治理、生物多样性保护及荒漠化、石漠化、水土流失综合治理等。

（八）其他环境治理。生态环境风险防控、放射性污染防治、噪声与振动污染控制、生态环境监测与信息能力建设等。

三、申报条件

（一）入库项目申报主体应为已建立现代企业制度、经营状况和信用状况良好的市场化企业，或县级（含）以上政府及其有关部门等。

（二）项目融资主体应为市场化企业，且其环保信用评价不是最低等级。

（三）治理责任主体为企业的生态环境治理项目，单个项目融资需求原则上应超过 5 000 万元；其他项目单个项目融资需求原则上应超过 1 亿元。

（四）应明确项目实施模式。PPP 项目需满足国家有关管理要求，应适时纳入财政部、国家发展改革委 PPP 项目库。鼓励推广生态环境整体解决方案、托管服务和第三方治理。EOD 项目要参考《关于推荐第二批生态环境导向的开发模式试点项目的通知》（环办科财函〔2021〕468 号，以下简称《通知》）基本要求，确保生态环境治理与产业开发项目有效融合、收益反哺、一体化实施。

为稳步开展生态环境治理模式创新，规范有序推进 EOD 模式探索，EOD 项目还需满足以下条件。

1. 地市级及以上政府作为申报主体和实施主体的 EOD 项目，原则上投资总额不高于 50 亿元；区县级政府作为申报和实施主体的项目，原则上投资总额不高于 30 亿元。

2. 项目边界清晰，生态环境治理与产业开发之间密切关联、充分融合，避免无关项目捆绑，组合实施的单体子项目数量不超过 5 个。

3. 除规范的 PPP 项目外，不涉及运营期间政府付费，不以土地出让收益、税收、预期新增财政收入等返还补助作为项目收益。加强重大项目谋划，优化项目建设内容，力争在不依靠政府投入的情况下实现项目整体收益与成本平衡。

4. EOD 项目中生态环境治理内容需符合入库范围要求，且要有明确的生态环境改善目标。产业开发要符合国家和地方产业政策、空间管控等各项要求，项目实施中严格落实招投标、政府采购、投融资、土地、资源开发、政府债务风险管控、资产处置等各项法规政策要求，依法依规推进项目规范实施，不以任何形式增加地方政府隐性债务。

5. 各省（自治区、直辖市）每年入库 EOD 项目原则上不超过 5 个。

四、申报材料

（一）项目基本信息表（线上填报）。

（二）项目可行性研究报告或实施方案，应明确建设内容与规模、建设运营模式、融资金额、资金平衡方案等。

（三）省级生态环境部门项目论证评估意见。

（四）EOD 项目应一并提交 EOD 项目实施方案与承诺函。承诺函由项目申报主体和实施主体（市级及以下人民政府或园区管委会）盖章。

五、申报方式

按照"成熟一个，申报一个"的原则，由县级及以上生态环境部门通过生态环保金融支持项目管理系统线上申报，省级生态环境部门论证评估同意后由线上提交。

涉密项目要严格落实有关规定要求，不得通过生态环保金融支持项目管理系统申报。

本指南将视实施情况和有关要求适时进行修订。

参考文献

[1] 李学锋,宋伟,王颖婕.中国生态价值评价体系研究[J].福建论坛:人文社会科学版,2019(3):25-33.

[2] 陈仲新,张新时.中国生态系统效益的价值[J].科学通报,2000,45(1):17-22.

[3] 靳乐山,朱凯宁.从生态环境损害赔偿到生态补偿再到生态产品价值实现[J].环境保护,2020,48(17):15-18.

[4] 靳乐山,吴乐.我国生态补偿的成就、挑战与转型[J].环境保护,2018,46(24):7-13.

[5] 张林波,虞慧怡,李岱青,等.生态产品内涵与其价值实现途径[J].农业机械学报,2019,50(6):173-183.

[6] 葛剑平.京津冀生态经济协同发展[J].北京观察,2016(3):19-20.

[7] 李波,张俊飚,李海鹏.中国农业碳排放时空特征及影响因素分解[J].中国人口·资源与环境,2011,21(8):80-86.

[8] 冯相昭,邹骥.中国CO_2排放趋势的经济分析[J].中国人口·资源与环境,2008,18(3):43-47.

[9] 熊芳.主体功能区战略下农业生态价值实现的对策[J].经济纵横,2016(9):84-87.

[10] 李莺莉,王灿.新型城镇化下我国乡村旅游的生态化转型探讨[J].农业经济问题,2015(6):29-34.

[11] 傅悦.中国特色社会主义生态价值观:定义、践行与构建[J].池州学院学报,2020,34(2):30-34.

[12] 习近平.决胜全面建成小康社会夺取新时代中国特色社会主义伟大胜利:在中国共产党第十九次全国代表大会上的报告[N].人民日报,2017-10-28(4).

[13] 中共中央 国务院印发《生态文明体制改革总体方案》[N].人民日报,2015-9-22(14).

[14] 坚持人与自然和谐共生:推进低碳循环发展[N].安徽日报,2017-10-22(8).

[15] 李青霞.林业自然保护区经济价值与生态价值的冲突与协调[J].现代农业科技,2020(5):2.

[16] 杨洪刚.中国环境政策工具的实施效果及其选择研究[D].上海:复旦大学,2009.

[17] 石春娜,姚顺波,陈晓楠,等.基于选择实验法的城市生态系统服务价值评估:以四川温江为例[J].自然资源学报,2016(5):767-777.

[18] 翟国梁,张世秋,ANDREAS K,等.选择实验的理论和应用:以中国退耕还林为例[J].北京大学学报(自然科学版),2007(2):235-239.

[19] 王效科.城市生态系统:演变、服务与评价:"城市生态系统研究"专题序言[J].生态学报,2013,33(8):2321

[20] 李晓燕、王彬彬、黄一粟.基于绿色创新价值链视角的农业生态产品价值实现路径研究[J].农村经济,2020(10):54-61.

[21] SANDHU H S,WRATTEN S D,CULLEN R. From Poachers to Gamekeepers : Perceptions of Farmers Towards Ecosystem Services on Arable Farmland [J]. International Journal of Argricaltural Sustainability,2007(5):39-50.

[22] 白晓飞,陈焕伟.土地利用的生态服务价值:以北京市平谷区为例[J].北京农学院学报,2003,18(2):109-111.

[23] DAILY G C. Nature's Services: Societal Dependence on Natural Ecosystems[M]. Washington D. C. :Island Press,1997.

[24] 张志强,徐中民,程国栋.生态系统服务与自然资本价值评估研究进展[J].生态学报,2001,21(11):1918-1926.

[25] 欧阳志云,王效科,苗鸿.中国陆地生态系统服务功能及其生态经济价值的初步研究[J].生态学报,1999,19(5):19-25.

[26] 张正峰.土地整理中的生态服务价值损益估算[J].农业工程学报,2008,24(9):69-72.

[27] COSTANZA R,D'ARGE R,GROOT R D,et al. The Value of the World's Ecosystem Services and Natural Capital[J]. Nature,1997,387(15):253-260.

[28] 高向军,罗明,张惠远.土地利用和覆被变化(LUCC)研究与土地整理[J].农业工程学报,2001,17(4):151-155.

[29] 张正峰,陈百明.土地整理潜力分析[J].自然资源学报,2002,17(6):664-669.

[30] 沈宏益,刘维忠,余红.弱生态区企业碳会计体系构建探讨[J].生态经济,2015,31(4):60-63.

[31] 董小君.主体功能区建设的"公平"缺失与生态补偿机制[J].国家行政学院学报,2009(1):38-41.

[32] 布莱恩·阿瑟.复杂经济学:经济思想的新框架[M].贾拥民,译.杭州:浙江人民出

版社,2018.
- [33] 姚洋. 经济的常识[M]. 北京:中信出版社,2022.
- [34] 赵桂慎. 生态经济学[M]. 北京:化学工业出版社,2021.
- [35] HERMAN E DALY,JOSHUA FARLEY. 生态经济学:原理与应用[M]. 徐中民,等译. 郑州:黄河水利出版社,2007.
- [36] 杨天举,陈明,刘桂珍,等. EOD创新模式驱动区域绿色高质量发展的探索与实践[M]. 北京:中国环境出版集团,2022.
- [37] 彭松,杨涛. 投融资规划理论与实务[M]. 北京:中国金融出版社,2018.
- [38] 韩志峰,李开孟,王守清,等. 基础设施投融资政策与实务[M]. 北京:人民日报出版社,2023.
- [39] 任荣荣,等. 我国城市更新问题研究[M]. 北京:经济管理出版社,2022.
- [40] 刘键. 政府投融资管理[M]. 北京:中国金融出版社,2022.
- [41] 赵燕菁. 从计划到市场:城市微观道路——用地模式的转变[J]. 城市规划,2002,26(10):24-30.
- [42] 赵燕菁,宋涛. 从土地金融到土地财政[J]. 财会月刊,2019(8):155-161.
- [42] 赵燕菁. 大崛起:中国经济的增长与转型[M]. 中国人民大学出版社,2022.
- [43] 赵燕菁. 为什么说"土地财政"是"伟大的制度创新"[J]. 城市发展研究,2019,26(4):6-16.
- [44] 俞敏,刘帅. 我国生态保护补偿机制的实践进展、问题及建议[J]. 重庆理工大学学报(社会科学),2022,36(1):1-9.
- [45] 刘桂环,王夏晖,文一惠,等. 近20年我国生态补偿研究进展与实践模式[J]. 中国环境管理,2021,13(5):109-118.
- [46] 党丽娟. 横向生态补偿多样化的补偿方式探析[J]. 环境保护与循环经济,2018,38(10):1-3.
- [47] 欧阳志云,郑华,岳平. 建立我国生态补偿机制的思路与措施[J],生态学报,2013,33(3):0686-0692.
- [48] 欧阳志云,朱春全,杨广斌,等. 生态系统生产总值核算:概念、核算方法与案例研究[J]. 生态学报,2013,33(21):6747-6761.
- [49] 虞慧怡,张林波,李岱青,等. 生态产品价值实现的国内外实践经验与启示[J]. 环境科学研究,2020,33(3):685-690
- [50] 谷国锋,黄亮,李洪波. 基于公共物品理论的生态补偿模式研究[J]. 商业研究,2010(3):33-36.
- [51] 鲁传一. 资源与环境经济学[M]. 北京:清华大学出版社,2004.
- [52] SAMUELSON P A. The Pure Theory of Public Expenditure[J]. The Review of

Economics and Statistics,1954. 36(4),387-389.

[53] OLASON MANCUR. The Logic of Collective Action: Public Goods and the Theory of Groups,Second Printing with a New Preface and Appendix[M]. Cambridge,MA: Harvard University Press,1971.

[54] AHL V, ALLEN T F H. Hierarchy Theory, a Vision, Vocabulary and Epistemology [M]. New York: Columbia University Press,1996.

[55] PRIGOGINE I,LEFEVER R. Theory of Dissipative Structures[M]//Synergetics: Cooperative Phenomena in Multi-Component,1973.

[56] MEA(Millennium Ecosystem Assessment). Ecosystems and Human Wellbeing: Synthesis[M]. Island Press,2005.

[57] 屈泽龙. 基于水环境治理的产城融合及其综合效益评估[R]. 博士后研究人员研究工作报告,2021.